纪念改革开放四十周年丛书

40周年

高虹——著

经济集聚与中国城市发展

复旦大学出版社

本丛书系"上海市中国特色哲学社会科学学术话语体系建设基地"研究成果

上海市社会科学界联合会
上海市哲学社会科学学术话语体系建设办公室
上海市哲学社会科学规划办公室
上海市"理论经济学高峰学科支持计划"
联合策划资助出版

纪念改革开放四十周年丛书
编委会

学术顾问　洪远朋　张　军　陈诗一

主　　任　寇宗来

委　　员　王弟海　尹　晨　李志青　朱富强
　　　　　陈　硕　陆前进　高　帆　高　虹
　　　　　张　涛　张晖明　许　闲　章　奇
　　　　　严法善　樊海潮

主　　编　张晖明

副 主 编　王弟海　高　帆

纪念改革开放四十周年丛书(12卷)作者介绍

丛书主编：张晖明，1956年7月出生，经济学博士，教授，博士研究生导师。现任复旦大学经济学系主任，兼任复旦大学企业研究所所长，上海市哲学社会科学研究基地复旦大学社会主义政治经济学研究中心主任，上海市政治经济学研究会会长。

丛书各卷作者介绍：

1.《国有企业改革的政治经济学分析》，张晖明。

2.《从割裂到融合：中国城乡经济关系演变的政治经济学》，高帆，1976年11月出生，经济学博士，复旦大学经济学院教授，博士生导师，经济学系常务副主任。

3.《中国二元经济发展中的经济增长和收入分配》，王弟海，1972年12月出生，经济学博士，复旦大学经济学院教授，博士生导师，院长助理，经济学系副系主任，《世界经济文汇》副主编。

4.《中国央地关系：历史、演进及未来》，陈硕，1980年2月出生，经济学博士，复旦大学经济学院教授。

5.《政治激励下的省内经济发展模式和治理研究》，章奇，1975年2月出生，经济学博士、政治学博士，复旦大学经济学院副教授。

6.《市场制度深化与产业结构变迁》，张涛，1976年4月出生，经济学博士，复旦大学经济学院副教授。

7.《经济集聚和中国城市发展》，高虹，1986年9月出生，经济学博士，复旦大学经济学院讲师。

8.《中国货币政策调控机制转型及理论研究》，陆前进，1969年9月出生，经济学博士，复旦大学经济学院教授。

9.《保险大国崛起：中国模式》，许闲，1979年9月出生，经济学博士，复旦大学经济学院教授，风险管理与保险学系主任，复旦大学中国保险与社会安全研究中心主任，复旦大学-加州大学当代中国研究中心主任。

10.《关税结构分析、中间品贸易与中美贸易摩擦》,樊海潮,1982 年 4 月出生,经济学博士,复旦大学经济学院教授。首届张培刚发展经济学青年学者奖获得者。

11.《绿色发展的经济学分析》,李志青,1975 年 11 月出生,经济学博士,复旦大学经济学院高级讲师,复旦大学环境经济研究中心副主任。

12.《中国特色社会主义政治经济学的新发展》,严法善,1951 年 12 月出生,经济学博士,复旦大学经济学院教授,博士生导师,复旦大学泛海书院常务副院长。

总序一

改革开放到今天已经整整走过了四十年。四十年来,在改革开放的进程中,中国实现了快速的工业化和经济结构的变化,并通过城镇化、信息化和全球化等各种力量的汇集,推动了中国经济的发展和人均收入的提高。从一个孤立封闭型计划经济逐步转变为全面参与全球竞争发展的开放型市场经济。中国经济已经全面融入世界经济一体化,并成为全球第二经济大国。

中国社会经济的飞速发展源于中国改革开放的巨大成功。改革开放在"解放思想、实事求是"思想指导下,以"三个有利于"为根本判断标准,以发展社会生产力作为社会主义的根本任务,逐步探索建设中国特色社会主义事业的改革路径。四十年来的改革开放,是一个摸着石头过河的逐步探索过程和渐进性改革过程,也是一个伟大的社会发展和经济转型过程,是世界经济发展进程中的一个奇迹。当前,中国经济发展进入新常态,中国特色社会主义进入了新时代。回顾历史,借往鉴来,作为中国的经济学者,我们有义务去研究我们正在经历的历史性经济结构和制度结构转型过程,有责任研究和总结我们在过去四十年经济改革中所取得的众多成功经验和所经历过的经验教训。对这个历史变迁过程中已经发生的事件提供一个更好的理解和认识的逻辑框架,为解决我们当前所面临的困境和挑战提出一种分析思路和对策见解,从而让我们对未来尚未发生或者希望发生的事件有一个更加理性的预见和思想准备,这是每一个经济学者的目标。

为了纪念中国改革开放四十周年,深化对中国经济改革和社会发展过程的认识,加强对一些重大经济问题的研究和认识,同时也为更好解决当前以及未来经济发展所面临的问题和挑战建言献策,复旦大学经济学系主任张晖明教授组织编著了这套纪念改革开放四十周年丛书。本套丛书共包括十二卷,分别由复旦大学经济学系教师为主的十多位学者各自独立完成。丛书主要围绕四十年来中国经济体制改革过程中的重大经济问题展开研究,研究内容包括中国特色社会主义政治经济学的新发展、二元经济发展中的经济增长和收入分配、货币政策调控机制转型及理论研究、国企改革和基本经济制度完善、城乡关系和城乡融合、中央地方财政关系和财政分权、经济结构变迁和产业进入壁垒、经济集聚和城市发展、"一带一路"倡议和对外贸易、政治激励下的省内经济发展和治理模式、保险业的发展与监管、绿色发展和环境生态保护等十多个重大主题。

复旦大学经济学院具有秉承马克思主义经济学和西方经济学两种学科体系的对话和发展的传统。本套丛书在马克思主义指导下,立足中国现实,运用中国政治经济学分析方法、现代经济学分析方法和数理统计计量等数量分析工具,对中国过去四十年的改革开放的成功经验、特征事实以及新时代发展所面临的困境和挑战进行翔实而又深刻的分析和探讨,既揭示出了改革开放四十年来中国经济发展的典型事实和中国特色,也从中国的成功经验中提炼出了社会经济发展的一般规律和理论;是既立足于中国本土经济发展的事实分析和研究又具有经济发展一般机制和规律的理论创新和提升。

值得提及的是,编写纪念改革开放丛书已经成为复旦大学经济学院政治经济学科的一种传统。1998年复旦大学经济学院政治经济学教授伍柏麟先生曾主编纪念改革开放二十周年丛书,2008年复旦大学经济学院新政治经济学研究中心主任史正富教授曾主编纪念改革开放三十周年丛书。2018年正值改革开放四十周年之际,复旦大学经济学院经济学系主任张晖明教授主编了这套纪念改革开放四十周年丛书,也可谓是秉承政治经济学科的传统。

作为本套丛书的主要贡献者——复旦大学经济学院政治经济学科是国家的重点学科,也一直都是中国政治经济学研究和发展的最主要前沿阵地之一。复旦大学经济学院政治经济学历史悠久,学术辉煌,队伍整齐。她不但拥有一大批直接影响着中国政治经济学发展和中国改革进程的老一辈经济学家,今天更聚集了一批享誉国内的中青年学者。1949年中华人民共和国成立以后,老一辈著名政治经济学家许涤新、吴斐丹、漆琪生等就在复旦大学执鞭传道;改革开放之后,先后以蒋学模、张薰华、伍柏麟、洪远朋等老先生为代表的复旦政治经济学科带头人对政治经济学的学科建设和人才培养,以及国家改革和上海发展都做出了卓越贡献。蒋学模先生主编的《政治经济学教材》目前已累计发行2000多万册,培育了一批批马克思主义的政治经济学理论学者和党政干部,在中国改革开放和现代化事业建设中发挥了重要作用。张薰华教授20世纪80年代中期提出的社会主义级差地租理论厘清了经济中"土地所有权"和"土地私有权"之间的关系,解释了社会主义经济地租存在的合理性和必要性,为中国的土地使用制度改革和中国城市土地的合理使用奠定了理论基础。目前,在张晖明教授、孟捷教授等国内新一代政治经济学领军人物的引领下,复旦大学政治经济学科聚集了高帆教授、陈硕教授、汪立鑫教授和周翼副教授等多位中青年政治经济学研究者,迎来新的发展高峰。2018年4月,由张晖明教授任主任的上海市哲学社会科学研究基地"复旦大学中国特色社会主义政治经济学研究中心"已经在复旦大学经济学院正式挂牌成立,它必将会极大推动复旦大学经济学院政治经济学理论研究和学科发展。作为复旦大学经济学院政治经济学理论研究宣传阵地,由孟捷教授主编的《政治经济学报》也已经获得国家正式刊号,未来也必将在政治经济学理论研究交流和宣传中发挥积极作用。

张晖明教授主编的本套丛书,可以视为复旦大学经济学院政治经济学科近来理论研究和学科发展的重要成果之一。通过对本套丛书的阅读,相信读者对中国的改革开放必将有新的认识和理解,对中国目前面临的挑战和未来发展必将产生新的思考和启发。

复旦大学经济学院教授、院长　张军

2018年12月9日

总序二

大约在两年前,我就开始考虑组织队伍,开展系列专题研究,为纪念改革开放四十周年撰写专著,承接和保持我们复旦大学政治经济学学科纪念改革开放二十周年、三十周年都曾经组织撰写出版大型丛书的学术传统,以体现经济理论研究者对经济社会发展的学术责任。我的这一想法得到学院领导的肯定和支持,恰好学院获得上海市政府对复旦理论经济学一级学科高峰计划的专项拨款,将我们这个研究计划列入支持范围,为研究工作的开展创造了一定的条件。在我们团队的共同努力下,最后遴选确定了十二个专题,基本覆盖了我国经济体制的主要领域或者说经济体制建构的不同侧面,经过多次小型会议,根据参加者各自的研究专长,分工开展紧张的研究工作。复旦大学出版社的领导对我们的丛书写作计划予以高度重视,将这套丛书列为2018年的重点出版图书;我们的选题也得到上海市新闻出版局的重视和鼓励。这里所呈现的就是我们团队这两年来所做的工作的最后成果。我们力求从经济体制的不同侧面进行系统梳理,紧扣改革开放实践进程,既关注相关体制变革转型的阶段特点和改革举措的作用效果,又注意联系运用政治经济学理论方法进行理论探讨,联系各专门体制与经济体制整体转型相互之间的关系,力求在经济理论分析上有所发现,为中国特色社会主义经济理论内容创新贡献复旦人的思想和智慧,向改革开放四十周年献礼。

中国经济体制改革四十年的历程举世瞩目。以1978年底召开的中国共产党十一届三中全会确定"改革开放"方针为标志,会议在认真总结中国开展社会主义实践的经验教训的基础上,纠正了存在于党的指导思想上和各项工作评价方式上存在的"左"的错误,以"破除迷信""解放思想"开路,回到马克思主义历史唯物主义"实事求是"的方法论上来,重新明确全党全社会必须"以经济建设为中心",打开了一个全新的工作局面,极大地解放了社会生产力,各类社会主体精神面貌焕然一新。从农村到城市、从"增量"到"存量"、从居民个人到企业、从思想观念到生存生产方式,都发生了根本的变化,改革开放激发起全社会各类主体的创造精神和行动活力。

中国的经济体制改革之所以能够稳健前行、行稳致远,最关键的一条就是有中国共产党的坚强领导。我们党对改革开放事业的领导,以党的历次重要会议为标志,及时地在理论创新方面作出新的表述,刷新相关理论内涵和概念表达,对实践需要采取的措施加以具体规划,并在扎实地践行的基础上及时加以规范,以及在体制内容上予以巩固。我们可以从四十年来党的历次重要会议所部署的主要工作任务清晰地看到党对改革开放事业的方向引领、阶段目标设计和工作任务安排,通过对所部署的改革任务内容的前一阶段工作予以及时总结,及时发现基层创新经验和推广价值,对下一阶段改革深化推进任务继续加以部署,久久为功,迈向改革目标彼岸。

党的十一届三中全会(1978)实现了思想路线的拨乱反正,重新确立了马克思主义实事求是的思想路线,果断地提出把全党工作的着重点和全国人民的注意力转移到社会主义现代化建设上来,作出了实行改革开放的新决策,启动了农村改革的新进程。

党的十二大(1982)第一次提出了"建设有中国特色的社会主义"的崭新命题,明确指出:"把马克思主义的普遍真理同我国的具体实际结合起来,走自己的道路,建设有中国特色的社会主义,这就是我们总结长期历史经验得出的基本结论。"会议确定了"党为全面开创社会主义现代化建设新局面而奋斗的纲领"。

党的十二届三中全会(1984)制定了《中共中央关于经济体制改革的决定》,明确坚决地系统地进行以城市为重点的整个经济体制的改革,是我国形势发展的迫切需要。这次会议标志着改革由农村走向城市和整个经济领域的新局面,提出了经济体制改革的主要任务。

党的十三大(1987)明确提出我国仍处在"社会主义初级阶段",为社会主义确定历史方位,明确概括了党在社会主义初级阶段的基本路线。

党的十四大(1992)报告明确提出,我国经济体制改革的目标是建立社会主义市场经济体制,就是要使市场在社会主义国家宏观调控下对资源配置起基础性作用;明确提出"社会主义市场经济体制是同社会主义基本制度结合在一起的"。在所有制结构上,以公有制为主体,个体经济、私营经济、外资经济为补充,多种经济成分长期共同发展,不同经济成分还可以自愿实行多种形式的联合经营。国有企业、集体企业和其他企业都进入市场,通过平等竞争发挥国有企业的主导作用。在分配制度上,以按劳分配为主体,其他分配方式为补充,兼顾效率与公平。

党的十四届三中全会(1993)依据改革目标要求,及时制定了《中共中央关于建立社会主义市场经济体制若干问题的决定》,系统勾勒了社会主义市场经济体制的框架内容。会议通过的《决定》把党的十四大确定的经济体制改革的目标和基本原则加以系统化、具体化,是中国建立社会主义市场经济体制的总体规划,是20世纪90年代中国进行经济体制改革的行动纲领。

党的十五大(1997)提出"公有制实现形式可以而且应当多样化,要努力寻找能够极大促进生产力发展的公有制实现形式"。"非公有制经济是我国社会主义市场经济的重要组成部分","允许和鼓励资本、技术等生产要素参与收益分配"等重要论断,大大拓展了社会主义生存和实践发展的空间。

党的十五届四中全会(1999)通过了《中共中央关于国有企业改革和发展若干重大问题的决定》,明确提出,推进国有企业改革和发展是完成党的十五大确定的我国跨世纪发展的宏伟任务,建立和完善社会主义市场经济体制,保持国民经济持续快速健康发展,大力促进国有企业的体制改革、机制转换、结构调整和技术进步。从战略上调整国有经济布局,要同产业结构的优化升级和所有制结构的调整完善结合起来,坚持有进有退,有所为有所不为,提高国有经济的控制力;积极探索公有制的多种有效实现形式,大力发展股份制和混合所有制经济;要继续推进政企分开,按照国家所有、分级管理、授权经营、分工监督的原则,积极探索国有资产管理的有效形式;实行规范的公司制改革,建立健全法人治理结构;要建立与现代企业制度相适应的收入分配制度,形成有效的激励和约束机制;必须切实加强企业管理,重视企业发展战略研究,健全和完善各项规章制度,从严管理企业,狠抓薄弱环节,广泛采用现代管理技术、方法和手段,提高经济效益。

党的十六大(2002)指出,在社会主义条件下发展市场经济,是前无古人的伟大创举,是中国共产党人对马克思主义发展作出的历史性贡献,体现了我们党坚持理论创新、与时俱进的巨大勇气。并进一步强调"必须坚定不移地推进各方面改革"。要从实际出发,整体推进,重点突破,循序渐进,注重制度建设和创新。坚持社会主义市场经济的改革方向,使市场在国家宏观调控下对资源配置起基础性作用。

党的十六届三中全会(2003)通过的《中共中央关于完善社会主义市场经济体制若干问题的决定》,全面部署了完善社会主义市场经济体制的目标和任务。按照"五个统筹"①的要求,更大程度地发挥市场在资源配置中的基础性作用,增强企业活力和竞争力,健全国家宏观调控,完善政府社会管理和公共服务职能,为全面建设小康社会提供强有力的体制保障。主要任务是:完善公有制为主体、多种所有制经济共同发展的基本经济制度;建立有利于逐步改变城乡二元经济结构的体制;形成促进区域经济协调发展的机制;建设统一开放、竞争有序的现代市场体系;完善宏观调控体系、行政管理体制和经济法律制度;健全就业、收入分配和社会保障制度;建立促进经济社会可持续发展的机制。

党的十七大(2007)指出,解放思想是发展中国特色社会主义的一大法

---

① 即统筹城乡发展、统筹区域发展、统筹经济社会发展、统筹人与自然和谐发展、统筹国内发展和对外开放。

宝,改革开放是发展中国特色社会主义的强大动力,科学发展、社会和谐是发展中国特色社会主义的基本要求。会议强调,改革开放是决定当代中国命运的关键抉择,是发展中国特色社会主义、实现中华民族伟大复兴的必由之路;实现未来经济发展目标,关键要在加快转变经济发展方式、完善社会主义市场经济体制方面取得重大进展。要大力推进经济结构战略性调整,更加注重提高自主创新能力、提高节能环保水平、提高经济整体素质和国际竞争力。要深化对社会主义市场经济规律的认识,从制度上更好发挥市场在资源配置中的基础性作用,形成有利于科学发展的宏观调控体系。

党的十七届三中全会(2008)通过了《中共中央关于农村改革发展的若干重大问题的决议》,特别就农业、农村、农民问题作出专项决定,强调这一工作关系党和国家事业发展全局。强调坚持改革开放,必须把握农村改革这个重点,在统筹城乡改革上取得重大突破,给农村发展注入新的动力,为整个经济社会发展增添新的活力。推动科学发展,必须加强农业发展这个基础,确保国家粮食安全和主要农产品有效供给,促进农业增产、农民增收、农村繁荣,为经济社会全面协调可持续发展提供有力支撑。促进社会和谐,必须抓住农村稳定这个大局,完善农村社会管理,促进社会公平正义,保证农民安居乐业,为实现国家长治久安打下坚实基础。

党的十八大(2012)进一步明确经济体制改革进入攻坚阶段的特点,指出"经济体制改革的核心问题是处理好政府和市场的关系",在党中央的领导下,对全面深化改革进行了系统规划部署,明确以经济体制改革牵引全面深化改革。

党的十八届三中全会(2013)通过了《中共中央关于全面深化改革若干重大问题的决定》,全方位规划了经济、政治、社会、文化和生态文明"五位一体"的336项改革任务,面对改革攻坚,提倡敢于啃硬骨头的坚忍不拔的精神,目标在于实现国家治理体系和治理能力的现代化。会议决定成立中共中央全面深化改革领导小组,负责改革总体设计、统筹协调、整体推进、督促落实。习近平总书记强调:"全面深化改革,全面者,就是要统筹推进各领域改革。

就需要有管总的目标,也要回答推进各领域改革最终是为了什么、要取得什么样的整体结果这个问题。""这项工程极为宏大,零敲碎打调整不行,碎片化修补也不行,必须是全面的系统的改革和改进,是各领域改革和改进的联动和集成。"①

党的十八届四中全会(2014)通过了《中共中央关于全面推进依法治国若干重大问题的决定》,明确提出全面推进依法治国的总目标,即建设中国特色社会主义法治体系,建设社会主义法治国家。

党的十八届五中全会(2015)在讨论通过《中共中央关于"十三五"规划的建议》中,更是基于对社会主义实践经验的总结,提出"创新、协调、绿色、开放和共享"五大新发展理念。进一步丰富完善"治国理政",推进改革开放发展的思想理论体系。不难理解,全面深化改革具有"系统集成"的工作特点要求,需要加强顶层的和总体的设计和对各项改革举措的协调推进。同时,又必须鼓励和允许不同地方进行差别化探索,全面深化改革任务越重,越要重视基层探索实践。加强党中央对改革全局的领导与基层的自主创新之间的良性互动。

党的十九大(2017)开辟了一个新的时代,更是明确提出社会主要矛盾变化为"不充分、不平衡"问题,要从过去追求高速度增长转向高质量发展,致力于现代化经济体系建设目标,在经济社会体制的质量内涵上下功夫,提出以效率变革、质量变革和动力变革,完成好"第一个一百年"收官期的工作任务,全面规划好"第二个一百年"②的国家发展战略阶段目标和具体工作任务,把我国建设成为社会主义现代化强国。国家发展战略目标的明确为具体工作实践指明了方向,大大调动实践者的工作热情和积极性,使顶层设计与基层主动进取探索之间的辩证关系有机地统一起来,着力推进改革走向更深层

---

① 习近平在省部级主要领导干部学习贯彻十八届三中全会精神全面深化改革专题研讨班开班式上的讲话,2014年2月17日。

② "第一个一百年"指建党一百年,"第二个一百年"指新中国成立一百年。

次、发展进入新的阶段。

改革意味着体制机制的"创新"。 然而,创新理论告诉我们,相较于对现状的认知理解,创新存在着的"不确定性"和因为这种"不确定性"而产生的心理上的压力,有可能影响到具体行动行为上出现犹豫或摇摆。正是这样,如何对已经走过的改革历程有全面准确和系统深入的总结检讨,对所取得成绩和可能存在的不足有客观科学的评估,这就需要认真开展对四十年改革经验的研究,并使之能够上升到理论层面,以增强对改革规律的认识,促进我们不断增强继续深化改革的决心信心。

四十年风雨兼程,改革开放成为驱动中国经济发展的强大力量,产生了对于社会建构各个方面、社会再生产各个环节、社会生产方式和生活方式各个领域的根本改造。社会再生产资源配置方式从传统的计划经济转型到市场经济,市场机制在资源配置中发挥决定性作用,社会建构的基础转到以尊重居民个人的创造性和积极性作为出发点。国有企业改革成为国家出资企业,从而政府与国家出资的企业之间的关系就转变成出资与用资的关系,出资用资两者之间进一步转变为市场关系。因为出资者在既已出资后,可以选择持续持股,也可以选择将股权转让,从而"退出"股东位置。这样的现象,也可以看作是一种"市场关系"。通过占主体地位的公有制经济与其他社会资本平等合作,以混合所有制经济形式通过一定的治理结构安排,实现公有制与市场经济的有机融合。与资源配置机制的变革和企业制度的变革相联系,社会再生产其他方方面面的体制功能围绕企业制度的定位,发挥服务企业、维护社会再生产顺畅运行的任务使命。财政、金融、对外经济交往等方面的体制架构和运行管理工作内容相应配套改革。伴随改革开放驱动经济的快速发展,城乡之间、区域之间关系相应得到大范围、深层次的调整。我们在对外开放中逐渐培养自觉遵循和应用国际经济规则的能力,更加自觉地认识到,必须积极主动地融入全球化潮流,更深层次、更广范围、更高水平地坚持对外开放,逐渐提升在对外开放中参与国际规则制定和全球治理的能力。也正是由于对经济社会发展内涵有了更加深刻的认识,摒弃了那种片面追求

GDP增长的"线性"发展思维和行为,我们开始引入环境资源约束,自觉探寻可持续的"绿色"发展道路。

可以说,改革开放对中国经济社会产生全方位的洗礼作用。正是基于这样的见解,我们的**丛书研究主题**尽可能兼顾覆盖经济体制和经济运行的相关主要方面。为了给读者一个概貌性的了解,在这里,我把十二卷论著的主要内容做一个大致的介绍。

高帆教授的《从割裂到融合:中国城乡经济关系演变的政治经济学》,基于概念界定和文献梳理,强调经典的二元经济理论与中国这个发展中大国的状况并不完全契合。我国存在着发展战略和约束条件—经济制度选择—微观主体行为—经济发展绩效(城乡经济关系转化)之间的依次影响关系,其城乡经济关系是在一系列经济制度(政府-市场关系、政府间经济制度、市场间经济制度)的作用下形成并演变的,政治经济学对理解中国的城乡经济关系问题至关重要。依据此种视角,该书系统研究了我国城乡经济关系从相互割裂到失衡型融合再到协同型融合的演变逻辑,以此为新时代我国构建新型城乡经济关系提供理论支撑,为我国形成中国特色社会主义政治经济学提供必要素材。

张晖明教授的《国有企业改革的政治经济学分析》,紧扣国有企业改革四十年的历程,系统总结国有企业改革经验,尝试建构中国特色的企业理论。基于对企业改革作为整个经济体制改革"中心环节"的科学定位分析,该书讨论了企业经营机制、管理体制到法律组织和经济制度逐层推进变革,促成企业改革与市场发育的良性互动;概括了企业制度变革从"国营"到"国有",再到"国家出资";从"全民所有""国家所有"到"混合所有";从政府机构的"附属物"改造成为法人财产权独立的市场主体,将企业塑造成为"公有制与市场经济有机融合"的组织载体,有效、有力地促进政资、政企关系的变革调整。对改革再出发,提出了从"分类"到"分层"的深化推进新思路,阐述了国有企业改革对于国家治理体系现代化建设的意义,对于丰富和完善我国基本经济制度内涵的理论意义。

王弟海教授的《中国二元经济发展中的经济增长和收入分配》,主要聚焦于改革开放四十年来中国二元经济发展过程中的经济增长和收入分配问题。该书主要包括三大部分:第1编以中国实际GDP及其增长率作为分析的对象,对中国经济增长的总体演化规律和结构变迁特征进行分析,并通过经济增长率的要素分解,研究了不同因素对中国经济增长的贡献;第2编主要研究中国经济增长和经济发展之间的关系,探讨一些重要的经济发展因素,如投资、住房、教育和健康等同中国经济增长之间相动机制;第3编主要研究了中国二元经济发展过程中收入分配的演化,包括收入分配格局的演化过程和现状、收入差距扩大的原因和机制,以及未来可能的应对措施和策略。

陈硕教授的《中国央地关系:历史、演进及未来》,全书第一部分梳理我国历史上央地关系变迁及背后驱动因素和影响;第二和第三部分分别讨论当代央地财政及人事关系;第四部分则面向未来,着重讨论财权事权分配、政府支出效率、央地关系对国家、社会及政府间关系的影响等问题。作者试图传达三个主要观点:第一,央地关系无最优之说,其形成由历史教训、政治家偏好及当前约束共同决定;第二,央地关系的调整会影响国家社会关系,对该问题的研究需借助一般均衡框架;第三,在更长视野中重新认识1994年分税制改革对当代中国的重要意义。

章奇副教授的《政治激励下的省内经济发展模式和治理研究》认为,地方政府根据自己的政治经济利益,选择或支持一定的地方经济发展模式和经济政策来实现特定的经济资源和利益的分配。换言之,地方经济发展模式和政策选择本质上是一种资源和利益分配方式(包含利益分享和对应的成本及负担转移)。通过对发展模式的国际比较分析和中国20世纪90年代以来的地方经济发展模式的分析,指出地方政府领导层的政治资源的集中程度和与上级的政治嵌入程度是影响地方政府和官员选择地方经济发展模式的两个重要因素。

张涛副教授的《市场制度深化与产业结构变迁》,讨论了改革开放四十年来,中国宏观经济结构发生的显著变化。运用经济增长模型,从产品市场和劳动力市场的现实特点出发，研究开放经济下资本积累、对外贸易、产业政策等影响宏观经济结构变化的效应、机制和相应政策。

高虹博士的《经济集聚和中国城市发展》，首先澄清了对于城市发展的一个误解，就是将区域间"协调发展"简单等同于"同步发展"，并进一步将其与"经济集聚"相对立。政策上表现为试图缩小不同规模城市间发展差距，以平衡地区间发展。该书通过系统考察经济集聚在城市发展中的作用发现，经济集聚的生产率促进效应不仅有利于改善个人劳动力市场表现，也将加速城市制造业和服务业产业发展，提升经济发展效率。该书为提高经济集聚程度、鼓励大城市发展的城市化模式提供了支持。

陆前进教授的《中国货币政策调控机制转型及理论研究》，首先从中央银行资产负债表的角度分析了货币政策工具的调控和演变，进而探讨了两个关键变量（货币常数和货币流通速度）在货币调控中的作用。该书重点研究了货币和信贷之间的理论关系以及信贷传导机制——货币调控影响货币和信贷，从而会影响中央银行的铸币税、中央银行的利润等——进而从货币供求的角度探讨了我国中央银行铸币税的变化，还从价格型工具探讨了我国中央银行的货币调控机制，重点研究了利率、汇率调控面临的问题，以及我国利率、汇率的市场化形成机制的改革。最后，总结了我国货币政策调控面临的挑战，以及如何通过政策搭配实现宏观经济内外均衡。

许闲教授的《保险大国崛起：中国模式》，讨论了改革开放四十年中国保险业从起步到崛起，按保费规模测算已经成为全球第二保险大国。四十年的中国保险业发展，是中国保险制度逐步完善、市场不断开放、主体多样发展、需求供给并进的历程。中国保险在发展壮大中培育了中国特色的保险市场，形成了大国崛起的中国模式。该书以历史叙事开篇，从中国保险公司上市、深化改革中的保险转型、中国经济增长与城镇化建设下的保险协同发展、对外开放中保险业的勇于担当、自贸区和"一带一路"倡议背景下保险业的时代作为、金融监管与改革等不同视角，探讨与分析了中国保险业改革开放四十年所形成的中国模式与发展路径。

樊海潮教授的《关税结构分析、中间品贸易与中美贸易摩擦》,指出不同国家间关税水平与关税结构的差异,往往对国际贸易产生重要的影响。全书从中国关税结构入手,首先对中国关税结构特征、历史变迁及国际比较进行了梳理。之后重点着眼于2018年中美贸易摩擦,从中间品关税的角度对中美贸易摩擦的相关特征进行了剖析,并利用量化分析的方法评估了此次贸易摩擦对两国福利水平的影响,同时对其可能的影响机制进行了分析。全书的研究,旨在为中国关税结构及中美贸易摩擦提供新的研究证据与思考方向。

李志青高级讲师的《绿色发展的经济学分析》,指出当前中国面对生态环境与经济增长的双重挑战,正处于环境库兹涅茨曲线爬坡至顶点、实现环境质量改善的关键发展阶段。作为指导社会经济发展的重要理念,绿色发展是应对生态环境保护与经济增长双重挑战的重要途径,也是实现环境与经济长期平衡的重要手段。绿色发展在本质上是一个经济学问题,我们应该用经济学的视角和方法来理解绿色发展所包含的种种议题,同时通过经济学的分析找到绿色发展的有效解决之道。

严法善教授的《中国特色社会主义政治经济学的新发展》,运用马克思主义政治经济学基本原理与中国改革开放实践相结合的方法,讨论了中国特色社会主义政治经济学理论的几个主要问题:新时代不断解放和发展生产力,坚持和完善基本经济制度,坚持社会主义市场经济体制,正确处理市场与政府关系、按劳分配和按要素分配关系、对外开放参与国际经济合作与竞争关系等。同时还研究了改革、发展、稳定三者的辩证关系,新常态下我国面临的新挑战与机遇,以及贯彻五大新发展理念以保证国民经济持续快速、健康、发展,让全体人民共享经济繁荣成果等问题。

以上十二卷专著,重点研究中国经济体制改革和经济发展中的一个主要体制侧面或决定和反映经济发展原则和经济发展质量的重要话题。反映出每位作者在自身专攻的研究领域所积累的学识见解,他们剖析实践进程,力求揭示经济现象背后的结构、机制和制度原因,提出自己的分析结论,向读者传播自己的思考和理论，形成与读者的对话并希望读者提出评论或批评的回应，以求把问题的讨论引向深入，为指导实践走得更加稳健有效设计出更加完善的政策建议。换句话说，作者所呈现的研究成果一定存在因作者个人的认识局限性带来的瑕疵，欢迎读者朋友与作者及时对话交流。作为本丛书的主编，在这里代表各位作者提出以上想法，这也是我们组织这套丛书所希望达到的目的之一。

是为序。

张晖明

2018 年 12 月 9 日

序　言

集聚的力量塑造了现代世界的经济地图。世界各国的发展经验告诉我们，经济活动的分布不仅在国家之间高度不均，而且在一国内部，也往往集中于少数几个大都市圈。全球有大约一半的经济活动在1.5%的陆地区域展开，在上海工作和生活的人口有近2 500万，占埃及总面积0.5%的开罗创造了该国一半以上的GDP……大城市崛起成为生产活动的集中地，占据了全球经济资源分配的中心舞台，以至于哈佛大学经济学家爱德华·格莱泽写就《城市的胜利》一书，赞叹城市为"人类最伟大的发明和最美好的希望"。

有关资源通过地区间配置的优化促进集聚效应发挥，目前一个广为讨论的政策议题为是否应该鼓励人口和经济活动的进一步集中，特别是向沿海地区和大城市的集中。理论上，人口和经济活动集中对就业和收入存在正反两方面的效应。一方面，经济活动的空间集中将通过集聚效应提高劳动生产率，进而促进就业和收入。但在另一方面，过度集中也可能通过推高要素价格形成挤出效应，抑制就业和收入增长。此外，现实中普遍存在的一种担心是，随着人口向沿海地区和大城市的集中，集聚地区可能无法创造出充足的就业岗位。更激烈的城市劳动力市场竞争在加剧失业的同时，也将压低劳动力的收入水平，低技能劳动者的损失可能尤其严重。经济活动的进一步集聚是否有利于提高城市发展的包容性，依赖于集聚效应和挤出效应的强弱。

除优化资源配置外,要促进经济集聚效应的发挥和增长潜力的释放,我们还可以在城市层面施行更高效的地方性发展政策。地方性经济发展政策的效果会受到城市结构性特征的影响,产业、城市和区域发展政策需要相互配合。更为微观地,地方政府常常面临不同产业发展政策的选择,例如优先发展高技术、高附加值产业还是本地具有比较优势的产业,往往各有优劣。地方政府应如何制定更高效的产业和区域发展政策,以加强集聚效应,回答这个问题需要我们理解不同产业发展特征和产业间溢出效应。

针对上述现实问题和政策争论,本书将结合国际经验和新经济地理学理论,对中国的城市体系调整和区域发展战略展开研究,分析经济集聚对城市劳动力市场表现和产业发展的影响。第一,本书将结合宏观经济背景及劳动力需求空间分布,分析中国产业发展及其空间分布特征。我们不仅将以动态的视角研究产业发展,讨论不同行业就业增长和技能提升表现的差异及其产生原因,还将从产业空间分布特征及其变化的角度分析不同产业的集聚和离散趋势。第二,通过分析经济集聚对劳动力市场表现的影响为区域发展政策的优化提供实证支撑。我们将基于个人层面的调查数据,分析经济集聚对劳动力就业和收入的影响,并探索集聚效应在不同技能水平劳动力间的差异。第三,从经济集聚影响产业发展的角度为地方性发展政策的优化提供依据。一方面,我们将探索关联产业的地区集中如何通过集聚效应、产业间竞争效应和产业价值链提升效应影响产业发展;另一方面,我们也将从制造业就业对服务业就业溢出的角度,思考经济体向服务型经济转型过程中城市和区域政策的作用。

当前中国经济面临较大的下行压力。本书试图从区域发展和地方性发展政策出发,寻找促进经济集聚效应发挥的可行路径,释放经济增长潜力。本书希望能记录中国的城市发展,评估经济集聚的作用,为全国层面优化户籍及其他相关制度,科学选择区域发展战略提供参考。在地区层面,本书也将为地方政府如何选择有效的地方性经济发展政策,优化产业结构以最大化集聚效应发挥,打造富有国际竞争力产业集群和都市圈,提供依据。

本书在写作过程中得到了很多师长、同事和同行的帮助。本书的主体是我博士阶段研究工作的总结和补充,感谢我的导师袁志刚教授在研究、工作和生活上的引领和支持。袁老师是胸怀天下的"侠之大者",几十年来怀着经邦济世之志耕耘不缀,是我前行路上的指路明灯。感谢复旦大学经济系主任张晖明教授牵头撰写、出版这套丛书,让我有机会思考和记录改革开放以来中国的城市和区域发展。感谢陆铭教授的指导,我最早对区域和城市研究的兴趣始于陆老师,本书部分章节也取自和他的合作研究。感谢陈钊教授、范剑勇教授、封进教授、姜波克教授、王弟海教授、王永钦教授、吴建峰教授等多年的指导和对书中部分内容的建议。师长们的鼓励和帮助鞭策我不断完善研究,本书部分章节的前期成果得以发表于《中国社会科学》(第四章部分内容)、《经济研究》(第八章部分内容)、《世界经济》(第五章部分内容)、《世界经济文汇》(第七章部分内容)等国内权威和核心期刊。同时感谢复旦大学出版社谢同君老师细致的工作和专业的建议,使本书质量得到了极大提升。最后,要感谢教育部人文社会科学研究青年基金(15YJC790020)和复旦大学经济学院高峰学术专著项目的支持。

高 虹

目 录

第1章 绪论 1

1.1 中国经济增长转型和城市发展道路的争论 5

1.2 经济集聚和城市劳动力市场表现 9

1.3 研究思路和章节安排 14

1.4 本书的主要贡献 19

第2章 大城市为什么会兴起——基于文献的评论 23

2.1 经济集聚效应：述评 26

2.2 经济集聚的城市劳动力市场效应 34

2.3 经济集聚与地方性经济发展政策 40

第3章 改革开放以来中国制造业空间分布：全球化、经济集聚和经济政策 51

3.1 经济活动的空间分布：集聚效应 vs 离散效应 54

3.2 改革开放以来中国制造业空间分布特征与变迁 58

3.3 知识溢出与异质性制造业行业空间分布变化 66

3.4 本章总结 71

第 4 章 经济集聚与城市劳动者就业 75

4.1 城市规模影响劳动者就业的理论分析 78

4.2 经济集聚对劳动者就业的影响：基本回归结果 81

4.3 寻找城市规模的工具变量 88

4.4 经济集聚是否损害了公平——城市规模对劳动者就业的异质性影响 96

4.6 本章总结 109

第 5 章 经济集聚与城市劳动者收入 111

5.1 城市规模影响劳动者收入的理论分析 114

5.2 经济集聚对劳动者收入的影响：基本回归结果 117

5.3 城市规模对劳动者收入的异质性影响 130

5.4 本章总结 136

第 6 章 中国的制造业产业集群：数据、方法与空间分布特征 141

6.1 产业间关联、集聚效应和产业集群 144

6.2 本章使用的数据和方法 148

6.3 中国制造业产业集群划分的方法 151

6.4 中国制造业产业集群的空间分布特征 160

6.5 本章总结 173

第 7 章 经济集聚与城市产业集群效应 175

7.1 为什么我们需要关注制造业产业集群效应？ 178

7.2 产业集群的就业增长效应估计 181

7.3 产业集群与城市产业发展：数量效应 vs 质量效应 188

7.4 产业链位置与异质性产业集群效应　191
7.5 本章总结　196

第8章　城市化、城市发展与城市结构转型　199

8.1 地方性经济发展政策和制造业就业乘数效应　204
8.2 数据和模型　207
8.3 本地劳动力市场的就业乘数效应：实证结果　208
8.4 模型的拓展：城市化、经济集聚与就业乘数效应的异质性　216
8.5 本章总结　220

第9章　总结　223

9.1 本书的主要结论　225
9.2 包容性增长与区域间协调发展　228
9.3 未来研究展望　231

参考文献　233

第 1 章

绪 论

城市是现代经济活动的集中地,是促进经济社会持续发展的重要动力,城市的发展伴随着人类物质生活的极大丰富和文化的极大繁荣。人类社会的历史就是城市不断发展、城市化水平不断提高的历史。伴随着城市发展,经济活动在空间分布上趋于高度集中。数据显示,经济活动不仅在国与国之间分布不均,而且在一国内部也高度集中,大城市和都市圈的重要性与日俱增。世界银行发布的《世界发展报告2009》在开篇即指出,全球有大约一半的经济活动集中于1.5%的陆地区域展开。开罗尽管只占埃及总面积的0.5%,却创造了该国一半以上的GDP。类似地,巴西中南部三个州生产活动的总量也占全国的一半以上,但这三个州的土地面积仅占全国土地总面积的15%(World Bank,2008)。随着一系列国际性大都市的崛起,以国家力量为主的资源配置模式被全球化所弱化,要素更加自由的流动使城市突破国家力量,而占据全球经济资源的中心舞台。全球竞争的模式由国家间竞争转为城市间竞争,一国城市竞争力在很大程度上决定了国家的竞争力。

城市化的历程体现了人类不同的历史发展阶段生产、社会组织和政治结构不断发展和变迁的过程。城市化源于工业革命,而城市化大规模的推进始于20世纪。20世纪以前,城市化特别是大城市的发展,只零星地出现在部分地区。根据Ades和Glaeser(1995),在16世纪,拥有大约60万人口的北京是世界上规模最大的城市,而这一纪录一直到1830年才被伦敦所超越。在1700年左右,伦敦、巴黎、东京这几个当时世界的超大城市,其人口均只有约50万。城市化进程于20世纪加速,一些超大规模的城市随之出现。根据中华人民共和国第六次人口普查的数据,北京市的常住人口在2010年达到了1 961.2万。类似地,巴黎、伦敦、东京等超大城市的人口规模也实现了大幅增长。在2014年,作为全球最大的城市,东京人口达到3 719万,巴黎约为

1 076.4万,而伦敦的人口数量也达到了1 018.9万,远远超过20世纪以前的水平(United Nations,2015)。城市化作为一种世界趋势,在未来仍会不断推进。根据联合国的估计,在2018—2050年,世界的城市人口将增加28亿,从2018年的42亿增加到2050年的70亿,而90%的城市人口增长将发生在亚洲和非洲地区。未来三十年内,世界人口的增长将绝大部分被城市人口增长所吸收,全世界的城市化率将从2018年的55%预计上升到2050年的68%。其中,印度、中国和尼日利亚的城市人口增长将占据2018—2050年全球城市人口增长的35%,中国的城市人口预期增长2.55亿(United Nations,2018)。

与全球城市化的趋势相一致,中国经济发展的历史也伴随着城市化水平的快速提高。改革开放以来,城市化在中国加速推进。根据国家统计局的数据,中国的城镇人口总数已从1949年末的5 765万人上升到2016年末的79 298万人。城镇人口占总人口的比重,即城市化率,也从1949年的10.64%上升到2016年末的57.35%。中国的城市化成果举世瞩目,以至于世界银行前首席经济学家约瑟夫·斯蒂格利茨将中国的城市化进程和美国的科技进步并列为21世纪影响人类社会的两件大事。在要素收入对经济增长的贡献率均趋于下降的宏观经济大背景下,中国经济在未来要实现可持续增长,全要素生产率(TFP)的增长至关重要,而加速推进城市化进程是中国经济实现转型升级的重要方式(万广华和蔡昉,2012)。那么,中国应该走什么样的城市化道路呢?

在发展理念上,城市应让生活更美好。以人民福祉提高为目标的城市发展模式,不仅有助于维持和提高城市竞争力,促进城市的可持续增长,也和包容性经济增长(inclusive economic growth)的理念相一致。包容性经济增长不仅强调一国经济增长的速度,更强调经济增长的模式,要求将一个国家的绝大部分劳动力包容进经济增长的过程中,使其广泛受益(World Bank,2006)。只有当一国的经济增长切实通过改善个人劳动力市场表现而提高了其福利水平时,经济增长才是具有"包容性"并且是有意义的。经济增长能否实现包容性,取决于增长的模式和政策选择,而城市化和城市发展模式至关本特征是短缺经济、隐性失业和抑制性通货膨胀。

1978年改革开放以来,农村和城市的微观组织再造和物价管制放开,农业和工业产值迅速增长;对外开放,招商引资在全球化加快的情况下获得巨大成功:和平时期中国从中西部地区转移2亿多劳动力,加上城市劳动力,与来自发达国家和地区的FDI对接,实现了充分就业,工业加速增长,形成"世界工厂"。一方面是资本、劳动投入的快速增长,另一方面,制度改革带来的制度红利、向先进学习"赶超效应"和结构转换带来的结构效应,使中国宏观经济的全要素生产率(TFP)快速提升。90年代中期以后,得益于全球价值链分工趋势,出口导向型制造业在中国获得巨大发展,出口成为中国最主要的经济增长动能。

中国在30多年时间里保持了每年近10%的GDP增长,这无疑是世界经济史上的奇迹。但是,进入21世纪以后,中国制造业发展的基本面优势逐渐逆转。Li等(2012)发现,中国制造业工人的平均工资近年来持续上升,到2008年末,已高于印尼、印度、泰国等绝大多数亚洲新兴经济体,仅低于菲律宾,低劳动力成本优势的丧失使得中国面临巨大的出口和FDI转移压力。制造业成本上升的背后固然有教育回报上升和人口年龄结构转型的原因,但户籍制度制约下移民边际成本的显著上升,以及由此带来的城市流动人口增速减缓和劳动力供给不足的重要性也不容忽视。

此外,出口导向型发展战略在成就中国经济增长奇迹的同时,也造成了中国经济内、外部双重失衡的局面,经济增长效率降低。一方面,劳动者就业状态和收入的分化拉大了国内收入差距,消费对经济增长的贡献率不断下降。另一方面,消费不足形成的过剩产能只能依靠出口消化,经济增长的出口依赖度不断提高。内外部双重失衡的局面在2008年前被经济的高速增长所掩盖,而2008年全球性金融危机的爆发和外需的疲软,以及老龄化背景下人口红利的消退,都迫使中国寻求新的增长动力。由于人口红利逐步消失,资本积累速度逐渐下降,全要素生产率(TFP)对经济增长的贡献率降低,中国长期潜在经济增长率趋于下降(袁志刚和余宇新,2012;Perkins 和 Rawski,

重要。但是，关于什么样的城市化道路有利于包容性增长的实现，目前仍然存在争论，需要更多理论和实证研究的积累。本书即希望从劳动力市场的角度，总结我国城市发展的经验，为城市化道路的选择提供参考。

党的十九大报告将实施区域协调发展战略作为新发展理念的重要组成部分，突出了建立更加有效的区域协调发展新机制，以城市群为主体构建大中小城市和小城镇协调发展的城镇格局的重要性。我们的研究将说明，走中国特色的新型城市化道路不仅要求实现人的城市化，还需要伴随产业和人口的空间结构调整。区域间的协调发展不等于区域间的同步发展，发挥市场的力量让区域经济从集聚走向平衡，不仅能提高经济增长的效率，还有利于产业的发展和劳动力市场运行的改善，提高城市的总体竞争力，让人们在城市发展过程中切实获得好处。

1.1 中国经济增长转型和城市发展道路的争论

中国的经济运行有其独特性。从 1978 年改革开放至今，中国已经历了多次经济增长动力的转换，由 20 世纪 80 年代的微观主体再造和市场经济主体地位确立，到 90 年代参与全球价值链分工下"中国制造"的奇迹，直至 2000 年以后的资产负债扩张，中国经济的转型增长不断面临新问题、新挑战。

新中国成立后较长的一段时期，中国宏观经济运行的基本模式是计划经济，在计划安排和执行时力求做到四大平衡：物资平衡、财政平衡、外贸平衡和物价平衡。当时宏观经济的主要矛盾是如何提高积累率，加快工业化速度。通过计划手段，即通过对农产品价格的控制和城乡居民生活成本的控制，将尽可能多的富余以工业企业利润的形式上交国家，提高整个国家的积累率，形成工业化所需要的投资。这种以牺牲农业和居民消费为代价的增长模式尽管在短期内可以较快实现工业化，但从长期来看是低效率和不可持续的，导致投资的结构扭曲和产业比重扭曲。计划经济时代宏观经济运行的基

2008)。2015年以来,中国经济进入新常态,由高速增长转为中高速增长,中国需要尽快实现经济增长方式的转变。

中国经济增长前沿课题组(2012)认为,中国经济增长的第一阶段,即由投资和出口推动高经济增长的阶段已经趋近结束,干预对经济增长效率的推动作用已经消失。中国经济正在步入增长的第二阶段,城市化和服务业发展将成为新的经济增长动力。而城市化和服务业发展促进经济增长的关键在于内需的提升。改革开放以来,中国的城市化成果举世瞩目。城镇化率已由1978年的17.92%上升到2016年的57.35%,平均每年上升1.04个百分点。但是,无论是和相似收入水平国家的城市化率相比,还是和中国自身的工业化率相比,中国的城市化率明显偏低,城市化进程大大滞后于工业化进程。因此,在未来几十年内,中国的城市化不仅需要继续推进,更应加速推进,以减轻制度制约下城市劳动力供给不足所带来的生产成本上升对经济增长的不利影响。

城市化和城市体系优化对生产率的促进作用不容忽视。在中国城市化进程仍将不断推进这一点上,学界和政策界是存在共识的。但是,对于中国应该走什么样的城市化道路,应该如何构建最有效率的城市体系,在城市化进程中应该优先发展大城市还是中小城镇,学者们仍然存在较大分歧。朱选功(2000)认为,中国应将小城镇的优先发展作为现阶段城市化推进的突破点。这主要是因为小城镇的发展将起到协调中国城市体系的作用,并且小城镇所需的建设成本较低,其发展适应了中国建设资金短缺的现实。此外,从交通和心理成本考虑,小城镇作为劳动力转移的心理缓冲带,能较好地满足农业劳动力转移降低移民成本的要求。类似地,秦待见(2008)认为,小城镇可以起到分散大城市规模和职能、服务广大农村地区的"承上启下"作用,并能通过加速城市工业更新换代、减轻城市环境压力、促进工业"反哺"农业等方式促进城乡经济的和谐发展。此外,小城镇在拉动内需和吸收农村剩余劳动力等方面也将起到重要作用。

不过也有学者认为,中国应优先促进大城市的发展,以最大限度地发挥经济集聚效应,提高经济增长的效率。王小鲁(2010)认为,中国目前所拥有的大城市数量过少。尽管小城镇将成为吸收农村劳动力的一个重要环节,但小城镇本身对产业投资缺乏吸引力,无法创造足够的就业来吸引人口流入。此外,小城镇的土地使用效率显著低于大城市,经济规模不足也使其难以提供劳动力高质量生活所必需的基础设施和公共服务。基于国别数据的计量回归分析,王小鲁认为,大城市的发展有其自身的客观规律,中国大城市人口的比重在未来二十年内还将不断上升,预期到2030年达到39%,拥有百万人口规模以上的大城市数量也将持续增加。类似地,Henderson(2007)认为,由于户籍等制度长期限制城市扩张,中国的城市化过于本地化,城市规模过小,无法发挥规模经济优势,限制了城市劳动生产率的提高和经济增长。Au和Henderson(2006)的估计显示,中国有51%~62%的城市存在规模不足的问题,严重损害了中国经济增长的效率。中国由于集聚不足所带来的产出损失约占职工平均产出的17%。事实上,大城市和中小城镇的发展并不完全相互排斥。许政等(2010)认为,中小城镇的发展应以大城市的发展为基础,并受其辐射功能的带动。他们的实证结果显示,小城市的发展分享了大城市经济集聚所带来的好处,距离区域性大城市距离越近,越有利于城市的经济增长。

此外,有关城市和区域发展,目前普遍存在的一个认识误区是将"区域间协调发展"简单地等同于"区域间同步发展",并进一步将"经济集聚"与"区域间协调发展"相对立。在政策上表现为试图缩小不同地区、不同规模城市间的发展差距,以期达到平衡不同地区、城市间居民福利水平的目标。最优的城市化发展路径,即发展过程中应该优先发展大城市还是中小城镇,向来也是各国城市化进程中的重要议题。日本、韩国等在其发展过程中都曾施行过限制大城市人口增长的措施。而城市化道路的选择其实依赖于对最优城市规模的认识。在当前中国,出于对交通拥堵、环境污染等"拥挤成本"的担忧,实际政策往往倾向于限制大城市发展,城市居民也常出于自身利益考虑,支持地方政府实施限制劳动力流入的政策,经济集聚的好处却在很大程度上被忽略了。此外,在政策操作上,大城市人口限制政策主要是针对低技能劳动者,这一点,在各个地方的落户条件上均有体现①。但是,对相关问题的回答,在理论上没有定论,不同的城市发展模式在国家间和发展阶段间存在差异,需要我们基于中国数据给出实证的回答。

1.2 经济集聚和城市劳动力市场表现

理论上,城市的最优规模由城市扩张所带来的规模效应和拥挤效应相权衡决定。城市的规模效应来自经济集聚所带来的好处,经济集聚会带来劳动生产率的提高。新经济地理学的文献指出,由于生产中存在规模报酬递增,消费者偏好商品的多样性,并且存在交通成本,厂商会选择在市场需求相对较大的地区组织生产经营活动,从而带来集聚地区总体上更大的生产规模和更高的要素价格水平。在均衡处,集聚地区更高的要素价格必然意味着更高的劳动生产率,否则,利润最大化的厂商会选择其他要素价格相对较低地区进行生产(如 Krugman,1980,1991a;Davis 和 Weinstein,1996,1999;Krugman 和 Venables,1995;Fujita 等,2001)。集聚地区相对更高的劳动生产率主要来自更广泛的投入品分享(sharing)、更好的生产要素匹配(matching)和更多的学习机会(learning)三种机制(Duranton 和 Puga,2004)。经济集聚效应对劳动生产率的促进作用已在既有研究中被证实[可参考 Redding(2009)的综述文章]。拥挤效应主要来自集聚地区物价水平和生产成本的上升、污染问题

---

① 比如上海市的应届生落户实行打分政策,只有本科及以上学历才有评分资格,并且打分向高学历、重点高校(如 211 高校、教育部重点建设高校)以及具有高技能水平(如大学成绩排名、外语水平、计算机水平)的毕业生倾斜。在深圳,外来务工人员入户实行积分制,累计积分达到一定分值才可申请入户,而积分的计算同样向高技能水平的劳动力倾斜,而应届毕业生申请落户必须具有本科以上学历和学士以上学位。北京市的户籍分配和工作单位相挂钩,留京指标更多地分配给了事业单位、大型国企和外资企业,然而由于数量有限,在这些企业内部,指标也往往分配给了技能水平相对更高的劳动力。

的加剧、更为拥堵的交通以及相对更高的犯罪率等。

由于对经济集聚效应认识不足,政府的实际政策往往偏向于限制城市人口规模的扩张。而城市居民也往往排斥外来劳动力进入,对城市人口规模的扩张持抵触态度。由此导致的结果是,相比于工业化水平和经济生产活动的集聚程度,中国的人口集聚程度过低(陆铭,2010;蔡翼飞和张车伟,2012)。此外,研究还发现,即使和美国、英国、日本、印度尼西亚等不同发展水平的国家相比,中国人口的集中程度也是显著偏低的(李国平和范红忠,2003)。人口集中程度不足阻碍了经济集聚效应的发挥,给中国经济带来了巨大的效率损失。因此,在城市发展所带来的规模经济效应强于拥挤效应的城市化早期,过早地盲目限制城市发展,重点发展中小城市,会带来巨大的效率损失。

有关经济集聚,现实中存在的另一种担心是,城市人口的扩张可能会激化城市劳动力市场的竞争,从而加大城市居民的就业和收入压力。一方面,人们担心随着城市人口规模的增长,城市可能无法提供充足的就业岗位,从而加剧失业问题。特别地,人们常常认为,在城市扩张过程中,低技能劳动者将面临更大的失业风险。另一方面,更为激烈的劳动力市场竞争可能对劳动力的工资水平产生向下的压力,从而降低名义工资水平。而人口集中所带来的不可贸易品价格的上升会进一步压低大城市居民的实际工资,损害劳动者福利水平。

那么,事实是否如人们所担心的那样呢?我们认为,对经济集聚效应的理解可能有助于缓解人们的担忧。经济集聚会通过分享、匹配和学习三个方面的机制对劳动生产率产生促进作用,而劳动者的工资水平主要由其在生产过程中的边际产出所决定。在资本自由流动的情况下,城市劳动力供给的增加并不会降低劳动者的边际产出。相反,由于经济集聚效应的存在,企业劳动生产率的上升反而会提高劳动者的边际产出,从而对劳动者的工资性收入产生促进作用。经济集聚也可能通过鼓励企业家精神、促进信息的交流而提高劳动者的非工资性收入。此外,人口向大城市的集中以及大城市劳动力的流入也并不必然提高城市的失业率水平。已有的经验研究发现,外来劳动力进入城市就业对本地居民失业的影响程度很小(刘学军和赵耀辉,2009)。

理论上,劳动力市场的就业规模主要由需求和供给两方面的因素决定。一方面,劳动力的流入固然会增加城市的劳动供给。另一方面,由于城市发展存在着规模经济,城市人口规模的增加会不断地创造出新的就业机会,推动劳动力需求曲线向外移动。保持其他因素不变,如果就业机会的增加速度快于城市规模扩张的速度,那么,城市的就业率将上升。但是,长期以来,关于城市规模扩张以及经济集聚效应如何影响劳动力市场的运行,尤其是劳动者的收入和就业率,相关的微观证据仍很缺乏。而由于缺乏对经济集聚效应的认识,人们对城市规模扩张的结果存在不全面的判断,并进一步影响了城市化和城市发展政策的制定。本书的第4章和第5章即希望基于来自劳动力个人层面的微观调研数据,直接考察经济集聚(主要是城市规模扩张)对劳动者就业概率、收入水平的影响,从劳动力市场的角度为经济集聚效应提供来自中国的证据,为城市化和城市发展政策的制定提供实证依据。

要完整分析经济集聚的城市劳动力市场效应,我们不仅需要来自劳动力个人层面的微观证据,还需要对城市整体经济层面的行业就业状况有所理解,这主要包括制造业产业和服务业产业的发展。产业发展是城市竞争力的源泉,城市只有在竞争力不断提升的情况下,才能吸引和留住人才。无论从经济增长还是就业的角度考量,制造业部门的发展对中国当前包容性经济增长的实现均发挥着至关重要的作用。尽管也有观点认为中国国际竞争力的提升、内需的扩张等将在很大程度上依赖高端生产性服务业的发展,但脱离了制造业的服务业发展将成为无本之木。过早的去工业化和向高端服务业的转型升级不仅不利于经济增长率的提高,而且将损害经济体的就业创造能力。有关跨国经济增长的文献发现,一般来说,发展更快的国家往往拥有相对更大的制造业部门(Rodrik,2006)。而由于制造业部门吸收了大量中等技能劳动力的就业,制造业部门的收缩不仅可能导致就业机会的丧失,也会带来收入差距的扩大。在中国,作为可贸易品部门最重要的组成部分,制造业产业是吸收和创造就业的关键。鉴于制造业在经济发展和就业创造中的重要作用,以促进制造业发展为目标的产业政策和地方性发展政策,成为无论是发达国家还是发展中国家的普遍选择。特别是在中国,地方政府常常通过施行各种优惠性政策,例如税收政策和土地政策,来对本地区经济进行干预。但是,地方性经济发展政策(place-based policies)是否有效,在理论和实证上还没有定论,需要我们提供更多的证据。

此外,在具体操作上,地方政府常常面临不同的政策选择。关于地方政府在发展过程中应该优先发展高技术、高附加值的产业,还是应基于本地的产业结构和比较优势,促进相关产业的发展和产业间互补效应的发挥,人们还存在争论。相比于各地"一刀切"式地引进和发展高技术产业,以产业集群为基础的产业发展模式,促进与本地具有更强关联性的产业发展的政策是否更为有效,需要实证检验。理论上,地方性经济发展政策成功的关键在于经济集聚效应的发挥以及由此带来的规模报酬递增。Kline(2010)通过将集聚效应引入分析地方性发展政策的空间一般均衡模型后发现,当集聚效应存在并且足够强的时候,地方性的经济发展政策将促进地方经济的起飞,从而使得地方经济由低就业和低工资的低水平均衡转变到工资水平和就业规模相对更高的高水平均衡。但是,也有研究认为,地方政府通过政策优惠来吸引企业进入某地,增加就业,往往会扭曲市场机制和要素配置,从而导致地方生产的无效率和居民福利的无谓损失。如果地方性发展政策的施行是出于地方政府官员追求个人福利的目标,则损失尤其严重(Wilson,1999;Glaeser,2001)。此外,制造业就业增加所带来的本地工资水平的上升也会抑制其他行业的劳动力需求,挤出其他行业的就业,从而削弱地方性经济发展政策对当地经济的正向影响(Moretti,2011)。因此,如何通过合理的产业选择,促进产业发展过程中集聚效应的发挥,提高政策效率,是地方性经济发展政策成功与否的关键。而这依赖于对本地产业结构和产业间关联程度的判断,产业集群是一个有益的分析起点。因此,在本书的第6章和第7章,我们将以中国制造业产业集群为切入点,讨论产业集群的划分方法,描述其空间分布特征,并实证估计产业集群的劳动力市场效应。

除制造业产业发展外,服务业产业的发展和就业也应成为评估集聚效应的重要视角。过去四十年,中国经济增长高度依赖于投资和出口,内需增长乏力。这是中国经济当前所面临的一个严重的结构性问题。服务业发展滞后是抑制中国内需增长的一个重要原因。和其他国家相比,中国的服务业发展程度低,表现之一就是服务业就业比重长期偏低。服务经济作为后工业化经济的典型特点,其发展在现代经济增长中发挥着重要作用。进入 21 世纪以后,世界发达国家无一例外地进入或者早已进入服务型经济,服务业就业比重不断上升,新增就业几乎全部来自服务业(Schettkat 和 Yocarini,2003)。伴随着工业化的完成,中国未来的就业创造,尤其是低技能劳动力的就业,将越来越需要依靠服务业的发展来带动。党的十九大报告也把加快发展现代服务业、瞄准国际标准提高水平,作为供给侧结构性改革的战略重点。已有文献已经确认中国制造业存在高度集中的趋势(Barbieri 等,2012;He 和 Wang,2012)。因此,从城市整体层面考察制造业的发展是否会对第三产业就业的增长产生溢出效应,特别是溢出效应如何受到集聚效应的影响,对思考如何促进中国服务业发展等问题具有重要意义。本书第 8 章即希望使用来自城市整体层面的行业就业数据,考察制造业就业对不同类型服务业就业的溢出效应,并进一步分析经济集聚效应将如何影响制造业就业创造服务业就业的能力,以期从城市整体行业就业的角度完善有关经济集聚的城市劳动力市场效应的分析,为中国地方性经济发展政策的制定和其他一揽子劳动力市场政策的配合提供实证依据。

以人为本的新型城市化道路需要关注城市化过程中微观个体的劳动力市场表现和产业发展。在现实中,由于交通拥堵、生态环境恶化等拥挤效应和人们的日常生活相关,因此更易被政府部门和劳动者感受到。而经济集聚的好处不易观察,因此在很大程度上被忽略了。例如,人们常常担忧进城务工人员的大量增加会加剧城市劳动力市场的竞争,从而加剧城市劳动力市场的失业问题。但进城务工人员增加所带来的需求效应,以及通过经济集聚效应带来的生产率的溢出,则在很大程度上被忽略了。尽管相应的担忧不乏合理性,却在很大程度上阻碍了经济集聚的进程,阻碍了劳动生产率的提高,违背了城市发展的初衷。本书希望从与劳动力福利最为相关的就业、收入和产业发展的角度出发,客观评估经济集聚的影响,为中国城市化和城市发展政策的制定提供依据。

1.3 研究思路和章节安排

在经济发展的过程中,经济集聚不仅会通过影响个人的劳动力市场表现,也会在宏观层面对产业发展产生影响。本书在系统梳理相关文献的基础上,利用来自个人、企业和地级市层面的数据,描述制造业产业、产业集群的空间分布特征及其变化趋势,并实证估计集聚效应在劳动力市场和产业发展层面的影响。

第1章"绪论"主要介绍本文写作的背景、意义和章节安排,并总结本书的贡献,分为四节。我们在第1.1节交代了本书的研究背景,重点阐述了有关城市化发展道路的争论和大众对经济集聚效应的忽视。第1.2节从总体上论述了产业集群发展和经济集聚效应可能对城市劳动力市场产生影响的理论机制。第1.3节为本书的写作思路和章节安排,最后一节概述了本书的贡献。

第2章为"文献评论",我们将系统梳理新经济地理学的理论和实证文献,并将其逻辑和劳动力市场运行、产业发展联系起来,旨在分析经济集聚效应产生的原因和作用机制。第2.1节是对新经济地理学理论和实证文献的一个整体回顾,总结了经济集聚可能通过分享、匹配和学习三种微观机制而对劳动生产率产生促进作用的理论模型,并以此为基础,回顾了经济集聚效应可能促进劳动生产率提高的经典实证文献。第2.2节将新经济地理学的文献和劳动经济学的研究相结合,分析了经济集聚效应可能影响劳动力就业和收入的理论机制。第2.3节讨论了经济集聚效应对地方性经济发展政策效果的影响,并结合中国的产业发展模式和宏观经济结构转型,探索了集聚效应在制造业产业发展及其溢出到服务业过程中的作用。

第3章从总体层面上分析了中国制造业产业的空间分布特征及其影响机制,探索了经济地理、新经济地理和经济政策因素对中国制造业经济地图的影响。第3.1节首先从理论上探讨了集聚效应和离散效应相互作用影响经济活动空间分布的机制。在第3.2节,我们结合理论分析和中国改革开放以来的经济政策变迁,从数据上描述了我国制造业区域分布的特征及其变化。我们发现,经济地理和新经济地理因素不断推动经济活动向中国东部地区集中。中国的制造业就业主要集中于东部地区,东、中、西部依次递减。但是近年来,随着拥挤效应的加强和平衡地区间发展政策效果的显现,制造业空间分布呈现轻微的离散趋势。第3.3节探索了不同类型制造业行业空间分布特征及其变化,并揭示了知识溢出的作用。我们发现,不同技能水平行业的增长和空间分布模式变迁存在显著差异。相比于低技能水平制造业行业,高技能行业的就业增长相对更快,并且向东部地区集中的趋势相对更强。而随着行业技能水平的提高,行业就业在地区间再配置的趋势明显下降。第4章和第5章构建了微观层面劳动者就业和收入决定的理论和实证模型,并以此为基础,实证估计经济集聚对劳动力市场的影响。

第4章主要检验了经济集聚对劳动者就业的影响。第4.1节概括了经济集聚可能影响劳动者就业概率的机制。城市规模的扩大尽管会带来劳动力供给的增加,但也会由于集聚效应,促进劳动生产率的提高,扩张劳动力需求。如果集聚地区就业的扩张速度超过了人口的增加速度,那么劳动者的就业概率提高。第4.2节概述了本章使用的数据和实证模型,并基于微观数据估计了劳动者就业决定的Probit模型,检验了城市规模扩张对劳动者就业概率的影响。考虑到遗漏变量和双向因果关系的问题,第4.3节使用城市在1953—1982年的人口增长作为当前城市人口规模的工具变量,利用工具变量的方法对模型进行估计,确认了城市规模扩张对劳动者的就业促进作用。第

4.4节通过将所有劳动者按其受教育年数分组的方法，进一步分析了经济集聚效应对不同技能水平劳动者影响的异质性。我们发现，随着城市人口规模的扩张，最低技能水平劳动者的受益程度相对最大。这主要是因为大城市拥有相对更高的低技能服务业需求。在确认了经济集聚的就业促进效应后，我们希望进一步考察集聚对就业的促进作用是否会以劳动者收入水平的下降为代价。

第5章重点考察了城市规模扩张对劳动者收入的影响。我们认为，城市规模的扩张会带来经济集聚效应，从而提高城市的劳动生产率，而劳动生产率的上升会对劳动者的工资产生促进作用。此外，经济集聚也会通过鼓励企业家精神、提高信息传递效率等方式促进劳动者非工资性收入的提升。第5.1节构建了城市规模变化影响劳动者收入的理论模型。第5.2节叙述了本章使用的数据和实证模型，并实证估计了城市规模变化将对劳动者收入产生的影响。实证结果显示，城市规模对劳动者名义收入的影响显著为正。此外，随着经济集聚程度的提高，集聚地区不可贸易品的价格趋于上升，而经物价水平调整的实际收入是劳动者福利的更优度量。为此，我们使用两种不同的方法构造了地级市层面的价格指数，进一步检验了城市规模扩张对劳动者实际收入的影响。我们发现，即使考虑到物价因素，城市规模对劳动者实际收入的影响仍显著为正。这一发现也侧面说明了由于户籍制度等阻碍劳动力流动的因素存在，中国的城市体系尚未达到空间一般均衡的状态。作为模型的扩展，第5.3节使用分位数回归的方法，考察了经济集聚效应对不同收入水平劳动者影响的异质性。我们发现，尽管所有收入水平的劳动者均从城市规模的扩张中显著获益，但是总的来说，低收入劳动者的受益程度相对最小。这主要是因为低收入劳动者的就业集中于低技能服务业，而相对于其他部门，低技能生活性服务业的劳动生产率上升最慢。第5章的研究为我们思考经济集聚的劳动力市场效应提供了来自收入的视角，也为思考中国的城市体系和空间一般均衡提供了借鉴。

在第6章到第8章，我们的视野从微观个体放大到城市整体的产业发展层面。其中,第6章和第7章重点关注制造业的发展,第8章侧重于服务业就业的扩张。

第6章主要基于企业和投入—产出数据,对中国480个四位码层面的制造业产业进行集群划分,并对中国不同产业集群的空间分布特征进行统计性描述。我们认为,良好的产业集群划分结果应同时具备地区间可比、综合反映产业间多种形式联系、集群内产业关联性强而集群间产业相关性弱的特点。第6.1节详细阐述了产业集群的概念,力求厘清其和产业间关联、集聚效应之间的区别和联系。第6.2节概述了本章所使用的数据和产业集群划分方法,相关内容在第6.3节具体展开。基于Delgado等(2014,2016),我们首先构造了480个产业多种形式的关联矩阵,并使用聚类分析的方法,对相关产业进行初步的集群划分。基于不同的产业关联矩阵和聚类分析方法,我们总共得到500种不同的备选产业集群划分结果。之后,以集群内产业相关性强、集群间产业区分度大、集群划分结果稳健为标准,我们对不同的集群划分结果进行评分,筛选出相对最优的产业集群划分方式。最后,我们对备选的最优集群划分结果进行调整,以减少因数据局限所导致的部分产业集群划归结果异常的现象。以产业集群划分结果为基础,第6.4节进一步描述了中国制造业产业集群的空间分布模式。数据结果显示,由于中、西部地区产业结构相对更为单一,其产业集群强度往往高于东部地区城市。但相比较而言,东部地区的强集群数量更多,制造业产业集群的分布也更为多样化。此外,相比于东部地区,内陆地区制造业产业处于相对更为上游的产业链位置,以资源密集型产业集群为主。

那么,集群究竟会对产业发展产生什么样的影响呢?理论上,集群发展可能通过集聚效应提升产业的劳动生产率,进而带来就业扩张和工资水平的提高。但是,同一集群内部产业间的竞争也可能通过推高土地、劳动力等要素价格而挤出产业就业。此外,产业集群发展所带来的路径依赖也可能导致产业价值链的低端锁定,反而不利于产业的长期发展和就业扩张,因此需要实证检验。

第7章构建了城市层面产业发展的条件收敛模型,从数量和质量两个方面,实证估计了城市产业集群发展的影响。我们首先在第7.1节概述了从集群角度分析制造业产业发展的政策重要性和文献背景。第7.2节从产业就业增长层面,估计了集群发展的影响,并进行了稳健性检验。实证结果显示,集群发展对产业就业增长产生了显著的促进作用。集群强度在均值基础上每单位标准差的增加,会带来未来产业就业年均增长率2.153个百分点的上升。集群发展的就业扩张效应主要来自新企业的产生和现有企业就业规模的扩张。考虑到集群发展可能由于路径依赖和产业价值链的低端锁定而不利于产业质量的提升,第7.3节从质量层面对比了产业集群效应。我们发现,在质量层面,集群对产业质量型指标增长的影响不显著甚至显著为负。在这一章的最后,我们对产业就业增长模型进行拓展,重点分析了不同产业链位置产业所受集群效应的差异。实证结果显示,尽管就业促进效应在不同产业链位置均存在,由于相对更弱的前、后联系和更强的竞争效应,产业链位置和集群内其他产业相似的行业,所受的集群效应相对最小。

第8章从宏观经济结构转型的角度,分析城市制造业就业对服务业就业的乘数效应,并进一步考察了集聚效应的影响。总结有关地方性经济发展政策的文献我们发现,制造业就业的增加并不必然带来当地经济和就业从低水平均衡向高水平均衡的跃升,其影响因素在于集聚效应的大小。在集聚效应不够强的时候,制造业就业的增加非但无法促进服务业就业的增加,反而可能挤出服务业就业,不利于服务业发展。我们首先在第8.1节阐述了制造业就业会为服务业就业带来乘数效应的理论机制,并在第8.2节介绍了此章使用的数据和模型。第8.3节提供了制造业就业对服务业就业变化乘数效应的实证结果。考虑到可能由双向因果关系和遗漏变量带来的估计偏误,我们在这一章中构造了度量出口冲击的综合指标,作为城市制造业就业的工具变量,此工具变量和地区制造业就业的发展程度、考察年份中国的出口总量正相关,而和该城市到沿海港口城市的距离负相关。工具变量固定效应模型的估计结果显示,制造业就业的增加将对本地服务业就业产生显著的促进效应,

第 1 章 绪 论

这种促进作用对劳动密集程度相对最高的生活性服务业影响最大。鉴于集聚效应、劳动力供给弹性等因素均会影响到地方性经济发展政策的效果,第 8.4 节对模型进行了拓展,考察了不同城市化水平和不同规模城市制造业就业乘数效应的异质性。我们发现,制造业就业只有在城市化水平相对最高、城市人口规模和移民规模相对最大的地区,才能显著促进服务业就业的增加,而在低城市化水平地区和小城市,制造业就业反而可能挤出服务业就业。

第 9 章是本书的总结。我们在这一章总结了本书的结论和贡献,并提出了几个本书未解决的问题。我们认为,本书全面分析了经济集聚效应对微观个体城市劳动力市场表现和城市产业发展的影响,丰富了既有文献,为中国城市化和城市发展政策的制定提供了依据。但是,本书的重点在于分析集聚效应在劳动力市场层面的影响,没有分析经济集聚在交通、环境、治安等影响居民福利水平层面的效应,也没有考虑经济集聚和产业集群发展的影响因素,需要在未来的研究中补充完善。

1.4 本书的主要贡献

本书全面考察了经济集聚在微观个体劳动力市场表现和城市产业发展层面的影响,主要贡献包括以下四个方面。

第一,本书将新经济地理学和劳动经济学的文献相结合,分析了经济集聚可能对劳动力市场产生影响的理论机制,并利用来自中国的数据,从就业和收入两个角度进行了实证检验。已有的新经济地理学文献主要从劳动者平均工资或者平均产出角度证实经济集聚效应将对劳动生产率产生的促进作用。但是,仅从平均工资或产出的角度难以揭示经济集聚对劳动者福利的影响。包括非工资性收入在内的劳动者总收入,以及经过物价水平调整的实际收入,是劳动者福利水平的相对更为直接的度量。此外,既有文献也缺乏对经济集聚效应将如何影响要素使用量(如劳动力雇佣量)的考察。本书使用来自中国个体劳动者层面的微观调研数据,考察了城市规模变化将如何影响劳动者就业和名义收入,从而弥补了文献不足,为经济集聚效应的存在提供了来自中国的微观证据。另外,基于两种不同方法构造的物价指数,我们还考察了经济集聚效应对劳动者实际收入的影响。对实际收入的考察不仅为我们分析经济集聚将如何影响劳动者的福利水平提供了依据,相应结果还成了我们判断中国城市间是否已经达到空间一般均衡的基础。

第二,我们不仅考察了经济集聚对劳动力市场影响的平均效应,还进一步区分了其对不同收入水平、受教育程度劳动者影响的异质性。已有研究缺乏对经济集聚效应异质性的分析,而理解异质性对思考收入差距的变迁、城市发展政策的制定以及提升经济增长的"包容性"均至关重要。本书详细分析了这种异质性产生的理论机制,并使用分组回归或分位数回归的方法进行了实证检验。研究结果显示,不同收入和技能水平劳动者从经济集聚效应中获益的机制存在差异。在城市规模扩张的过程中,低技能、低收入水平劳动者主要得益于更大幅度的就业概率提高,这主要和生活性服务业在大城市的扩张有关。而高技能劳动力由于大城市相对更强的知识溢出效应,其收入水平在经济集聚的过程中获得了更大幅度提升。

第三,本书对中国制造业产业进行了地区间可比的集群划分。由于数据和方法的限制,目前有关产业集群的国内外研究主要集中于案例分析,研究结论具有地区或产业特殊性。本书第 6 章基于聚类分析和综合统计评估的方法,对中国四位码层面的制造业产业进行了系统的集群划分,从而为有关地区产业集群发展及其经济发展效应的研究提供了基础。我们所使用的产业集群划分方法具有以下三方面的优点。第一,本方法所得产业集群划分结果涵盖了包括产业间投入—产出联系和产业空间分布特征等在内的产业间多种形式的联系,综合反映了不同产业间的关系,克服了以往研究中仅关注特定形式产业间联系的缺陷。第二,本方法利用统计数据,对多种产业集群划分结果进行综合评估,因而可基于客观标准选出最优的产业集群划分结果。第三,本方法允许研究者对部分因数据和方法限制所导致的产业集群划分的异常结果进行主观调整,所有调整过程均透明可见,因而可避免调整过程的主观随意性。

第四,本书研究为城市地方性发展政策的制定、城市发展和区域政策的优化提供了借鉴。关于中国城市化道路的选择,即究竟应该优先发展大城市还是中小城镇,学界和政策界仍存在争论。由于对经济集聚效应认识不足,政府和城市居民往往倾向于支持限制大城市人口扩张的政策,由此带来的一个后果是中国的人口集中程度不仅低于土地、生产的集中程度,而且远低于同等发展水平的其他国家。本书从劳动力市场和产业发展的角度,强调了提高经济集聚程度的重要性,说明阻碍经济集聚的措施不仅不利于效率提高,而且将由于其对劳动者收入和就业的不利影响而损害劳动者福利。此外,尽管地方性经济发展政策是各国地方政府的普遍实践,但其效果以及影响因素并没有在既有文献中被确认,需要我们提供更多证据。在具体操作上,政府应该"一刀切"式地引进和发展高技术产业,还是应基于本地比较优势,鼓励与本地具有更强关联性的产业的发展,强化产业间互补效应的发挥,也还存在争论。本书通过考察产业集群效应和制造业就业扩张对服务业就业的乘数效应,不仅说明了产业间互补效应发挥对地方性经济发展政策效果的重要性,而且说明了地方性经济发展政策有效的前提条件。

第 2 章

大城市为什么会兴起——基于文献的评论

经济集聚的力量驱使人口和经济活动向大城市集中。在1970年,全球只有纽约和东京两个人口超过1 000万的超大规模城市。而在此以后,人口向超大城市集中的趋势不断推进。到2014年,全球共有28个超大规模城市,其中有6个在中国,人口规模最大的东京拥有3 783.3万居民。到2030年,全球预期会有41个人口超1 000万的超大规模城市(United Nations,2014)。除了宏观统计数据外,相关实证研究也已确认了经济集聚的广泛存在。Ellison和Glaeser(1997)发现,和完全随机分布的产业集聚指数相比,在美国所有459个四位码制造业行业中,有446个存在集聚趋势。其制造业就业主要集中在东北部的新英格兰、大西洋的中部沿岸和中西部三大区域。1920年,美国三大区域制造业就业占全国制造业就业的比重高达71.88%(范剑勇和杨丙见,2002)。Combes(2004)以及Holmes和Stevens(2004)的综述也证实了经济集聚在欧盟、亚洲和美国广泛存在。

在中国,经济集聚同样也已经被学术界广泛接受。金煜等(2006)利用中国1987—2001年的省级数据发现,改革开放以来,中国工业集聚的趋势逐渐加强,各省(区、市)工业GDP占全国工业GDP比重的省(区、市)际差距逐渐拉大,其变异系数由1987年的0.026上升到2001年的0.030。而中国的工业集聚主要围绕着长三角和珠三角两大区域展开。马国霞等(2007)利用中国1995年和2003年的投入产出数据,测算了制造业不同产业之间的区域集聚程度。他们发现,在中国,制造业集中程度不断上升,并且在空间上存在向沿海地区不断集中的趋势。纵向的投入产出联系和外部规模经济则是中国制造业集聚产生的关键原因。此外,地理上的接近和本地市场效应也会通过循环累积效应促进集聚。类似地,赵伟和张萃(2007)通过计算中国制造业20个行业的工业地理集聚指数(即Ellison-Glaeser指数)也证实,1999—2003年,中国绝大多数行业的空间集聚趋势不断强化。尽管经济集聚在中国广泛存在,但总的来说,中国经济活动的集聚程度仍低于西方发达国家的水平。根据路江涌和陶志刚(2006),中国有79.97%的行业属于低集聚度行业,而同一比例在美国只有10%。相反,在中国,只有6.31%的行业属于高集聚程度的行业,低于英国的16%、美国的25%和法国的27%。Fujita等(2004)的发现也同样说明了中国经济活动的集聚不足。

究竟是什么原因导致了经济活动的空间集中?大城市何以会兴起?本章将基于既有文献,描述经济集聚的驱动力及其微观机制,并从劳动力市场和产业发展的角度,探讨经济集聚特别是大城市发展的影响,以为本书后面章节的研究奠定理论基础。

2.1 经济集聚效应:述评

马歇尔早在19世纪末就注意到了经济集聚现象。他认为,投入品的分享(input sharing)、劳动力市场共享(labor market pooling),以及知识溢出(knowledge spillover),是导致集聚的根本原因(Marshall,1890)。但是,由于方法论上的局限,早期文献主要关注地理、自然禀赋等第一自然(first-nature geography)因素对经济活动空间选择的影响,而关于生产、消费活动的集聚可以由事前条件完全相同的地理空间而内生演变产生的研究,即新经济地理学文献中所谓的第二自然地理(second-nature geography)因素,直到Krugman(1991a)以后才被经济学家所广泛重视。第一自然禀赋因素在生产活动对资源等因素依赖程度高、运输成本在产品生产成本中占比也大的时期,对生产和工业区位的选择至关重要。而随着技术进步和运输成本的大幅度下降,经济集聚则在现代生产活动中发挥着决定性影响。例如范剑勇和杨丙见(2002)的数据显示,美国的制造业中心在19世纪下半叶从东北部的新英格兰地区转移到了中西部地区。新英格兰地区制造业就业占全国制造业就业的比重从1860年的37.2%下降到1920年的20.4%。相应地,中西部地区制造业就业占全国的比重从1860年的13.3%上升到1920年的34.8%,而人口向中西部地区的集聚是制造业中心转移的一个重要因素。

新经济地理学的文献认为,经济活动的地域选择是集聚效应和离散效应共同作用的结果。由于生产中存在规模报酬递增、消费者偏好商品的多样性以及存在交通成本等原因,厂商会选择在市场需求相对较大的地区组织生产经营活动,从而带来集聚地区总体上更大的生产规模和更高的要素价格水平。尽管集聚地区相对更高的要素价格成为迫使经济活动趋于离散的力量,但其更高的劳动生产率却成了平衡要素价格高企、吸引经济活动趋于集中的向心力。否则,利润最大化的厂商会选择其他要素价格相对较低的地区进行生产。

2.1.1 经济集聚效应的微观基础

集聚之所以能提高劳动生产率,主要是通过更广泛的投入品分享、更好的生产要素匹配以及更多的学习机会三种微观机制得以实现(Duranton 和 Puga,2004;Gill 和 Kharas,2007)。首先,厂商在某一地区的聚集可以促进对不可分割的设备的建造成本的分担,从而增加设备投资;集聚也可以吸引更广泛的原材料和中间品制造商进入该市场,并促进专业化程度的提高;而厂商之间也能因为集聚更好地分担风险,这些因素都能带来规模报酬递增的生产函数,此即为经济集聚所带来的"分享"的好处。其次,集聚地区更大数量的厂商和更多的劳动力提高了劳动力市场的匹配效率,而匹配效率的提高将极大提高劳动生产率,并减少资源的浪费,此为经济集聚所带来的"匹配"的好处。此外,匹配效率的提高也鼓励了劳动分工和生产专业化,这同样也有利于生产率改善。最后,集聚将为当地的企业和劳动者创造更多学习和交流的机会,促进创新,并通过厂商间的相互学习推进更高效的生产方式的运用,提高生产率,此为经济集聚所带来的"学习"的好处。因此,从理论上来说,经济集聚确实能促进生产率的提高,而这正是经济活动广泛集中而非分散的重要原因。

1. 分享

关于"分享"会导致经济集聚和城市的产生,最直接的机制是假设生产过程中需要使用某种不可分割的产品或设备,而建造这种设备需要花费较大的固定成本。这种不可分割的设备本质上是一种俱乐部产品(Buchanan,1965)。俱乐部产品可以同时被许多消费者所使用,但使用具有排他性,俱乐部以外的个人被排除在外。消费者数量的增加,一方面可分担俱乐部产品的固定成本,但另一方面也会带来拥挤成本。因此,俱乐部产品的最优消费者数量的决定存在权衡取舍。同样地,俱乐部产品的理论也可以用于解释城市的发展。随着城市人口数量的增加,某些需要较大固定成本投入的俱乐部产品,如基础设施等,可以被更多的城市居民所分担。但同时,城市规模的扩大也会被拥挤效应所限制,固定成本分担带来的规模报酬递增和拥挤效应之间的权衡取舍将共同决定最优的城市规模。俱乐部产品是有关"分享"机制的最为简单的描述。

Dixit和Stiglitz(1977)的垄断竞争模型较好地刻画了在最终品生产完全竞争、生产函数具有规模报酬不变性质的情况下,中间品生产的垄断竞争格局将如何导致总体生产函数呈现规模报酬递增的特性。Duranton和Puga(2004)基于Ethier(1982)、Dixit和Stiglitz(1977)以及Chamberlin(1933)的模型,在理论上构造了"投入品分享"的机制。他们的模型显示,总体生产函数规模报酬递增的性质主要来源于其"分享"了中间品投入多样化所带来的好处。此外,经济集聚不仅能使城市通过分享更多种类的中间品投入而获得好处,也能使城市"分享"个人生产专业化所带来的好处。专业化的故事最早来自亚当·斯密的《国富论》。亚当·斯密认为,专业化主要通过三种机制起作用。第一,专业化能增加劳动者工作的熟练程度,从而带来"干中学"(learning by doing)效应;第二,专业化可降低工人转换工作任务时所可能引致的转型成本;第三,由于越简单的工作越容易被机器所替代,因此,分工和专业化可激励劳动节约型技术进步。第四,关于"分享"机制,Duranton 和 Puga(2004)还认为,在生产函数存在不确定性的情况下,城市的经济集聚还可能通过劳动力市场群聚、激励劳动者和厂商分担风险而使其广泛受益。因此,劳动者在集聚地区可以获得相对更高的期望工资,而厂商也获得更高的期望利润。

2. 匹配

集聚效应的第二个机制来源于"匹配"。经济集聚能通过增加企业和劳动者匹配的概率、提高匹配的质量、减少"敲竹杠"(hold-up)行为等方式,对劳动生产率产生促进作用。在劳动经济学的文献中,"匹配"机制往往和"厚"的劳动力市场(thick labor market)相关联。

第一,城市中劳动者和企业数量的增加会提高匹配成功的概率,这类模型的关键在于构建和城市中求职者数量和空余岗位数量相关的匹配函数。为解释经济集聚的匹配效应,研究者构建了规模报酬递增的匹配函数,随着城市求职者数量和空余岗位数一定比例的上升,该城市成功匹配的数量会有更大比例的增加。若匹配函数规模报酬递增,那么随着城市人口规模的增加,城市劳动力市场上的搜寻摩擦趋于下降,从而降低失业率和空余岗位比例(Coles,1994;Coles 和 Smith,1998)。

第二,城市规模的扩大也会提高劳动力市场匹配的质量,从而对劳动生产率产生促进作用(Helsley 和 Strange,2014;Duranton 和 Puga,2004)。在实证上,Bleakly 和 Lin(2012)利用美国人口普查数据发现,在人口相对更为密集的地区,劳动力更换职业或产业的概率更低,这正是经济集聚地区劳动力市场匹配质量相对更高的证据。此外,相对于年长的劳动者来说,年轻的劳动力更换职业或者行业的可能性更大,这主要是因为年轻人往往希望通过尝试多种职业以寻找最优匹配,这种搜寻成本在职业生涯早期相对最低。理论上,Duranton 和 Puga(2004)的匹配模型综合解释了经济集聚将如何影响劳动力市场的匹配质量。根据他们的模型,随着城市劳动力规模扩张,劳动者的收入水平将因两方面的原因获益。一方面,由于企业间存在竞争,随着城市劳动力数量增加,企业数量的增加速度慢于劳动力增速,由此带来企业劳动力平均雇佣数量的上升。而在存在固定生产成本的情况下,企业平均雇佣劳动力数量的增加会带来其劳均产出的上升。另一方面,城市劳动力和企业数量的增加会降低劳动者所拥有的技能和厂商所需要的技能之间的平均差距。也就是说,平均来说,劳动者可以找到更适合其技能水平的雇主。由此,经济集聚提高了劳动力市场匹配的质量,减少了匹配不当带来的产出损失。

第三,经济集聚还可能通过减少企业事后"敲竹杠"的可能性而鼓励劳动力进行人力资本投资,从而提高劳动生产率。从理论上来说,若合约不完全,存在事后再谈判的可能性,并且合约的一方或者双方需要在事前针对此合约进行专门的投资,那么投资的一方可能在事后被另一方通过再谈判的方式"敲竹杠"(Williamson,1985;Hart,1995)。事后再谈判的可能性降低了合约参与者投资于特定资本的激励。如果投资的一方在事后可以转而从合约之外的另一方获取收益,那么,即使合约存在事后再谈判的可能性,合约参与者仍然有激励投资于特定资本。具体到城市劳动力市场,一种常见的现象是,劳动者需要投资于专门的人力资本以满足企业的生产要求。但是如果这种专门的人力资本无法适用于其他企业,那么,劳动者在完成投资以后,处于买方垄断地位的企业有激励对薪酬合约进行再谈判,企业的最优选择是只付给劳动者保留工资水平。给定这种事后合约再谈判的结果,劳动者在事前就会理性地选择不投资于专门性的人力资本。但是,这种均衡并非社会最优,它只能使企业获得最低的利润水平,而劳动者也只能获得保留收入。然而,在经济集聚地区,进行特定人力资本投资的劳动者存在大量的潜在交易者,因此劳动者不需要担心合约的事后再谈判。企业间的竞争将促使企业根据劳动者的边际产出支付工资。而为获得相对更高的边际产出,劳动者有激励在事前进行人力资本投资。企业和劳动者在此过程中都获得了相对更高的收益。

3. 学习

"学习"效应在知识经济时代的重要性不言而喻。Javonovic(1997)认为,现代经济体将其20%的资源投入于学习之中。由于学习需要人和人之间面对面的交流,因此学习机会的获取需要物理距离的接近,而这也成为经济活动在城市集聚的一个原因。城市的学习效应本质上和知识溢出(knowledge spillovers)有关,知识溢出是人力资本外部性(human capital externalities)产生的一种机制。随着部分劳动者受教育程度的提高,其他劳动者的劳动生产率也会通过多种机制而得以提高。

既有文献主要通过两种不同的方式来模型化这种生产率的溢出效应。第一种为技术外部性(technological externalities),即经济学家通过在生产函数中引入规模报酬递增的方式来模型化人力资本外部性。Lucas(1988)认为,社会互动所带来的知识溢出会提高全要素生产率,而这种知识的外部性是解释第二次世界大战后国家间经济增长差距拉大的重要因素。然而,Lucas 对知识外部性的描述只是通过在生产函数中引入规模报酬递增实现,其模型并没有内生地解释这种外部性产生的原因。类似地,Glaeser(1999)、Jovanovic 和 Rob(1989)也认为,人们可以通过和其高技能水平的邻居互动而提高自己的劳动生产率。模型化人力资本外部性的第二种方式为货币外部性(pecuniary externalities)。Acemoglu(1996,1998)通过人力资本和物质资本之间的互动对 Lucas 的模型进行了改进,其模型的结论并不依赖于生产函数规模报酬递增的假设。Acemoglu 认为,企业的物质资本投资取决于城市的人力资本水平,当劳动力市场存在摩擦时,城市人力资本水平的上升就能带来劳动生产率的提高。这是人力资本外部性的又一形成机制,它并不依赖于劳动者之间的直接互动,而是完全通过市场机制得以实现的。但是,如果教育只是作为个人具有高能力的信号机制(Spence,1973),而不能真正提高个人的劳动生产率,则教育的私人回报又可能会低于社会回报,从而使人力资本外部性为负。

大量的实证研究也已经证实知识溢出效应的存在。Glaeser 等(1995)发现,二战以后,人均收入在初始人力资本水平更高的城市得到了更快增长,从而为人力资本水平外部性的存在提供了间接的证据。Rauch(1993)常被作为识别了城市存在人力资本外部性的第一项实证研究。他利用美国1980年的人口普查数据发现,工资在平均人力资本水平更高的城市相对更高。平均来说,城市平均受教育程度增加一年,会带来城市工资水平3%～5%的上升。类似地,Moretti(2004b)发现,城市的大学毕业生比例每增加一个百分点,企业的劳动生产率会上升0.6%～0.7%。Moretti(2004c)对劳动者工资水平的考察同样说明了知识溢出效应的存在,他发现,城市的大学毕业生比例每增加一个百分点,工资水平平均上升0.6%～1.2%。此外,Jaffe等(1993)通过利用专利引用的数据,首次在实证模型中直接"捕捉"了知识溢出效应。他们发现,和构造的"反事实"(counterfactual)的专利相比,新的专利申请更倾向于引用同一州和同一地区(SMSA level)的既有专利,从而为本地化的知识溢出提供了更为直接的证据。

有关中国的实证研究也已证实了知识溢出效应的存在。傅十和与洪俊杰(2008)利用2004年中国经济普查数据发现,城市中制造业某一行业从业人员的平均受教育水平每上升1%,会带来该行业产出0.21%的上升。Liu(2007)通过估计劳动者的工资方程,为人力资本外部性的存在提供了更为直接的证据。他发现,在中国,人力资本外部性的大小和教育的私人回报的大小相当。平均来说,城市劳动者平均受教育年数每增加一年,会带来收入11%～13%的上升。Glaeser和Lu(2018)则以城市20世纪50年代大学院系调整情况作为城市人力资本水平的工具变量,基于中国家庭收入调查2002年、2007年和2013年的城市数据发现,城市人均受教育程度每增加一年,会带来劳动者每小时工资收入约22.0%的上升。类似的人力资本溢出效应对劳动者的总工资收入和总收入均存在,但城市的人力资本水平并不会对劳动者的非工资性收入产生影响。

2.1.2 经济集聚与劳动生产率:实证结果

以上我们基于已有文献,确认了经济集聚效应发挥作用的微观机制。经济集聚会通过分享、匹配和学习三种方式对城市的劳动生产率产生促进作用。在实证上,经济集聚对劳动生产率的促进作用也已经被相关研究广泛证实。Sveikauskas(1975)发现,相比于小城市,以职工平均产出和职工工资度量的大城市的劳动生产率相对更高。城市规模(以城市的人口数量作为度量)平均每扩大一倍,劳动生产率会相应地提高约4.77%~6.39%。Ciccone和Hall(1996)通过计算美国州际劳动生产率发现,劳动生产率存在着巨大的空间差异。在1988年,劳动生产率最高的州的工人平均产出比劳动生产率最低的州要高三分之二。而县级层面(county level)的经济密度对于解释州之间的劳动生产率差异至关重要。平均来说,县级就业密度每提高一倍,会带来州平均劳动生产率6%的上升。Glaeser和Resseger(2009)的实证结果也显示了城市规模的扩大对劳动生产率的促进作用。他们的研究以城市人口数量作为城市规模的度量,以城市劳动力的平均产出、中位家庭的实际收入、个人小时收入等指标作为城市劳动生产率的度量,无论是城市层面还是个人层面的回归结果均显示,城市规模的扩大能够促进劳动生产率提高,并且这种促进作用在大学毕业生比例更高的城市相对更大。

类似地,经济集聚对劳动生产率的促进作用在中国也存在。范剑勇(2006)利用2004年地级市和副省级城市的数据,以城市土地面积作为非农就业密度的工具变量的研究结果显示,在中国,非农就业密度对非农产业的劳动生产率具有显著的促进作用。两阶段最小二乘法回归的结果显示,就业密度每上升1%,会带来劳动生产率大约8.8%的提高,高于欧美发达国家大约5%的弹性系数。Au和Henderson(2006)发现,在中国,人均实际收入和城市就业规模之间存在着显著的倒U型关系,即在城市发展的早期,人均实际收入会随着就业规模的扩大而增加;而在城市规模达到一定程度之后,由于存在交通成本等挤出效应,人均实际收入会趋于下降,但城市规模过大所造成的人均实际收入的下降远低于城市规模不足所导致的效率损失。这种人均实际收入和规模之间的倒U型关系正说明,在城市发展的早期,城市规模的扩大会带来劳动生产率的提高。

从以上文献可以看出,既有文献主要集中于讨论集聚对劳动生产率的影响,而有关经济集聚效应对要素使用本身,如劳动力就业数量、劳动报酬、所在行业等影响的研究却很少。有关中国经济集聚的文献主要也集中于讨论集聚产生的原因,而经济集聚的结果则在很大程度上被忽视。但是,现代的、可持续性的经济增长须使社会各群体广泛受益,而经济增长对劳动者就业、收入等因素的影响,即为劳动者是否从经济增长过程中广泛受益的一个重要度量。此外,城市产业发展和竞争力的提升是城市劳动力市场表现不断改善的重要保障。世界银行于 2005 年提出包容性经济增长的理念,要求经济增长的立足点不应仅仅是速度,更应强调经济增长的模式,以使不同部门广泛受益,将一个国家绝大部分劳动力包容进经济增长的过程中。而劳动力市场的就业创造、收入提高,以及产业发展,均为其中的重要环节。

2.2 经济集聚的城市劳动力市场效应

考察劳动者就业和收入的决定因素是劳动经济学文献的一个重要分支。基于 Gary Becker 的人力资本理论(Becker,1954),在有关就业和工资决定的研究中,经济学家往往强调教育、工作经验等个人层面人力资本因素的作用。例如 Mincer 方程将劳动力收入的决定看作劳动者个人受教育程度、工作经验和工作经验平方的函数,如公式(2.1)所示(Mincer,1974)。其中 y 为收入,被解释变量取收入的自然对数。在不同的研究中,研究者往往会采用年总工资、月工资或者小时工资作为度量。而收入最为重要的解释变量包括受教育程度 S、潜在工作经验 X 和潜在工作经验的平方。

$$\log y = \log y_0 + rS + \beta_1 X + \beta_2 X^2 \tag{2.1}$$

此后有关劳动者个人层面工资和收入决定的实证研究均是 Mincer 方程

的拓展,相关研究可参考Lemieux(2006)的综述文章。除人力资本因素外,大量社会学和经济学文献还认为社会网络、社会资本等因素作为一种非正式的制度,也会对个人的收入和就业产生影响。由于社会资本能降低企业和个人之间的信息不对称性而减少劳动者找工作过程中的搜寻成本,因此能对劳动者个人就业产生促进作用(如Granovetter,1973;Montgomery,1991)。此外,社会资本因素可能代表了劳动者个人能力等不可观测的因素,从而影响劳动者的就业和收入。

综合来看,无论是人力资本、社会资本还是政治资本,都是个人层面的特征。但是,在劳动力市场上,不仅劳动者的个人特征会影响到其就业与否和收入水平,城市层面的特征往往也会发挥作用。而城市层面的因素在既有研究中却被忽视了。我们在第2.1节的分析已经显示,经济集聚是城市特征最为重要的方面,甚至是城市得以存在和发展的根本原因。由于经济集聚现象普遍存在,并且已有理论和实证文献已经证实,经济集聚效应会对劳动生产率产生促进作用,因此我们认为,在理论上存在经济集聚可能影响劳动者就业和收入的机制。而考察城市层面的经济集聚如何影响劳动者的劳动力市场表现对当前中国实现包容性的、可持续的经济增长至关重要。

基于经济集聚效应在现代经济增长和生产活动中的重要作用以及关于大城市发展的政策争论,本书试图在第4、第5章从就业和收入两个角度,考察经济集聚在城市劳动力市场的微观影响。我们的研究不仅可以为经济集聚效应的存在提供来自中国的证据,也将通过具体考察经济集聚对就业创造、收入提升的影响,为传统有关新经济地理学和劳动经济学的文献提供补充。第一,我们将利用个人层面的微观调查数据,直接考察经济集聚的城市劳动力市场效应。根据已有文献,我们将建立劳动者个人层面的就业和收入决定模型,使用城市常住人口数量作为经济集聚的代理变量,直接考察城市层面经济集聚效应对本地劳动力市场的影响。在实证上,根据不同的需要,研究者往往会使用不同的指标作为经济集聚的代理变量。当考察经济集聚对劳动者工资的影响时,研究者一般使用城市人口规模作为经济集聚的代理,例如 Sveikauskas(1975)、Glaeser 和 Resseger(2009)均考察了城市人口数量增加对劳动者平均产出、收入水平的影响。而当考察经济集聚在产业层面对生产率的促进作用时,除人口规模外,研究者往往还会使用产业本地化程度的指标,以体现经济集聚在产业层面效应的不同作用机制。产业的本地化程度度量了特定产业就业在一个城市的集中程度。由于本部分将主要考察经济集聚在城市层面的劳动力市场效应,依据既有文献,我们使用城市人口规模作为经济集聚的代理变量。通过考察城市经济集聚对劳动者个人就业概率、收入的影响,我们将城市特征引入了个人的就业、收入决定模型,丰富了既有的新经济地理学文献和关于劳动力市场的微观研究。第二,由于劳动者个人层面的受教育程度、收入水平集中反映了其人力资本差异,在考察劳动者收入或就业决定的研究中,我们将分别基于劳动者个人的受教育程度或收入水平差异,考察经济集聚效应对不同人力资本水平劳动力影响的异质性。通过直接将经济集聚变量引入劳动者个人层面的就业和收入决定模型,我们只能考察经济集聚在个人层面的平均效应。但是,个人的人力资本水平会影响其从经济集聚效应的获益程度,而这种异质性在既有文献中被忽略了。我们将在第 4.4 节和第 5.3 节具体分析经济集聚效应异质性来源的理论机制,并提供经济集聚效应在个人人力资本水平维度异质性的实证结果。

2.2.1 经济集聚与劳动者就业

从本章第 1 节有关经济集聚效应的概述中我们发现,经济集聚将通过更广泛的投入品分享、更好的生产要素匹配以及更多的学习机会三个机制,促进劳动生产率的提高。已有的实证文献也已证实了经济集聚效应的广泛存在。

理论上,个人层面的就业和失业主要由劳动力供给和需求决定。由于经

第 2 章 大城市为什么会兴起——基于文献的评论

济集聚会提高劳动生产率,因此随着城市规模的扩大,城市劳动力供给在增加的同时,劳动力需求也会由于集聚效应而扩张。从均衡的角度讲,只要劳动力供给曲线向上倾斜,给定劳动力供给曲线不变,集聚所带来的更高劳动生产率最终会反映为劳动力需求曲线的向外移动,从而带来均衡工资水平和就业数量的同时上升。因此,在新经济地理学研究的基础上,我们认为,大城市中更高的工资水平和劳动生产率水平暗含着其后更多的就业机会。保持其他因素不变,如果就业机会的增速快于城市规模扩张的速度,则劳动者个人的就业概率上升。

此外,不可贸易品部门是现代经济的一个重要组成部分,也是城市就业岗位创造的重要来源。考虑到这一部门,经济集聚对就业的影响可能被放大。Moretti(2010)论述了可贸易品部门中某个产业需求的外生冲击会给城市就业带来的影响。如果某个生产可贸易品的产业由于某种原因(如新发明的引进提高了其劳动生产率)增加了劳动力需求,这种冲击会提高该产业的就业和工资水平。由于在劳动力市场不存在摩擦的情况下,劳动者在不同部门间获取的工资应相同,则整个城市的工资和就业水平上升,于是城市总收入水平增加。根据克拉克定律,总收入的上升必然会导致不可贸易品部门消费需求的扩张,不可贸易品部门在均衡处的工资和就业因而得到提升。Moretti(2010)利用1980年、1990年和2000年的美国人口普查数据,对这种"就业的乘数效应"(employment multiplier effect)进行了检验。实证结果显示,制造业部门每增加一个就业机会,会为不可贸易品部门带来1.59个就业机会,并且高技能类制造业就业增加的乘数效应更为显著。Moretti有关就业乘数效应的分析为我们考虑城市规模对就业的影响提供了新的依据。考虑到不可贸易品部门,经济集聚可能会为劳动者带来更多的就业机会,从而增加个人的就业概率。

在第4章,我们将构造个人层面就业决定的Probit模型,利用2002年和2007年的中国家庭收入调查数据(CHIP,2002;CHIP,2007)以及2000年的中国第五次全国人口普查数据进行实证检验。通过考察城市人口规模对劳动者就业概率的影响,第4章将为本部分的理论假说提供实证证据。

2.2.2 空间一般均衡与经济集聚的收入效应

除影响劳动者就业外,在既有文献中,经济集聚对劳动生产率的提升作用还通过人均名义产出、名义工资等名义指标得以显现。但是,名义工资水平和名义产出并不能完全反映劳动者的福利水平。

一方面,非工资性收入,如经营性收入和财产性收入,已成为人们总收入中越来越重要的构成部分。而经济集聚会通过降低企业的准入门槛、鼓励企业家精神、提高信息传递效率等方式促进劳动者非工资性收入的上升。企业家精神对非工资性收入的提高至关重要。由于劳动者个人的创业活动往往涉及发现机会、获取资源、创造资源和协调资源等方面(Garnsey,1998),集聚所带来的信息传递效率的提高、上游投入品供给和下游需求增加等效应可以降低劳动者创业的成本,鼓励创业,促进经营性收入的提高。例如,Hoover 和 Vernon(1962)认为,由于资本、投入要素、服务等在中心区域的集聚,相比于边缘地区,个人在城市中心地区的创业活动所面临的成本相对更低。Glaeser 和 Kerr(2007)认为,企业家的出现往往和城市已有的产业结构相关。例如,劳动者会选择在消费者或者中间品供给者聚集的地区创业,关于创新的新想法常常来自邻近企业,创业以后企业在早期能否雇佣到合适的员工往往取决于当地的劳动力市场状况。实证上,Glaeser 和 Kerr(2009)利用来自美国人口普查局的商业面板数据考察了地区制造业企业新成立数量和新企业雇佣劳动力数量的决定因素。他们发现,城市人口规模和城市本产业就业的增加会对城市这一产业新企业雇佣的劳动力数量产生显著的促进作用。平均来说,城市人口规模每增加一个标准差,会带来新进入企业雇佣劳动力数量0.5个标准差的上升。城市产业层面的集聚解释了新雇佣劳动力数量变化的80%。类似地,Glaeser(2007a)发现,城市地区劳动者的自我雇佣行为作为企业家精神的一个方面,会受到城市老年人口数量以及中间品供应商数量的影响。而城市本地小企业规模的增长和雇佣劳动力数量的增加则和当地中间品提供商以及合适的劳动力供给的集中有关。Oort 和 Stam(2006)利用荷兰信息与通信技术产业的企业数据也发现,集聚和多样化显著促进了新企业的产生,从而为经济集聚鼓励企业家精神提供了证据。

另一方面,更为重要的是,由于地区间物价水平的影响,名义收入的差异并不等价于实际收入的差异,经过地区间物价水平调整的实际收入水平是劳动者福利一个更为全面的反映。Kravis 和 Lipsey(1988)基于跨国数据的研究结果显示,由于高收入国家具有更高的人力成本和不可贸易品价格,国家间的物价水平和收入水平正相关。类似地,在一国内部,地区间的物价水平也和当地的劳动生产率、收入水平相关,而这种物价水平的差异主要源于不可贸易品价格的差异。由于劳动力在地区间流动会对不可贸易品市场的需求和商品价格造成影响,因此,为更完整地分析经济集聚对劳动者福利的影响,我们不仅需要直接考察经济集聚对劳动者收入的影响,也需要基于空间一般均衡模型,综合考虑劳动力市场和不可贸易品市场的互动。

空间一般均衡模型最早来自 Roback(1982),作者在这篇文章中首次分析了土地市场和劳动力市场的互动关系。在劳动力完全自由流动和土地供给无弹性的假设下,Roback(1982)的模型显示,本地劳动力市场劳动力供给或者需求的变化,最终都会被资本化为土地价格。因此在均衡处,劳动力的效用水平不变。广义地来说,土地作为不可贸易品部门的一个特例,城市劳动供给变化对土地价格的影响可被视为其对不可贸易品部门价格的影响。基于 Roback(1982),Moretti(2011)考虑了劳动力流动不完全、劳动力技能水平存在异质性或者地区经济存在规模报酬递增等更为一般情况下的空间均衡模型。他的研究结果显示,本地劳动力市场的需求和供给冲击会导致劳动力的流入和流出,从而带来地区不可贸易品价格的升降,使劳动者实际收入的变化幅度小于名义收入。而不可贸易品价格水平的变化在经济集聚过程中会受到需求和供给两方面因素的影响。总的来说,消费者对不可贸易品偏好程度越高,劳动力供给弹性越大,或流入劳动力的技能水平越高,则本地不可贸易品的需求提高的程度越大,进而不可贸易品的价格水平被推高的幅度也越大。而更高的不可贸易品供给弹性则会对价格产生抑制作用。如果劳动力完全自由流动,且不可贸易品部门供给完全没弹性,那么经济集聚对劳动者名义收入的促进作用会被不可贸易品价格水平的上升所完全抵消,从而使城市规模扩大对实际收入的影响不显著。

在实证上,既有文献已经证实,地方性劳动力市场条件的变化的确会伴随着劳动力的流动。Blanchard 和 Katz(1992)考察了二战以后四十年美国各州地区经济波动对劳动力市场的影响。他们发现,各地区经济增长的波动虽带来地方经济体就业数量永久性的变化,但失业率并没有发生永久性的改变。这主要是因为在经济繁荣或衰退发生以后,劳动力和企业会流入或流出该地。而地区经济体劳动力数量的变化会通过需求的改变而影响本地不可贸易品价格,从而导致实际收入的变化。基于美国 1980—2000 年的人口普查数据,Moretti(2013)发现,若我们将地区间物价水平和不同技能水平劳动者在空间分布上的差异纳入分析,大学毕业生和高中毕业生的实际收入差距在此期间的上升幅度远小于名义收入差距。考虑到劳动力在不同地区间的流动,以及由此带来的地区间不可贸易品价格的差异,我们需要基于空间均衡模型考察经济集聚对劳动者实际收入的影响,以更为全面地分析劳动者福利水平的变化。

第 5 章将使用和第 4 章相同的数据库,构建劳动者个人层面的收入决定模型,分别考察经济集聚对劳动者名义收入和实际收入的影响。第 5 章的研究不仅将从微观层面为经济集聚效应在中国的存在提供证据,还将在已有文献的基础上更进一步,通过考察经济集聚对劳动者实际收入的影响,揭示经济集聚的福利效应。

2.3 经济集聚与地方性经济发展政策

以上我们从劳动者个人就业和收入的角度,论述了经济集聚如何对劳动力市场的微观主体产生影响。总的来说,我们认为,由于集聚地区相对更高的劳动生产率,集聚效应将促进劳动者就业概率的提高和收入的上升。那么,集聚效应在产业发展层面的效果如何呢?劳动力市场的健康运行以产业的可持续发展为基础,本书的第6章至第8章即以制造业和服务业的发展为研究重点。给定中国经济结构转型的宏观背景,从城市层面考察经济集聚如何影响产业发展具有较强的政策价值。理论上,经济集聚效应可能使经济存在多重均衡。那么从地区经济发展的角度来看,一个重要的问题是:经济集聚效应是否能使地方经济整体受益,从而实现经济起飞?对这些问题的分析将以地方经济发展政策以及产业结构的变迁为基础。

2.3.1 地方性经济发展政策

现实中,无论在发达国家还是发展中国家,地方政府总会通过施行各种优惠性的政策(如税收政策、土地政策等),吸引企业进入,以促进本地的经济增长,增加就业。这类地方性的经济发展政策在制造业中尤为盛行。

理论上,地方性经济发展政策的有效性主要取决于经济集聚以及由此带来的规模报酬递增。Kline(2010)将集聚效应引入地方性发展政策的空间一般均衡模型后发现,当集聚效应存在并且效应足够强的时候,地方性经济发展政策将促进地方经济起飞,使地方经济由低就业和低工资的低水平均衡转变到工资水平和就业规模相对更高的高水平均衡。但是,也有研究认为,地方政府通过政策优惠来吸引企业进入某地,增加就业,往往会扭曲市场机制和要素配置,从而导致地方生产的无效率和居民福利的无谓损失。这种损失在地方政府官员因追求个人目标而制定地方性经济发展政策的情况下尤其严重(Wilson,1999;Glaeser,2001)。此外,制造业就业增加所带来的本地工资水平的上升会挤出其他行业的就业,从而削弱地方性经济发展政策对当地经济的正向影响(Moretti,2011)。这种挤出效应在劳动力供给缺乏弹性的时候尤其明显。

在具体操作中,地方政府常常面临不同的政策选择。关于地方政府在发展过程中应该优先发展高技术、高附加值的产业,还是应基于本地的产业结构和比较优势,促进相关产业的发展和产业间互补效应的发挥,人们还存在争论。相比于各地"一刀切"式地引进和发展高技术产业,促进与本地具有更强关联性的产业发展的政策是否更为有效,需要实证检验。

和理论上的不确定性相一致,有关地方性经济发展政策有效性的实证研究也结论不一。Bondonio 和 Engberg(2000)发现,地区内部以增加就业为目标的工业区计划并没有带来本地就业的增加,这可能是因为工业区中的就业对本地其他行业、区域的就业存在挤出效应。类似地,Hooker 和 Knetter(1999)通过分析国防就业对本地劳动力市场的影响,也发现政府主导的就业增加会挤出本地的其他就业。Charles 等(2013)针对美国 2000—2007 年全部本地劳动力市场就业数据的分析则为制造业就业增加对其他行业就业的挤出效应提供了间接证据。他们发现,尽管制造业就业的减少显著提高了当地的总体失业率,但制造业萎缩对总体就业的负面影响远小于一对一。平均来说,制造业就业在当地总人口中的比例每下降一个百分点,会带来当地失业率 0.4 个百分点的上升。但另有一些研究则发现了地方性经济发展政策对其他行业存在正向的溢出效应。Greenstone 等(2010)利用美国 1970—1999 年企业选址决策数据和县级经济数据发现,地方每吸引到一家规模在百万美元以上的企业会带来本地该企业所在行业工资总额大约 9% 的上升。同时,本地的其他行业和相邻地区该行业的工资总额也会提高,只是幅度相对较小。Moretti(2010)则直接考察了可贸易品部门就业增加对不可贸易品部门就业的溢出效应。他利用美国加总到本地劳动力市场层面的数据发现,制造业部门每增加一个就业机会,会为本地劳动力市场的不可贸易品部门带来 1.59 个就业机会,并且高技能类制造业就业增加的乘数效应更显著。类似地,Moretti 和 Thulin(2013)发现制造业就业在本地劳动力市场的乘数效应在瑞典也存在。因此,对于地方性经济发展政策是否有效,我们需要更多的实证证据。

2.3.2 集群效应和制造业产业发展

在制造业产业发展层面,我们将着重考察产业集群的影响,这主要是出于以下三方面的考虑。第一,产业集群不仅是各国城市发展和工业化过程中的一个普遍特征,也是中国制造业产业发展的主要立足点(张晓波和阮建青,2011)。但由于数据和方法的限制,目前有关产业集群效应的研究还很少,相关研究主要集中于案例分析。第二,既有关于集聚效应的实证文献主要从产业层面的本地化效应(localization effect)或城市整体层面的城市化效应(urbanization effect)两个角度进行检验,而这种两分法存在过于简化的问题。事实上,生产中的溢出效应既不可能局限于单一产业内部,也不可能来自城市中的所有产业,它主要来自关联产业间多种形式的联系,因此产业集群是一个合理的出发点。第三,有关地方性发展政策选择,特别是地方政府在发展过程中应该优先发展高技术、高附加值的产业,还是应基于本地的产业结构和比较优势,以产业集群为基础,促进相关产业的发展和产业间互补效应的发挥,人们还存在争论,需要更多的实证证据。

产业集群是各国城市发展和工业化过程中的一个普遍特征,世界上很多国家和地区的经济发展和产业升级往往伴随着产业集群的发展(Bianchi,1998;Sonobe 和 Otuska,2006;Ali 等,2014)。在定义上,产业集群主要是指相关产业、部门因为知识、技术、投入—产出、需求等多方面联系而产生的地理上的集中(Delgado 等,2016)。Porter(1990)基于"钻石模型",分析了企业间互动对集群创新和增长的促进作用,认为集群式的产业发展是一国产业竞争优势的主要来源,而产业的竞争优势是国家获取竞争优势的关键。在中国,不仅东部沿海地区制造业的发展主要是基于产业集群模式,甚至连西部地区的农业生产也遵循集群模式。集群式的生产模式适应了工业化初期的资源禀赋结构和制度特点,有利于降低投资门槛和交易成本,鼓励分工,产业集群因而成为制造业发展的主要立足点(张晓波和阮建青,2011)。但是,随着工业化的完成和劳动力成本的不断上升,产业集群的初始发展优势也可能被削弱。不仅同一集群内部产业间的竞争可能通过推高土地、劳动力等要素价格对产业就业形成挤出效应,集群发展所带来的路径依赖也可能导致产业价值链的低端锁定,反而不利于产业发展和就业扩张(Grabher,1993;陈佳贵和王钦,2005)。此外,在现实政策中,地方政府也面临如何基于本地比较优势、促进关联产业发展和产业间互补效应发挥的问题。对产业集群及其产业发展效应的研究不仅可以为新经济地理学的文献提供补充,也可以为政府区域、产业政策和企业商务决策的制定提供参考。

尽管 Porter 早在 1990 年就提出了产业集群的概念,但由于缺乏科学划分产业集群的有效方法,有关产业集群的系统研究还很少,目前也没有关于中国制造业产业集群的划分。有关产业集群及其经济发展效应,既有研究主要集中于案例分析。从理论上来说,集群发展主要通过集聚效应对集群内产业的劳动生产率起促进作用。我们在第 2.1 节已经说明了集聚效应的微观基础和既有的实证发现。总的来说,除具有产业、地区特殊性的案例研究外,既有关于集聚效应的实证研究主要将其分为本地化效应或城市化效应加以检验。其中,本地化效应主要表现为单一产业在地区相对集中所导致的外部性,其对劳动生产率的促进作用主要来自专业化的好处;而城市化效应主要指地区总体经济规模扩张所带来的产业多样化优势。在指标上,经济学家常用产业层面的就业数或集中度来作为本地化效应的代理变量,而城市化效应常常以城市总体的人口、劳动力规模作为度量(Rosenthal 和 Strange,2004)。例如 Henderson(2007)分别以产业就业和地区总体就业作为本地化效应和城市化效应的度量,实证确认了本地化效应对企业劳动生产率的促进作用。而 Sveikauskas(1975)、Glaeser 和 Resseger(2009)等则通过分析城市人口规模对劳动生产率、收入的影响而为城市化效应的存在提供了证据。但在现实中,不存在任何仅仅由单一产业组成的城市,也不存在一个城市拥有所有产业的情形。集聚效应能发挥作用,关键在于关联产业间的溢出效应,由关联产业所组成的产业集群是一个合理的出发点。

第2章 大城市为什么会兴起——基于文献的评论

关于产业集群,既有研究主要以案例分析的形式,从以下三方面说明了产业集群的作用。第一,产业集群带来的知识溢出效应将降低企业进入某行业的技术、能力壁垒,因此在工业化早期,有利于克服企业家个人技术水平和经营能力低下对产业发展的不利影响(张晓波和阮建青,2011)。Huang 等(2008)对温州鞋业制造产业集群发展的总结即说明了这一效应。此外,产业集群还有利于消费市场的培植,因此将通过增加市场机会的方式促进产业发展(Sonobe 等,2002)。第二,产业集群内的分工协作将有利于企业获得竞争优势,从而促进企业的壮大和产业发展。很多研究已经发现,沿着产业价值链的分工协作为发展中国家出口导向型产业的发展作出了重要贡献,集群式的产业发展模式是中国劳动密集型产业发展的主要原因(Humphrey 和 Schimitz,1996;龙小宁等,2015)。第三,产业集群的发展可能通过整体创新和质量提升的方式,促进区域内产业劳动生产率的提高和产业发展。关于发展中国家产业集群的案例研究显示,产业集群的生产模式在发展初期往往带来产品质量低下的问题(Sonobe 和 Otsuka,2006)。这主要是因为,低质量商品在人均收入较低的发展初期往往拥有相对更高的市场需求。但是,随着工业化的推进和人均收入水平的不断提高,产业集群的创新能力和产品质量成为集群竞争力的核心决定因素。阮建青等(2014)有关产业集群转型升级的三阶段模型,即将集群质量提升期作为产业集群发展的关键。他们认为,产业集群的成功发展需要经历数量扩张期、质量提升期、研发与品牌创新期三个阶段,质量危机以及地区比较优势的变化是产业集群发展三阶段推进的主要原因。若路径依赖导致产业集群在价值链低端锁定,则集群和相关产业的发展将受到阻碍;而在质量提升获得突破以后,产业集群将进入研发与品牌创新期的第三阶段。若集群一直处于数量扩张的低质量阶段,则企业间的激烈竞争不利于产业价值链位置的提升。基于对濮院羊毛衫、温州灯具等产业集群的案例分析,他们的研究确认了具有集群外部性的公共品的提供在集群演化升级过程中的重要作用。

在本书的第 6 章,我们将首先基于 Delgado 等(2014)的方法,使用中国的经济普查数据和投入产出数据,对所有中国的制造业行业进行集群划分,并以此为基础,进一步分析中国的制造业产业集群现状和区域分布特征。使用中国数据进行产业集群划分的一大好处在于中国的大国经济优势。大国经济的现实使中国具有产业门类齐全、地区间差异大的优势,由此构建的产业集群相对较为完整。此外,产业集群在地区间分布的异质性也使我们关于产业集群劳动力市场效应的研究拥有足够的变异,可以进行更为细致的分析。在本书的第7章,我们将基于产业集群划分结果,从数量和质量两方面全面评估产业集群的产业发展效应,强调促进经济活动之间互补性发挥对地区经济发展的重要性,从而为新经济地理学的文献提供补充。

2.3.3 集聚效应和城市劳动力市场的就业乘数效应

除制造业产业外,本书还将探讨经济集聚效应对服务业产业的影响。特别是,我们在2.2.1提到了经济集聚效应可能通过不可贸易品部门就业的扩张而对个人的劳动力市场表现产生影响,因此,考察经济集聚将如何影响第三产业的就业是对第4、第5章研究的一个自然延伸。

服务经济是现代经济的典型特点,其发展在现代经济增长中具有重要作用。进入21世纪以后,几乎所有的发达经济体均已转型成为服务型经济,服务业就业比重不断上升,新增就业几乎都被服务行业所吸收(Schettkat和Yocarini,2003)。根据克拉克定律,随着收入的增长,人们会将更大份额的收入用于对服务品的购买,从而提高对服务品的最终需求,带来服务业就业的不断增加(Clark,1957)。Fuchs(1968)认为,美国早在20世纪20年代就开始向服务型经济转型,而这种转型最初的特征就是服务业就业的大规模增加。他发现,1947—1967年,美国新增就业1 700万,而这部分新增就业几乎全部由服务业所创造。但是在中国,在经济不断增长和工业化水平不断提高的同时,服务业的发展却远远滞后,其中一个重要表现就是服务业就业比重长期偏低。程大中(2004)认为,和其他同等发展水平的国家相比,中国的服务业存在着增加值比重低、就业比重低和劳均增加值低的"三低"现象。以就业为例,在 2010 年,第三产业就业占所有 OECD 国家就业的比重为 71.46%,而同时期中国第三产业的就业比重只有 34.6%,远低于 OECD 国家的水平。但是,服务业作为未来经济发展的方向,其吸收就业功能的重要性将不断提升。姚战琪和夏杰长(2005)利用中国 1979—2000 年的产业就业数据发现,中国目前的就业增加仍然需要依靠服务业的发展来拉动。尤其是对于低技能劳动力来说,服务业部门的发展更应作为未来吸收这部分劳动力就业的方向(袁富华和李义学,2008)。

第三产业作为一个整体,在宏观经济中的重要性在后工业化时期不断上升。近年来,美国和欧洲劳动力市场出现的一个新现象是,高技能和低技能服务业就业占总就业的比重不断增加。这种随着计算机的广泛使用而出现的就业越来越集中于高技能和低技能服务业的现象被称为就业的两极分化(job polarization)(Autor 等,2003)。关于城市职业结构的变化,尤其是服务性行业就业的扩张,已有的研究主要从技术进步和物质资本(如计算机)在生产中替代劳动力的角度加以解释。既有文献已经发现,技能偏向型的技术进步并没有显著恶化低技能劳动者的就业前景,相反,更多的低技能劳动者在低技能的服务业部门找到了工作。这是因为在技术进步的过程中,计算机主要替代了一些如打字等对劳动者技能水平有一定要求的重复性劳动(routine jobs),而无法替代诸如保姆、家政等低技能的服务业工作(manual jobs)和律师、医生等高技能的服务业工作(abstract jobs)。并且,技术进步为高技能服务业提供了互补,从而带来了高技能服务业就业的增加。Goos 和 Manning(2007)通过英国的数据证实了技术替代和就业两级分化之间的关系。类似地,Manning(2004)发现在美国和英国,低技能劳动者的就业越来越集中于不可贸易品部门,并且这种就业的增加越来越依赖于低技能劳动者和高技能劳动者在地理上的接近。一个可能的解释是高技能劳动者对低技能服务业有更高的消费需求。

Acemoglu 和 Autor(2010)在既有实证发现的基础上,基于李嘉图的比较优势理论,为技术进步对不同技能劳动力就业的影响建立了理论模型。他们认为,传统的关于职业结构的模型往往将技术进步作为提高要素生产率(factor-augmenting)的因素引入模型,并且将技术和职业之间的关系模型化为一一对应。由此,技术进步必然伴随着要素需求水平的上升、就业机会的增加以及更高的工资水平。但传统模型却无法解释近年来美国、欧洲劳动力市场上发生的就业和收入两极分化的现象。Acemoglu 和 Autor(2010)借鉴李嘉图的比较优势理论,通过不同技能劳动者根据自己比较优势选择不同的职业,对传统模型进行了改进。广义的技术进步(如计算机对重复劳动的替代、外包服务的发展等)通过部分替代中等技能劳动者的工作,迫使他们转向难以程序化(codifiable)的服务业寻求就业,从而对城市的职业结构产生影响。由此模型得到的比较静态结果更好地解释了诸多之前无法解释的劳动力市场上有关就业和工资结构的现象。类似地,Autor 和 Dorn(2013)的模型也从计算机发展替代重复性劳动、互补高技能服务业的生产函数出发,在理论上解释了就业两极分化的现象。他们利用美国 1980—2005 年数据的实证结果显示,随着计算机价格的大幅度下降,期初拥有更多程式化工作(routine jobs)的地方性劳动力市场将会更多地采用计算机技术,以对程式化工作进行替代,进而带来这些地区低技能服务业就业的扩张。但是,以上研究主要从生产函数的角度对城市劳动力市场就业结构的变化进行了解释,而市场消费需求变化的因素则在很大程度上被忽略。

Moretti(2010)关于就业乘数效应的分析,从需求层面考察了影响服务业就业的因素。就业乘数模型论述了城市不同部门间就业变化的溢出效应。具体来说,Moretti 考察了城市可贸易品部门中某个产业由需求的外生冲击所带来的就业扩张,会给城市其他行业就业产生什么样的影响,其中一个重要的关注点就是可贸易品部门就业扩张对不可贸易品部门就业的影响。可贸易品部门就业的增加会提高城市的就业和工资水平,从而带来城市总收入水平的提高。而根据克拉克定律,总收入的上升必然会带来不可贸易品部门需求的扩张,进而增加不可贸易品部门在均衡处的工资和就业。就业乘数的大小主要和不可贸易品部门的劳动密集程度、制造业的技术水平以及本地劳动力市场的供给弹性和住房市场的供给弹性有关。相对来说，不可贸易品部门劳动密集程度越高，所增加的可贸易品部门就业的技术水平越高，则就业乘数效应相对越大。而较小的劳动和住房供给弹性则可能对就业乘数效应产生抑制作用，这主要是因为劳动力和住房供给的低弹性会导致劳动力和住房价格更大幅度的上升，而要素价格上升会抑制企业的劳动力需求。Moretti(2010)的实证结果也验证了就业乘数效应的存在。他的回归结果显示，制造业就业的确对不可贸易品部门就业产生了显著的促进作用，平均来说，制造业部门每增加一个就业机会，会为不可贸易品部门带来1.59个就业机会。而高技能类制造业就业增加的乘数效应更为显著。Moretti关于就业乘数效应的分析为我们从需求角度考察经济集聚如何影响城市的第三产业就业提供了新的依据。

关于经济集聚在中国如何影响服务业就业的研究目前还很少。已有的研究侧重于金融、房地产等高技能的生产性服务业，并且重点分析生产性服务业对制造业发展的影响，而非相反。陈建军等(2009)对中国生产性服务业的集聚进行了研究。他们利用中国地级市数据，通过计算中国14个服务性行业的空间基尼系数发现，在中国，生产性服务业也存在着较高的集聚程度，而其所在城市的制造业集聚程度、人力资本水平、城市规模、城市政府规模以及外商直接投资会对生产性服务业的集聚程度产生影响。江静等(2007)在Dixit-Stiglitz垄断竞争的框架下，构造了生产性服务业的发展对制造业发展影响的理论模型，并利用中国1998—2003年的省级面板数据对其模型进行了检验。他们发现，在中国，生产性服务业的发展促进了制造业生产率的提高。固定效应模型的回归结果显示，生产性服务业的劳动投入每上升1个百分点，会带来制造业劳动生产率0.927个百分点的上升。顾乃华等(2006)的面板数据分析也表明，在中国，发展生产性服务业对制造业竞争力的提升具有促进作用，并且地区的市场化程度对这种生产性服务业和制造业之间的互动关系具有进一步的促进作用。

第三产业的发展对中国经济实现结构转型和未来的可持续增长至关重要。在发展中国家,不断推进的城镇化进程需要城市创造出更多的就业岗位以容纳农村劳动力不断流入。因此,本书将在第 8 章,从需求角度出发,集中考察经济集聚将如何影响城市的第三产业发展。由于随着经济的不断增长,劳动力在第一、第二、第三产业部门之间是逐次转移的。经济体向服务型经济的转型往往起步于工业化,尤其是制造业的高度发展。而中国正处于制造业高度发展、希望经济结构逐步转型的关键时期。因此,我们将在第 8 章基于 Moretti(2011)的模型,实证考察城市制造业就业变化如何影响服务业就业,以及乘数效应在地方间差异的影响因素。第 8 章的研究不仅能为有关地方性经济发展政策的文献提供来自中国的证据,也能为地方经济如何通过制造业的发展最大程度地实现转型升级提供政策建议。

第3章

改革开放以来中国制造业空间分布：全球化、经济集聚和经济政策

经济活动不仅在国与国之间分布不均,而且在一国内部,经济活动也存在向大城市或城市群集中的趋势。新经济地理学的理论认为,集聚效应和拥挤效应共同决定了经济活动的空间分布。集聚效应包括任何由本地经济规模增加而带来的企业或者劳动力收入的增长,企业间的投入—产出联系、劳动力市场的群聚和知识溢出,是经济集聚的三大推动力。而拥挤效应主要来自生产活动在部分地区的集中推高了土地、劳动等生产要素价格,以及集聚地区更激烈的市场竞争、环境污染、对本地公共品的竞争等。

改革开放以来,中国的经济活动主要呈现向东部沿海地区尤其是长江三角洲、珠江三角洲和京津冀三大都市圈集中的趋势。随着全球化的深入和国际贸易的增长,中国沿海地区由于更接近国际市场的地理优势而实现了经济活动的最初集中。由此带来的经济集聚效应,使沿海地区的早期发展优势由于集聚的累积循环效应而被不断强化,构成沿海地区发展的新经济地理优势。金煜等(2006)利用中国1987—2001年的省级数据发现,改革开放以来,中国工业集聚的趋势逐渐加强,各省(区、市)工业GDP占全国工业GDP的比重在省(区、市)际的差距逐渐拉大,其变异系数由1987年的0.026上升到2001年的0.030。类似地,赵伟和张萃(2007)通过计算中国制造业20个行业的工业地理集聚指数也证实,1999—2003年,中国绝大多数行业的空间集聚趋势不断强化。

本章主要关注制造业产业的空间分布特征及其变化,一方面是因为作为可贸易品的生产部门,制造业的空间分布更易受到经济地理、新经济地理因素的影响而形成集中。相比较而言,服务业由于存在大量不可贸易品的生产部门,集聚的趋势相对较弱。另一方面,更为重要的是,制造业不仅在各国城市部门吸收和创造了大量就业,而且是推动一国经济发展和技术创新的核心力量。特别是在中国,制造业是吸收就业、创造外贸盈余最为主要的部门,制造业竞争力是中国全球竞争力的核心。即使从服务业发展的角度分析,服务业就业创造也在很大程度上依赖于制造业的发展水平。从政策上来看,尽管就业的总量增长和失业率的下降一直以来是我国政府的重要施政目标,但就业总量增长背后的行业、区域再配置值得重视。忽略总体就业变化背后的结构性变迁,不仅难以深刻反映中国产业发展及劳动力市场的动态变迁,还可能得出片面的结论和政策建议。具有针对性的产业和区域发展政策的制定必须基于对不同产业发展趋势和空间分布模式变化的理解。

本书主要分析集聚效应和拥挤效应对中国劳动力市场和产业发展的影响。在本章中,我们首先基于新经济地理学的"中心—外围"理论,从空间的角度,对中国制造业产业的空间分布特征及其变化进行描述。

3.1 经济活动的空间分布:集聚效应 vs 离散效应

理论上,经济活动的空间分布及其变迁主要由集聚效应和离散效应共同决定。一方面,受企业间的投入-产出联系、劳动力市场群聚和知识溢出等因素的影响,经济活动在空间上倾向于集中。经济活动的集中以及地区经济规模增加将促进企业劳动生产率的提高以及劳动力收入的增长(Combes 和 Gobillon,2015)。而集聚地区更广泛的投入品分享、更高效的生产要素匹配以及更多的学习机会是其微观机制(Duranton 和 Puga,2004)。另一方面,生产活动在部分地区的集中也会推高土地、劳动等生产要素的价格,从而提高企业的生产成本。此外,集聚地区更激烈的市场竞争、环境污染、对本地公共品的竞争等因素也构成了经济活动的离散力。生产活动最终的区位选择是厂商对集聚效应和离散效应权衡取舍的结果。集聚地区更高的生产成本预示着当地相对更高的劳动生产率,只有劳动生产率上升带来的利润增加才能

第 3 章 改革开放以来中国制造业空间分布:全球化、经济集聚和经济政策

抵消更高生产成本的不利影响。否则,出于利润最大化的考虑,厂商会选择转移到其他要素价格相对较低的地区组织生产经营活动。

尽管集聚效应和拥挤效应同时存在,但在集聚效应占主导的情况下,即使我们事前假设城市在"第一自然"层面不存在任何差异,城市体系最终也会演化成"中心-外围"(core-periphery)的发展模式。集聚效应构成了城市体系向中心地区发展的"向心力",而拥挤效应则成为城市体系向外扩张的"离心力"。Fujita 和 Mori(1996、1997)的模拟结果显示,由于向心力和离心力的交互作用,城市的市场潜力(market access)和到中心城市之间的距离呈现先凸后凹的 S 形函数关系。在经济发展的早期,港口城市由于更接近国际市场和拥有更低的运输成本而吸引了大量制造业企业的集中。即使运输成本随着技术的进步变得不再重要,港口城市的早期集聚优势也会由于累积循环效应而被不断地强化(Fujita 和 Mori,1996、1997)。由此,港口城市或者是交通要道发展成为中心-外围模型中的中心城市。中心城市更好的贸易可达性和生产、消费活动的不断集中带来了当地相对更高的市场潜力。而随着到中心城市距离的增加,运输成本上升,城市的市场潜力趋于下降,厂商因此不倾向于离开中心地区而进入外围组织生产经营活动。随着距离增加而市场潜力下降的地区被称作中心城市的城市阴影区(urban shadow),在阴影区内,向心力占主导地位。但中心城市的锁定效应(lock-in effect)只是一个小范围内的现象,随着到中心城市距离的进一步增加,离心力开始发挥主要作用,国内和区域贸易的发展促进市场潜力转而上升。只要市场容量足够大,则在距离中心城市一定距离以外,新的次中心将形成。而当距离更远时,市场潜力再次趋于下降,由此形成市场潜力和距离之间的 S 形关系。一个地区的经济活动水平和该地的市场潜力直接相关。在 Fujita 和 Mori 的模型中,市场潜力直接决定了当地的经济规模。

在数据上,Hanson(2005)利用美国县级层面数据发现,随着到高市场潜力地区距离的增加,地区的就业密度趋于下降,从而为市场潜力对地区经济规模的决定作用提供了证据。此外,他还实证检验了市场潜力对劳动力工资

水平的影响,发现市场潜力显著促进了劳动力工资水平的提高,并且这种促进效应随着时间的推移在不断增强。许政等(2010)直接利用中国地级市数据,通过构造城市到上海、香港两个大港口直线距离的二次项和三次项,对城市发展体系的 S 形关系进行了检验。和 Fujita 和 Mori(1996、1997)的模拟结果相一致,他们的实证结果也显示了城市经济增长率和到中心大城市距离之间存在 S 形关系,即随着城市到中心大城市距离的增加,中心大城市对城市经济增长的作用呈现先抑制、后促进的动态变化。类似地,孟可强和陆铭(2011)将中心-外围理论应用到对中国长三角、珠三角和京津冀三大都市圈(城市群)经济效率(以人均第二、第三产业 GDP 度量)的分析,也发现了 Fujita 和 Mori(1996、1997)中的 S 形关系。此外,他们以距离和经济发展水平 S 形关系的第一个谷底作为城市群辐射范围的度量,发现相比于珠三角都市圈,长三角核心城市的辐射范围相对更广,集聚效应相对更强。

以上分析说明,中心城市发展和城市间的互动将影响就业和工资的整体空间分布。市场潜力的空间分布将决定处于不同地理区位的城市的经济活动水平,进而影响当地的就业总量。在本章第 2 节,我们将基于中心-外围理论,对中国制造业产业生产活动的空间分布特征进行描述。和新经济地理学的理论相一致,我们发现,中国的制造业生产活动存在向东部地区高度集中的趋势。这主要是因为:一方面,得益于全球化特别是国际贸易的巨大发展,东部沿海地区由于其临海和接近国际市场的地理优势,在改革开放初期获得了优先发展;另一方面,经济活动在东部地区的集中带来了早期集聚优势,在新经济地理因素的作用下,早期集聚优势不断由于累积循环效应而被强化。而随着到沿海地区距离的增加,中西部地区经济活动的强度和密度不断下降。

除经济地理和新经济地理因素外,经济政策对经济活动空间分布的影响也至关重要。一方面,沿海地区早期的工业发展与改革开放以及其他相关的政策优惠密切相关。经济政策不仅直接促进了制造业生产活动在东部地区的早期集聚,而且和经济地理、新经济地理因素相互促进,形成累积因果效应。但在另一方面,平衡地区间发展的政策措施也将强化经济活动集中过程中的离散效

第3章 改革开放以来中国制造业空间分布：全球化、经济集聚和经济政策

应，使得制造业生产过早出现离散或者内迁的趋势，带来效率损失。

关于城市和区域发展，目前普遍存在的一个认识误区是将"区域间协调发展"简单地等同于"区域间同步发展"，并进一步将"经济集聚"与"区域间协调发展"相对立。在政策上表现为试图缩小不同地区、不同规模城市间的发展差距，以期达到平衡不同地区、城市间居民福利水平的目标。从具体产业特征上看，由于受历史以及地区间平衡性发展政策的影响，中国产业在不同地区间的空间分布具有明显的同构化特征。从历史上来看，新中国成立以后，在计划经济思维的指导下，以三线建设为典型，我国施行了区域间均衡发展的战略。基于此，区域间产业结构的趋同成为中国产业和区域发展过程中普遍存在的问题，由此引发了不同时期地区间对资源、市场的激烈竞争，例如20世纪70年代的轻纺工业、自行车、手表等，80年代的彩电、冰箱、洗衣机等家用电器，90年代的空调、电脑，以及21世纪的多个战略新兴产业（李桢，2012）。计划经济时代区域间的产业同构成为后期地区间产业同质性严重、集聚不足的主要原因。Young（2000）认为，渐进式改革以及由此带来的中央政府对部分要素管制的放松，激励了地方政府出于财政收入的考虑，竞相发展制造业产业以获取市场价格和中央控制价格之间的隐性价格差。由此带来的产能过剩以及激烈的市场竞争导致了地方保护主义，地方政府通过控制价格、限制地区间贸易等方式来保护自己的利益。地方保护主义造成了中国地区间巨大的贸易壁垒，带来市场扭曲，阻碍了地区比较优势的发挥。而在中央政策层面，西部大开发战略、中部崛起计划和东北地区等老工业基地振兴战略的相继实施，体现了政府对地区间平衡发展的重视，由此带来产业的较早转移。特别是在2008年金融危机以后，为应对金融危机对整体宏观经济造成的不利影响，促进经济增长，政府施行了一系列经济刺激政策，而经济刺激政策的效果在市场化程度低、国有企业占比高的中、西部地区更为明显（Wen和Wu，2014；钱爱民等，2015）。从基础设施投向和十大产业政策发展规划来看，政府的经济发展政策也主要向中、西部地区和东北地区倾斜（沈开艳和陈建华，2014）。

3.2 改革开放以来中国制造业空间分布特征与变迁

正如我们在上一节所述,集聚效应和离散效应共同塑造了我国制造业产业的经济地图。中国在改革开放以来的经济发展主要得益于全球化特别是国际贸易的巨大发展。而东部沿海地区由于其临海和接近国际市场的地理优势而得以优先发展。这是促使中国经济活动向东部沿海地区集中的"第一自然"因素。经济活动在东部地区的集中带来了早期集聚优势,在新经济地理因素的作用下,早期集聚优势由于累积循环效应而被不断强化。集聚效应提高了劳动生产率,进而带来经济集聚水平的不断提高。制造业在经济地理和新经济地理因素的累积循环推动下,不断向东部地区集中。而随着到沿海地区距离的增加,中、西部地区经济活动的强度和密度不断下降,这是中国制造业活动空间分布特征的宏观背景。

数据显示,中国的制造业主要集中于东部地区,东、中、西部依次递减,集聚的趋势在开始实行改革开放以后不断加强。从历史上来看,新中国成立以后,在计划经济思维的指导下,我国主要施行赶超型发展战略,宏观经济运行的基本模式是计划经济。为尽快实现工业化,优先发展重工业,政府通过计划手段压低农产品、劳动力和资本价格,以促进国有企业将尽可能多的剩余以工业企业利润的形式上交国家,提高国家的总体积累率。这种以牺牲农业和居民消费为代价的增长模式尽管在短期内可以较快实现工业化,但在长期却违背了中国当时的比较优势,扭曲了投资和产业结构,因此是低效率且不可持续的。此外,出于国防安全的考虑,以三线建设为典型,我国施行了区域间平衡发展的战略。以地区距离边防海防前线的距离远近作为划分依据,三线建设将大量劳动力特别是高技能水平劳动力,从相对较为发达的沿海地区迁往内陆地区,形成计划时期大规模的建设性移民潮。因此,在改革开放初

第3章 改革开放以来中国制造业空间分布：全球化、经济集聚和经济政策

期，我国工业的空间集聚趋势尚不明显，1982年东部地区工业就业人口在全国的比重为45.28%（表3-1）。

计划体制在1978年后被抛弃，农村和城市的微观组织实现再造，物价管制放开，农业和工业产值迅速增长，中国经济于20世纪80年代开始起飞。80年代最重要的改革是农产品价格体系改革和土地承包制度改革。以此为基础，以农村工业和消费为驱动的经济增长模式得以确立。其中，乡镇企业的巨大发展最为醒目，以至于邓小平将其称为改革发展过程中"完全没有预料到的最大的收获"。80年代的产品市场总体竞争程度相对较低，集聚效应在生产中的重要性尚未显现，为地处乡村、不具有规模经济的乡镇企业提供了发展机遇。乡镇企业在吸收农村剩余劳动力、促进农民收入水平提高和贫困削减、缩小城乡收入差距、强化市场竞争等方面发挥了重要作用，是中国经济成功转型的"催化剂"。仅从经济角度分析，中国在20世纪80年代尚未进入大规模全球化时代，经济增长的动力主要来自农村地区的市场化改革，特别是乡镇企业的发展。相比于乡镇企业，港澳台企业和外商投资企业在吸收就业方面的作用可谓微乎其微。1985年，港澳台企业和外商投资企业总共吸收就业6万人，而同年度乡镇企业从业人员数高达2 827万。即使到2016年，港澳台企业和外商投资企业吸收就业已达2 666万，这一就业规模仍低于1978年的乡镇企业就业数。乡镇企业的发展降低了农村贫困人口数量，显著缩小了城乡收入差距。城市人均可支配收入和农村人均纯收入之比从1978年的2.57持续下降，到1984年仅为1.84。在大规模城乡劳动力流动仍受限制的情况下，乡镇企业的劳动力供给主要来自当地农村的剩余劳动力，因此分布相对较为分散。尽管中国经济在市场化改革后于20世纪80年代开始起飞，但经济活动的空间集聚趋势尚未显现。以不同地区制造业就业占比为例，1990年，东部地区制造业就业的全国占比为49.76%，仅比1982年的45.28%上升4.48个百分点。相比较而言，中、西部和东北地区制造业占比的下降幅度并不明显，分别从1982年的21.18%、17.80%和15.74%下降到1990年的20.10%、16.57%和13.57%（表3-1）。

表 3-1　制造业生产地区间分布(1982—2000 年)　　单位：%

年份 地区	1982 年	1990 年	2000 年
东　部	45.28	49.76	62.90
中　部	21.18	20.10	16.01
西　部	17.80	16.57	13.64
东　北	15.74	13.57	7.44

注：1. 1982 年、1990 年和 2000 年的数据分别来自中华人民共和国第三次、第四次和第五次全国人口普查。
　　2. 东部地区包括北京、天津、河北、上海、江苏、浙江、福建、山东、广东、海南 10 个省(市)；中部地区包括山西、安徽、江西、河南、湖北、湖南 6 个省；西部地区包括内蒙古、广西、重庆、四川、贵州、云南、西藏、陕西、甘肃、青海、宁夏、新疆 12 个省(区、市)；东北地区包括辽宁、吉林、黑龙江 3 个省。
　　3. 1982 年的数据为各地区工业人口占全国工业人口的比重，其中工业人口数由以下公式计算得到：工业人口数 = 各地区人口数 × 在业人口占总人口百分比 × 工业人口占在业人口百分比。

　　进入 20 世纪 90 年代以后，经济改革的重心由农村转向城市，而经济集聚效应是城市发展活力的源泉。特别是邓小平 1992 年的南方谈话，开启了中国改革开放的新纪元，全球化和市场化进程加速，FDI 和民营资本的力量迅速壮大。统计数据显示，FDI 投资规模在 20 世纪 90 年代中期迅速扩张(图 3-1)，国有企业、集体企业就业占比显著下降(图 3-2)。国有企业和城市劳动力市场的改革提高了国有企业的竞争力，外资、民营经济的迅速发展加剧产品市场竞争，大规模城乡移民不断削减农村地区剩余劳动力规模，乡镇企业的竞争优势在 90 年代中期逐渐丧失。经济对外开放程度的提升凸显了经济集聚的重要性，乡镇企业由于地处偏远、规模不足等原因，无法分享经济集聚的好处，生产率的内生增长受到限制。钟宁桦(2011)发现，尽管乡镇企业从业人员数的扩张显著降低了城乡收入差距，但其效应在 90 年代不断下降，甚至在若干年份其净效应转而为负。扩大乡镇企业规模对缩小城乡收入差距的作用在 90 年代已经微乎其微。90 年代中期以后，得益于全球价值链分工趋势，出口导向型制造业在中国获得巨大发展。尽管相比于 2000 年以后，净出口规模仍相对较小，但持续为正的净出口正是发端于 90 年代中期，出口替代消费成为最主要的经济增长动能(图 3-1)。

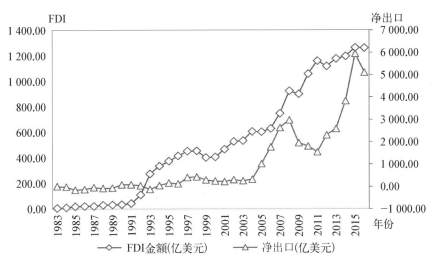

图 3-1 城外商直接投资和净出口规模

数据来源：历年《中国统计年鉴》。

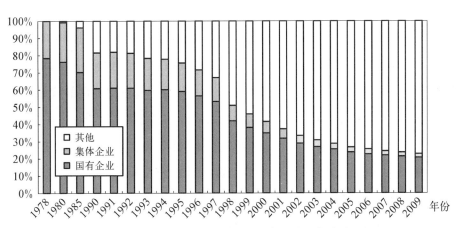

图 3-2 城市地区不同所有制类型就业数占比

数据来源：历年《中国人口和就业统计年鉴》。

"中国制造"的奇迹主要得益于 90 年代一系列市场化导向的改革。第一，城市部门的国有企业改革降低了私人部门行业的进入门槛，民营制造业企业获得巨大的发展机会。经济普查数据显示，1994—2005 年制造业企业的增长遵循"双 70 法则"：全部制造业工业增加值的 70% 来自民营企业，而全部民营企业增加值的 70% 来自新设立的企业（Wei 和 Zhang，2011）。第二，经济特区和一系列沿海开放城市的设立将城市部门的市场化改革推向深入。经济特区和开放城市成为一系列发展政策的试验场,政策推行所受阻碍相对较小,而成功的经济政策又迅速在其他地方复制,推往全国。此外,在国家财政资源有限的情况下,财政资源被集中投向部分地区和城市,用于强化这些地区的基础设施建设,为民营部门的发展和外资的进入创造了良好条件。第三,1994年的分税制改革为地方政府吸引海外投资、鼓励民营企业发展提供了激励。分税制改革在保持各级政府支出责任的前提下,向中央集中了财政收入,不断扩大的收支缺口削弱了地方政府利用税收工具扶持当地国有企业和乡镇企业发展的能力。为维持稳定财源、扩大税基,地方政府转而竞相通过提供廉价工业用地、降低劳工和环保标准等方式吸引民营和海外投资。地方政府为增长而竞争成为财政分权背景下中国增长的政治经济学。

在全球化、集聚效应和经济政策三重力量的作用下,中国制造业的生产活动开始加速集聚。基于2000年全国人口普查数据的计算结果显示,东部地区制造业就业占比在2000年达到了62.9%,中、西部和东北地区的就业占比分别由1990年的20.10%、15.57%和13.57%下降到2000年的16.01%、13.64%和7.44%。其中以东北地区制造业就业的下降最为明显,降幅达6.13个百分点(表3-1)。使用微观层面企业数据的分析结果也显示了经济活动向东部地区集中的趋势。表3-2利用2004年全部国有及规模以上非国有工业企业数据,分别计算了2004年中国不同地区制造业就业数、总产出和营业利润的占比。统计结果显示,无论以何种指标进行计算,受经济地理和新经济地理因素的共同影响,中国制造业主要集中于东部地区。2004年,中国所有制造业就业中,有66.93%集中于东部地区,而中部、西部和东北地区的就业占比分别为14.69%、11.84%和6.54%。以产业总产出和营业利润作为指标计算的区域分布呈现出类似的趋势,总体而言,企业营业利润在东部地区集中的趋势更为明显,表现了东部地区企业相对更强的盈利能力。

第3章 改革开放以来中国制造业空间分布：全球化、经济集聚和经济政策

表 3-2 制造业生产地区间分布（2004 年） 单位：%

地 区	就 业	总 产 出	营业利润
东 部	66.93	71.84	73.66
中 部	14.69	11.65	11.12
西 部	11.84	9.34	9.97
东 北	6.54	7.17	5.25

注：东部、中部、西部和东北地区的定义同表 3-1。

为进一步分析不同制造业产业特征对其空间分布的影响，本章下文的分析主要使用 2004—2012 年全部国有及规模以上企业数据。我们分别计算了中国各地级市制造业就业和制造业产出在全国所占的比重①。我们以颜色深浅表示地级市制造业就业（产出）占比的高低，由深到浅依次表示相应指标从高到低的排序。和表 3-2 相似，地级市层面的分析结果显示制造业生产活动在东部地区高度集中。特别是，在向心力和离心力的共同作用下，随着到京津冀、长三角和珠三角三大都市圈地理距离的增加，制造业就业或产出规模呈逐步下降的趋势。

但是，2000 年后，制造业活动向东部进一步集中的趋势趋缓，甚至在部分行业中，离散的趋势开始显现，东部地区制造业就业占比总体保持稳定。理论上，随着经济活动集中程度的不断提高，集聚地区更高的要素价格开始对部分产业的生产活动形成挤出，导致产业的空间转移，进而缩小地区间收入差距。地区间收入差距随着经济发展水平的提高而呈现先上升后下降的倒 U 型模式在各国发展过程中均是普遍现象，被称作"空间库兹涅茨曲线"（spatial kuznets curve）。理论上，空间库兹涅茨曲线先上升后下降的模式主

---

① 需要注意的是，2011 年，国家统计局将"规模以上"的定义企业每年的主营业务收入（销售额）从至少 500 万元上调到 2 000 万元。由于该标准调整适用于全部地区，图 3-3 和图 3-4 只涉及各地级市制造业生产活动占比的计算，我们并未对样本进行调整。为了确保分析结果的稳健性，我们尝试将 2011 年以前的样本也限定到 2 000 万元销售额以上，并计算东部地区制造业占比，总体结果变化不大。

要是由城市发展的结构转型,即行业部门在城市间的转移和分布变化所驱动。不同行业生产和就业的空间分布在不同的发展阶段存在差异。Desmet 和 Henderson(2014)发现,近年来,美国制造业就业的分散程度不断上升,初始时期制造业发展程度越高的地区,制造业就业增长越慢。而与制造业不同,在初始服务业发展水平不同的地区,服务业就业的增长则呈现 S 型曲线的形式,即在初始阶段服务业发展处于中等水平的地区,服务业就业增长相对最快。类似的情况在欧洲也存在。服务业在初始密度和经济发展水平高的地区挤出制造业主要是因为拥挤效应的存在,经济集聚带来不可贸易品,主要是土地价格的上升,从而推高了制造业的生产成本,而服务业作为土地集约型的产业模式,所受的挤出效应相对较小。

除经济地理和新经济地理因素外,中国经济活动的空间分布受经济政策的影响显著。一方面,沿海地区早期的工业发展与改革开放以及其他相关的政策优惠密切相关。经济政策不仅直接促进了制造业生产活动在东部地区的早期集聚,也和经济地理、新经济地理因素相互促进。另一方面,平衡地区间发展的政策措施也将强化经济活动集中过程中的离散效应,使制造业生产过早出现离散或者内迁的趋势,带来效率损失。关于城市和区域发展,目前普遍存在的一个认识误区是将"区域间协调发展"简单地等同于"区域间同步发展",并进一步将"经济集聚"与"区域间协调发展"相对立。在政策上表现为试图缩小不同地区、不同规模城市间的发展差距,以期达到平衡不同地区、城市间居民福利水平的目标。西部大开发战略、中部崛起计划和东北地区等老工业基地振兴战略的相继实施,均表现了政府对地区间平衡发展的重视。我们在本书第 4、第 5 章的研究将会说明,经济集聚会通过多种机制促进劳动生产率的提高,进而带来就业扩张和收入水平上升。但是由于政策限制,中国绝大多数城市存在集聚不足的问题,由此带来了巨大的效率损失(Au 和 Henderson,2006)。

表 3-3 分别从就业数、产业总产出和营业利润三个角度,计算了东部地区相关指标的全国占比在 2004—2012 年的变化。计算结果显示,东部地区制造业就业比重在 2004—2010 年逐年上升,其占比从 2004 年的 66.93% 上升到

了 2010 年的 68.87% 水平,但总体上升趋势减缓。2010 年后,东部地区就业占比开始下降,从 2010 年的 68.87% 下降到 2012 年的 66.30%。制造业企业产出和营业利润占比下降更为明显,总产出和营业利润的占比分别从 2004 年的 71.84% 和 73.66% 下降到 2012 年的 62.37% 和 61.47%。

表 3-3　东部地区制造业生产活动占比(2004—2012 年)　单位:%

年　份	就　　业	总　产　出	营　业　利　润
2004	66.93	71.84	73.66
2005	67.68	71.47	76.08
2006	68.40	70.91	72.07
2007	68.52	69.17	66.14
2008	68.57	67.48	65.67
2009	68.68	67.51	65.23
2010	68.87	74.16	68.65
2011	66.68	61.71	59.23
2012	66.30	62.37	61.47

注:1. 东部地区的定义同表 3-1。
　　2. 2011 年,国家统计局将"规模以上"的定义企业每年的主营业务收入(销售额)从至少 500 万元上调到 2 000 万元。由于该标准调整适用于全部地区,本表仅涉及东部地区制造业生产活动占比的计算,我们并未对样本进行调整。为了确保分析结果的稳健性,我们尝试将 2011 年以前的样本也限定到 2 000 万元销售额以上,并计算东部地区制造业占比,总体结果变化不大。

可能存在几方面的原因强化了制造业空间分布中的离散效应,导致 2010 年后的离散趋势。首先,中国的制造业主要以出口为导向,受金融危机冲击的影响,外需的下降抑制了制造业生产的扩张,而与沿海地区距离更近的地区,特别是长三角和珠三角地区,所受的冲击更大。本书第 8 章工具变量估计第一阶段的结果即显示,出口冲击对中国地级市制造业就业的变化产生显著影响,出口增加将带来制造业就业的扩张,而出口减少会抑制制造业就业,并且出口冲击效应的大小显著取决于城市到长三角、珠三角主要港口城市的地理距离。其次,为应对金融危机对整体宏观经济造成的不利影响,维持经济增长,政府施行了一系列经济刺激政策,而经济刺激政策的效果在市场化程度低、国有企业占比高的中、西部地区更为明显(Wen 和 Wu,2014;钱爱民等,2015)。从基础设施投向和十大产业政策发展规划来看,政府的经济发展政策主要向中、西部地区和东北地区倾斜(沈开艳和陈建华,2014)。此外,2008年以后,中国资产负债的持续扩张对实体经济造成严重挤出。四万亿经济刺激政策的本质是金融的部分自由化。为满足基础设施项目投资的资金要求,地方政府通过向融资平台注资以从银行获得贷款,或者通过信托产品等方式从影子银行获得融资。在中国地方政府干预金融资源配置的背景下,金融自由化反而可能助长金融市场的扭曲,恶化资本配置效率。东部地区的住房价格在四万亿计划的影响下被进一步推升,企业生产成本提高,挤出效应开始显现。与东部地区制造业比重的下降相对应,中部地区制造业就业比重从2004年的14.75%上升到了2012年的16.11%,西部地区的比重从2004年的6.54%上升到了2012年的6.83%,产出、利润的变化趋势相对更为明显。

对制造业生产活动在全国各地级市分布状况的分析结果也显示出离散趋势。我们以全国地级市制造业生产活动的基尼系数表示制造业在全国的分布状况,更高的基尼系数取值表示更高的地区集中度。我们分别以地级市制造业就业数、企业数和总产出计算基尼系数,结果显示:2004—2012年间,就业数基尼系数有所下降,而以企业数或者总产出计算的基尼系数下降幅度尤其明显。全国城市制造业就业数的基尼系数由2004年的0.67下降到了2012年的0.65,企业数和总产出的基尼系数分别由2004年的0.71和0.73下降到2012年的0.63和0.64。这说明,制造业生产活动在全国地级市之间趋于离散,挤出效应和经济政策对集聚的限制是导致这种离散趋势的主要原因。

3.3 知识溢出与异质性制造业行业空间分布变化

上一节的分析表明,得益于经济地理、新经济地理和经济政策的作用,中

第3章 改革开放以来中国制造业空间分布：全球化、经济集聚和经济政策

国的制造业生产活动在20世纪90年代呈现明显的集聚趋势。但在2000年后,制造业行业空间集中的趋势总体趋于稳定,甚至在2008年以后呈现出离散趋势。

在制造业内部,不同行业空间分布的变化趋势存在显著差异,行业技能水平为其中最重要的维度。技能水平的影响在知识经济时代尤其明显。人与人之间物理距离上的接近以及由此带来的学习机会的增加会提高劳动生产率。正如我们在第2章文献综述部分所总结的,大量研究已经证实知识溢出效应的存在。集聚地区地理空间上的邻近会加强企业间、行业间的知识溢出,而对知识和创新依赖程度更高的高技能行业所受的影响更为明显,因而可能增长更快。相反,低技能行业对创新的依赖程度相对较小,并且对土地、劳动力等投入要素成本的上升相对更为敏感。因此,不同技能水平行业在地理空间上的转移可能存在差异,具体表现为高技能行业向集聚地区的进一步集中和低技能行业受拥挤效应的影响而离开这些地区。

我们以大学本科及以上学历劳动力占所有劳动力的比例作为行业技能水平的代理变量,计算了2004年的行业技能水平,并将其和各地区产业就业比重增长进行相关性分析。图3-3分别刻画了四位码制造业行业在2004年的技能水平和2004—2012年该行业东部、中部、西部和东北地区就业比重增加的关系。四张图的横轴均为行业大学本科及以上毕业生占比,纵轴由左上到右下分别为该行业在东部、中部、西部和东北地区就业比重在2004—2012年的变化。线性拟合结果显示,行业技能水平和该行业东部地区就业比重变化存在正相关关系,相关系数为0.238。而行业期初技能水平和中部地区就业比重变化之间的关系并不显著,相关系数为0.007。与东、中部地区形成鲜明对比的是,西部和东北地区就业比重变化和行业技能水平显著负相关,相关系数分别为 -0.261 和 -0.219。

那么,不同制造业行业总体发展趋势如何呢？同样基于工业企业数据库的分析我们发现,在知识经济时代,技术水平更高的行业将获得更快的增长。根据行业就业在2004年所拥有的大学毕业生比例,我们分别以是否高于80、

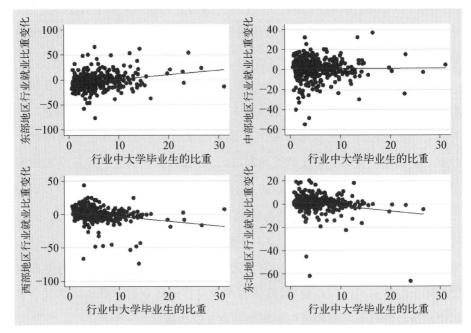

图 3-3 行业技能水平和不同地区行业就业比重变化

60、40 和 20 分位点作为技能水平的间断点,将行业的技术水平划分为五个等级,取值为 1、2、3、4、5,其中 1 代表技能水平最低的行业,5 代表技能水平最高的行业。平均来看,最低技能水平的行业增长显著慢于其他行业,甚至在部分细分行业中为负增长。2004—2012 年,最低技能水平制造业行业的总就业增长率仅为 80.42%,显著低于其他技能水平行业就业高于 100% 的增长率(表 3-4)。

表 3-4 分技能水平制造业行业就业增长

技能等级	5	4	3	2	1
增长率(%)	133.58	102.26	157.29	122.96	80.42

从行业技能需求来看,期初技能水平较高的行业,后期不仅保持了相对更高的技能水平,其技能水平的提升幅度也相对更大。高技能行业吸引了更多的大学毕业生流入。在三位码制造业行业层面,我们将 2004 年使用工业企业数据计算的三位码层面的制造业行业就业中大学本科及以上学历劳动力

比例和来自2010年中华人民共和国第六次全国人口普查数据的行业就业中大学本科及以上学历劳动力比例进行匹配对比后发现,两者的相关系数在2004年和2010年高达0.815,图3-4直观显示了两者间的正相关关系。即使仅分析行业大学毕业生比例的变化,我们也发现,2004年行业大学毕业生比例和2004—2010年大学毕业生比例的增长间存在显著的正相关关系(图3-5),相关系数为0.584。

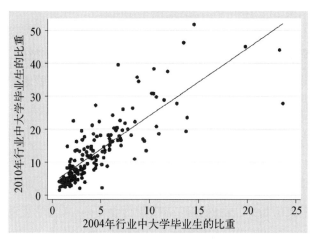

图3-4 制造业行业期初技能水平和后期技能水平间的关系

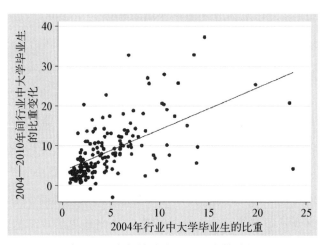

图3-5 制造业行业期初技能水平和后期技能提升间的关系

在地区分布上,2004—2012年,高科技行业总体存在向东部地区集聚的趋势,而西部地区高技术行业就业的损失相对最大。各四位码制造业行业2004年大学生在就业比重和该行业东、中、西部和东北地区制造业就业在2004—2012年间比重变化的相关系数分别为0.117、0.015、−0.041和−0.066。表3-6将行业根据其2004年大学毕业生就业比重分为五个技能等级,计算2004—2012年各技能等级行业就业在地区所有就业中所占比重的变化。结果显示,技能水平最高行业(技能等级取值为5)的东部地区就业比重在2004—2012年间上升了3.34个百分点,与此相对应,西部和东北部地区的高技能行业就业比重分别下降了2.32和2.31个百分点。技能水平次高(技能等级取值为4)的行业就业在中西部和东北地区制造业就业中的重要性也显著下降。而最低技能行业的就业比重在东部地区下降明显,占比下降了6.99个百分点。与之相反,最低技能行业就业在东北地区所有制造业就业中的占比上升了2.11个百分点。

分技能等级的行业就业增长率在地区间的异质性也说明了高技能行业向东部地区集聚的趋势。各四位码制造业行业2004年大学生就业比重和该行业2004—2012年东、中、西部和东北地区就业数增长率之间的相关系数分别为0.126、0.053、−0.060和−0.088。2004—2012年技能水平最高的行业(技能等级取值为5)在东部地区的就业增长幅度为143.82%,远高于西部地区和东北地区76.04%和102.81%的增长率。而次高技能水平行业的就业增长在地区间也呈现了类似的异质性,地区间高技能行业的就业并没有呈现出收敛的趋势。与高技能行业不同,中、低等技能水平行业的就业增长以中部地区为最快。中部地区最低技能水平的行业(技能等级取值为1)的就业增长率在此期间为129.91%,远高于东部地区69.22%的就业增长率。而西部地区所有技能等级制造业就业增长均最慢,并且就业增长集中于中、低技能水平的行业。值得注意的是,由于东部地区就业数的基数远高于中、西部地区,因此东部地区高技能行业更高的增长率会带来当地更大规模的高技能就业数增加和高技能行业在东部地区的进一步集中。

表 3-5　不同技能等级行业就业地区比重 2004—2012 年变化(百分点)

技能等级	东 部	中 部	西 部	东 北
5	3.34	1.74	-2.32	-2.31
4	0.64	-4.35	-3.93	-3.91
3	2.92	2.77	4.07	2.30
2	0.09	0.33	3.25	2.11
1	-6.99	-0.49	-1.06	1.81

表 3-6　不同技能等级行业 2004—2012 年就业增长率(%)

技能等级	东 部	中 部	西 部	东 北
5	143.82	156.31	76.04	102.81
4	121.03	82.22	57.61	87.89
3	155.75	171.09	149.35	150.82
2	113.39	138.64	129.25	151.54
1	69.22	129.91	85.64	150.43

上述分析和我们的理论预测相一致。我们认为,经济集聚的知识溢出效应对技能水平更高的行业相对更为重要,而知识溢出对地理距离的接近相对更为敏感,因此高技能水平行业的集聚趋势在知识经济时代尤为明显。相比较而言,低技能行业对土地、劳动力等投入要素成本的上升相对更为敏感,因此会受到集聚地区拥挤效应更明显的影响,呈现出离散的趋势。集聚地区不同技能水平行业的异质性变化将对不同技能水平劳动力的劳动力市场表现产生影响,而这需要依赖于微观个体层面数据的分析,这是本书第 4 章和第 5 章分析的重点。

3.4　本章总结

本章主要回顾了改革开放以来中国制造业空间分布特征及其演变。基于理论和文献,我们认为,经济地理、新经济地理和经济政策因素共同塑造了中国制造业产业的经济地图。改革开放初期,微观领域的市场化改革成为推动中国经济起飞的主要动力,乡镇企业异军突起。尽管东部地区经济发展的优势明显,但由于全球化和集聚的力量尚未凸显,以及跨地区劳动力流动的限制,经济活动空间集中的趋势并不明显,各地区工业生产比重和改革开放前区别不大。进入20世纪90年代以后,在全球化、集聚效应和政策三重效应的共同作用下,人类历史上最大规模的移民潮出现,大规模的劳动力跨地区流动使得农村剩余劳动力和资本在沿海地区结合,中国制造业发展的优势显现,经济活动空间集中的趋势加强。但是,在2008年以后,由于出口下降的冲击和政府平衡地区间发展的政策,以及集聚地区土地、劳动力成本的上升,制造业生产活动并没有呈现出进一步集聚的趋势,甚至离散趋势开始在一些行业显现。

此外,我们发现,集聚效应在不同技能水平行业发展过程中的作用存在差异。行业发展总体层面的分析结果显示,技能水平更高的行业就业获得了更快增长,而低技能水平行业的就业大幅减少。期初技能水平更高的行业不仅在后期也保持了相对较高的技能水平,其技能水平的提升幅度也相对更大。在地区层面,随着挤出效应的加强和平衡地区间发展政策的施行,中国的制造业生产也逐渐呈现离散和内迁的趋势,内迁趋势在2008年金融危机以后尤其明显。但是,数据显示,内迁趋势主要集中在低技能水平行业,而对生产要素成本弹性低、对集聚效应依赖程度更高的高技能行业在东部地区的集中趋势反而有所加强。地区间高技能行业的就业并没有呈现出收敛的趋势,高技能行业向东部地区集聚的趋势更强,中、西部地区相比于东部地区更快的就业增长主要来自低技能水平制造业行业。

本章的分析主要从描述性统计的角度,为集聚效应和挤出效应相互作用下经济活动空间分布特征及其变化提供了证据。但是,我们在宏观上观察到的经济活动空间集中趋势,无法为我们理解微观层面的劳动者福利和产业发

第3章 改革开放以来中国制造业空间分布：全球化、经济集聚和经济政策

展提供参考。更为一般性地，我们希望知道：在政策层面，地区间经济的协调发展在现阶段究竟应该如何实现？我们还应该施行什么样的区域和城市发展政策以实现包容性增长？这些都需要我们提供更多证据，也正是本书后面章节研究的重点。

第4章

经济集聚与城市劳动者就业

城市发展应有助于提升个人福利水平。从经济学的角度考量,个人在城市发展过程中能否实现就业、收入能有多大幅度提升,应是反映个人福利的重要指标。世界银行于2005年提出"包容性增长"的理念,强调一国不仅应关注经济增长的速度,更应重视其经济增长模式,在使不同部门广泛受益的同时,也将一个国家绝大部分劳动力包容进经济增长的过程中,实现大众对经济繁荣成果的广泛分享。就业和收入不仅关系到劳动力要素的有效利用和配置,而且是经济体实现包容性增长的途径。给定其他因素不变,相比于失业人口,就业者将直接分享经济增长的好处,特别是集聚对劳动生产率的促进作用。而收入,特别是实际收入,更是和个人福利水平直接相关。另外,在宏观经济增长和结构转型层面,劳动者收入的上升和就业的增加也会反过来通过消费扩张促进经济增长,这对于当前中国经济增长实现由投资、出口拉动转为内需拉动至关重要。

政策上,区域发展政策的制定和城市体系的优化在很大程度上取决于经济集聚在现阶段如何影响劳动力就业和收入水平。关于最优的城市发展路径,目前一个与之相关且被广为讨论的政策议题是在发展的过程中应该优先发展大城市还是中小城镇。日本、韩国等国家在其发展过程中都曾施行过限制大城市人口增长的措施。大城市的优势主要体现为相对更强的经济集聚效应。而中小城镇的优先发展可能有助于大量农民迅速非农化,降低农村劳动力流动进入城市的心理成本,更好地使城乡市场融合,以及降低建设资金成本等。此外,在劳动力市场层面,现实中普遍存在的一种担心是,伴随着人口规模的扩张,城市可能无法创造出充足的就业岗位。更激烈的城市劳动力市场竞争在加剧失业的同时,也可能压低劳动力的收入水平。特别地,低技能劳动者将面临更大的失业和减收风险。

那么,事实是否如此呢？理论上,最优城市规模是由城市扩张所带来的集聚效应和拥挤效应相权衡而得到的,在两股力量的相互作用下,城市劳动生产率(和人均收入)与城市规模之间呈倒 U 型关系。在城市发展的早期,城市规模的扩大会带来人均实际收入的上升；而如果城市人口规模过大,由于存在拥挤效应,城市规模的进一步扩张反而会降低人均实际收入,因而存在最优城市规模。在当前中国,对经济集聚好处的忽略和对拥挤成本的过度担忧限制了大城市的发展,户籍制度等限制下的中国的城市化存在过于本地化和规模不足的问题。城市的规模经济优势因而无法发挥,制约城市劳动生产率的提高和经济增长。据估计,中国有 51%～62% 的城市存在规模不足的问题,由此带来的产出损失约占职工平均产出的 17%(Au 和 Henderson,2006)。事实上,大城市和中小城镇的发展并不相互排斥,中小城镇的发展以大城市的发展为基础,并受其辐射功能的带动(许政等,2010)。因此,在城市发展所带来的规模经济效应强于拥挤效应时期,过早盲目限制大城市规模,而重点支持中小城市的发展,会带来巨大的效率损失。

如何协调不同规模城市的发展,提高经济增长的包容性,是我国当前社会经济发展需要解决的重大战略问题。在本章和下一章,我们将基于理论和实证分析考量经济集聚对我国个人劳动力市场表现的影响,从就业、收入和不同技能水平劳动者异质性影响三个角度,说明以促进人口集中和经济集聚效应发挥为目标的城市化模式不仅能带来劳动生产率的提高,也能使劳动者从城市化的过程中切实获得好处。

4.1 城市规模影响劳动者就业的理论分析

城市规模对劳动者就业的影响主要由集聚效应和拥挤效应相权衡得到,两者相互作用导致了城市劳动生产率(和人均收入)与城市规模之间的倒 U 型关系,因此存在最优城市规模。一方面,城市规模的扩大会带来劳动力供给的增加,增加就业压力。但在另一方面,城市规模的扩大也会由于集聚效应,促进劳动生产率提高,进而扩张劳动力需求。正如我们在第 2 章总结新经济地理学文献所述,由于生产中存在规模报酬递增、消费者偏好商品的多样性,并且存在交通成本,厂商会选择在市场需求相对较大的地区组织生产经营活动,从而带来集聚地区总体上更大的生产规模和更高的要素价格水平。在均衡处,集聚地区更高的要素价格必然意味着更高的劳动生产率,否则,利润最大化的厂商会选择其他要素价格相对较低的地区进行生产。而更广泛的投入品分享、更好的生产要素匹配以及更多的学习机会是经济集聚促进劳动生产率提高的微观机制。

劳动力的就业和失业主要由劳动力的供给和需求决定。从均衡的角度分析,只要劳动力供给曲线向上倾斜,保持其他因素不变,集聚对劳动生产率的促进作用最终会反映为劳动力需求曲线的向外移动,从而带来均衡工资水平和就业数量的同时上升。因此,大城市中更高的工资和劳动生产率水平暗含着其后更多的就业机会,如果就业机会的增加速度快于城市规模扩张的速度,则劳动者个人的就业概率上升。

此外,作为现代经济的重要组成部分,不可贸易品部门也是城市就业岗位创造的主要来源。考虑到这一部门,城市规模对就业的效应将被放大。Moretti(2010)论述了可贸易品部门中某个产业需求的外生冲击会给城市就业带来的影响。基于 1980 年、1990 年和 2000 年的美国人口普查数据的分析结果显示,制造业部门每增加一个就业机会可为不可贸易品部门带来 1.59 个就业机会,这即是所谓的"就业乘数效应"。此外,他的研究发现,高技能类制造业就业增加的乘数效应更为显著。Moretti 有关就业乘数效应的分析为我们考虑城市规模对就业的影响提供了新的依据。集聚提高了可贸易品部门的劳动生产率,因而会带来均衡工资和就业的同时增加。而可贸易品部门就业和工资水平的上升会提高城市总收入,从而增加对不可贸易品的需求,为不可贸易品部门创造更多的就业机会。因此,考虑到不可贸易品部门,经济集聚可能会为劳动者带来更多的就业机会,提高个人的就业概率。

城市规模在为所有劳动者带来收益的同时,不同技能的劳动者从中获益的大小可能存在差异。理论上,主要存在两方面的原因导致这种不同技能劳动者受益程度的异质性。一方面,由于低技能劳动者的就业更多地集中于低技能的服务业,而低技能服务业是不可贸易品部门的一个重要组成部分,因此相比于中、高技能的劳动者来说,低技能劳动者可能从集聚中享受更多的好处。高技能劳动者对低技能服务业具有更高的消费需求。Mazzolari 和 Ragusa(2013)发现,由于高技能劳动者时间的机会成本更高,因此对保姆、家政等低技能服务业拥有更高的消费需求。随着城市规模的扩大和高技能劳动者的集中,低技能劳动力将会相对更多地受益。

另一方面,当存在知识溢出时,由于不同职业对学习和知识创新的依赖程度不同,不同职业从城市规模扩张中受益的程度也存在差异。大量研究已经证实了知识溢出效应的存在。这些研究认为,由于存在社会互动,城市规模的扩张,尤其是高技能劳动者的集聚会为劳动者带来更多的学习和创新机会,从而提高劳动生产率。例如 Rauch(1993)发现,工资和地租在平均人力资本水平更高的城市更高。Moretti(2004a)发现,城市的大学毕业生比例每增加 1 个百分点,企业的劳动生产率会上升 0.6%~0.7%。关于中国的知识溢出,Glaeser 和 Lu(2018)发现,城市人均受教育程度每增加一年,会带来劳动者每小时工资收入约 22.0% 的上升。而高技能行业由于其劳动者具有相对更强的学习能力,以及高技能行业本身对知识更强的依赖性,因而劳动生产率的提高受知识溢出的影响更大。

从以上分析可以看出,城市规模的扩大不仅会提高劳动生产率,而且将在增加就业机会方面为劳动者带来好处。不同技能劳动者从城市规模扩张中的受益程度会因其职业的不同特征而产生差异。然而,在考察城市规模对就业影响的过程中,就业和城市规模之间的双向因果关系可能导致联立内生性偏误,因为一个城市的失业率高低本身会通过人们的移民选择而影响城市规模。此外,其他可能影响就业的不可观测的城市劳动力市场因素也会造成估计的遗漏变量偏误。在本章中,我们将使用城市 1953—1982 年人口数量增长的自然对数作为城市规模的工具变量,采用工具变量的方法对模型进行估计。本章不仅从增加就业的角度,为既有的关于城市规模效应的实证研究提供了补充,同时也把就业的影响因素分析从个人(家庭)层面拓展到了城市层面。

4.2 经济集聚对劳动者就业的影响:基本回归结果

为检验经济集聚是否有利于就业的扩张和劳动者失业率的降低,我们利用 2002 年和 2007 年的中国家庭收入调查数据,结合《中国城市统计年鉴》和人口普查数据,考察城市规模变化将如何影响劳动力就业。中国家庭收入调查数据由国家统计局与中国社会科学院经济研究所合作调查得到,调查样本为国家统计局年度家庭调查的一个子样本。其中,2002 年的城市家庭调查数据涵盖了北京、江苏、安徽、辽宁、河南、山西、湖北、重庆、广东、四川、云南和甘肃 12 个省级行政单位的 70 个市、县,共包括 6 835 个家庭的 20 632 名个人;2007 年的城市数据覆盖了上海、浙江、安徽、江苏、湖北、广东、河南、重庆和四川 9 个省级行政单位的 19 个市和县,总共包括 5 000 个家庭的 14 699 名个人。中国家庭收入调查数据的取样方法为两阶段分层随机抽样法,调查者首先在第一阶段随机选择需要取样的市和县,然后在第二阶段从第一阶段所选择的市和县中抽取调查家庭,以确保样本的随机性。该数据涵盖了详细的劳动者个人层面的人口和经济社会信息,使我们能够在控制个人特征的基础上,识别城市规模对劳动者就业的影响。

我们的回归主要考察了在其他因素给定的情况下,城市规模是否会对个人的就业概率产生影响。在不同的回归中,我们分别用城市的常住人口数量的自然对数和大学毕业生数量的自然对数作为城市规模的度量。经济集聚可能通过多种渠道促进就业。一方面,集聚能提高企业的劳动生产率,从而增加企业的劳动力需求。另一方面,经济集聚会带来城市总收入水平的上升,而根据克拉克定律,随着总收入水平的增加,劳动者会增加对不可贸易品的需求,从而带来更多的不可贸易品部门的就业机会。而经济集聚对不可贸易品部门就业的促进作用在高技能者更为集中的城市可能更为明显。这主要是因为高技能劳动者对低技能服务业的需求相对更高,由此带来高技能者对低技能者的"消费溢出"。因此,我们预期,劳动者在拥有较大人口规模或者较多大学毕业生的大城市中可能更容易找到工作,而这正是本章所要检验的核心假设之一。市级层面的常住人口和大学毕业生数量数据均来自2000年的中华人民共和国第五次人口普查。此外,我们在回归中还控制了其他一系列可能影响就业的城市特征,如城市的物质资本投资、产业结构、政府财政支出以及交通基础设施等,这些数据来自《中国城市统计年鉴》(1997—2001年)。

本章的计量模型为个人层面就业决定的Probit模型,如方程(4.1)所示:

$$Prob(Employed_{ij}=1)=\Phi(\beta' \mathbf{X}_{ij}+\theta_1 Size_j+\alpha' \mathbf{City}_j) \qquad (4.1)$$

其中,下标 i 和 j 表示居住在城市 j 中的个人 i。我们的回归样本限于劳动年龄人口,即年龄处于16岁到60岁之间的男性和年龄处于16岁到55岁之间的女性。另外,我们的回归排除了不在劳动力的样本,不在劳动力的样本通过问卷中有关个人在城市所处的状态和身份得以反映。据此,我们的样本排除了离退休人员、离退休再工作人员、家务劳动者、家庭帮工、丧失劳动能力的人、在校学生、学龄前儿童以及等待分配或待升学人员[①]。被解释变量 *Employed* 是一个有关个人就业状态的0-1变量,若一个人是有工作的,则取值为1;若失业,则取值为0。

在回归方程的右边,$\mathbf{X}_{ij}$ 是可能影响就业的个人特征向量,包括性别、婚

---

① 等待分配或待升学人员占我们全部劳动年龄人口的0.685%。按照定义,这部分人口应如本章所采用的归类方法,被归为不在劳动力。但考虑到等待分配工作或上学的个人在一定程度上也可能反映了隐性失业的情况,因此我们也做了将这部分人归为失业人口的回归,结果基本不变。

姻状态、受教育年限、潜在工作经验及其平方项,是否为中共党员,以及是否为少数民族。我们没有在个人特征中包括年龄变量,这主要是因为我们在回归中已经包括潜在工作经验这个变量,它由个人年龄减去受教育年数再减去6得到。如果在回归中同时包括年龄和工作经验,会带来完全共线性的问题。我们使用劳动者的受教育年限作为劳动者技能水平的代理变量。在既有文献中,由于直接度量劳动者技能水平存在困难,研究者往往使用教育水平作为劳动者技能水平的度量。用教育水平虽然不能完全准确地度量技能,但即使存在度量误差,其造成的影响也只是使"技能"的系数向零偏误,并不影响我们的主要结论。此外,我们的回归排除了潜在经验小于 0 年以及大于 44 年、受教育年数大于 22 年的异常样本。

核心解释变量 $Size_j$ 是有关城市规模的一个度量,根据不同的需要,我们分别以城市常住人口数量的自然对数和大学毕业生数量的自然对数作为规模变量的代理。需要说明的是,第五次全国人口普查数据对于市辖区人口的统计分为城镇总人口和乡村总人口两部分,在这里,我们选取城镇总人口数作为城市规模的度量。根据数据,城镇总人口数包括了城市中的非户籍人口,实质上是关于城市常住人口的统计,因而是城市人口规模一个比较准确的度量。既有文献较多使用城市人口规模作为城市化效应的度量,来估计集聚效应的大小,例如 Sveikauskas(1975)、Glaeser 和 Resseger(2009)等。除总人口规模外,本章还使用城市大学毕业生数量作为城市规模的另一个度量。理论上,高技能劳动力集聚所产生的外部性是城市经济集聚效应的一个重要来源,城市的人力资本水平和规模往往高度正相关。例如 Glaeser(2007b)就发现,初始年份大学毕业生比例越高的城市,未来人口增长越快。统计数据显示,城市总人口数量和城市大学毕业生的数量具有很强的正相关性。在我们的回归样本中,两者的相关系数高达 0.905。我们重点关注 θ_1 的大小和显著性水平。若大城市的确能为劳动者带来更多的就业机会,则我们预期 θ_1 显著为正,即城市规模的扩大将在边际上提高劳动者的就业概率。

其他可能影响就业的城市特征被包括在 **City**$_j$ 向量中,包括 1996—2000

年平均外商实际投资额占平均 GDP 的比重、1996—2000 年平均固定资产投资总额占平均 GDP 的比重、2000 年人均道路铺装面积和每万人拥有的公共汽车数量,以及是否省会城市的 0-1 变量。控制这些变量主要是为了减轻可能由劳动力需求因素和供给因素导致的遗漏变量偏误。一个城市的资本积累和城市规模(尤其是高技能劳动力在城市中的集中)、城市居民就业之间存在相关关系。由于经济集聚所带来的好处,规模更大的城市吸引了更多资本流入,而资本积累本身会增加城市居民的就业机会。因此,忽略资本积累的回归会造成对规模系数的有偏估计。另一个需要在个人就业决定方程中考虑资本积累的原因涉及人力资本的外部性。当劳动力市场存在摩擦以及物质资本和人力资本之间存在互补性的时候,城市中部分居民受教育程度的提高会使城市的企业增加物质资本投资,以使企业的资本量和这部分高技能的劳动力相匹配。结果是,在均衡处,城市的物质资本投资增加会提升劳动生产率,从而增加企业的劳动力需求(Acemoglu,1996;1998)。控制一个城市的外商实际投资额和固定资产投资可在一定程度上减弱由此需求因素带来的城市规模对就业影响的估计偏误。此外,我们在回归中控制了城市的人均道路铺装面积和每万人拥有的公共汽车数量,这主要是因为道路、交通等基础设施会通过影响人与人之间的信息传递从而影响劳动力市场的匹配效率和劳动力的就业概率。另外,城市基础设施的改进也会起到吸引劳动力流入的作用,从而对城市规模产生影响。和第 5 章劳动力收入的决定模型不同,我们并没有在回归中控制和城市宜居程度相关的变量。这主要是因为理论上并没有城市宜居水平直接影响劳动者就业概率的机制。而作为劳动者福利的一个补偿,城市宜居性可以使劳动者愿意放弃部分收入,通过更高的宜居性获得更高效用水平,因此对收入有负向的影响。所以,在本章的回归中,我们只控制了城市的投资和交通基础设施相关变量。表 4-1 是回归中所包含的变量的描述。进入回归样本的相关变量的描述性统计可参考表 4-2。

第4章 经济集聚与城市劳动者就业

表4-1 解释变量列表

变 量	定 义
个人特征	
就业	就业则取值为1；否则为0
性别	男性取值为1；否则为0
婚姻状况	已婚取值为1；否则为0
教育	受教育年数
经验	潜在工作经验＝年龄－受教育年数－6(单位为年)
经验的平方	潜在工作经验的平方
少数民族	少数民族取值为1；否则为0
城市特征	
人口规模	Ln[城镇总人口数量(百万人)]
大学毕业生规模	Ln[大学毕业生数量(百万人)]
1953到1982人口增长[2]	Ln[1982年城市总人口数量(百万人)－1953年城市总人口数量(百万人)]
外商直接投资	1996—2000年平均外商实际投资额(万元)[3]/1996—2000年间平均GDP(万元)
固定资产投资	1996—2000年平均固定资产投资总额(万元)/1996—2000年平均GDP(万元)
道路	2000年人均道路铺装面积(平方米)
公共交通	2000年每万人拥有公共汽车数量(辆)
2007样本	2007年样本取值为1；否则为0

注：1. 2007年的样本由于缺乏个人党员身份的指标，我们用此个人所在城市2002年的党员比例作为替代。而若个人所在城市并没有出现在2002年的样本中，则用2002年全国党员比例作为个人党员身份的替代。

2. 为了保证1953年、1982年和2000年人口普查中所包含的市在地理区域上的统一，我们将1953年、1982年和2000年全国人口普查数据中的县市代码统一调整成了2010年的行政区划代码。因此，我们在回归中使用的有关城市规模的指标，并不会受到历史上行政区划调整的影响。

3. 外商实际投资额在《中国城市统计年鉴》(1997—2001)中的单位为万美元，这里，我们按照《中国统计年鉴2010》中历年人民币汇率(年平均价)将外商实际投资额折算成了人民币，再进行相关计算。

表 4-2 变量描述性统计

变 量	均 值	标准差	最小值	最大值
个人特征				
就业	0.886	0.318	0	1
性别	0.549	0.498	0	1
婚姻状况	0.856	0.351	0	1
教育(年)	11.606	2.941	0	22
经验(年)	22.131	10.509	0	44
少数民族	0.020	0.141	0	1
城市特征				
Ln(人口规模)	0.792	0.727	−0.943	2.673
Ln(大学毕业生规模)	−1.576	0.951	−3.371	0.826
Ln(1953—1982年人口增长)	0.393	0.595	−1.821	1.865
外商直接投资	0.062	0.062	0.003	0.248
固定资产投资	0.332	0.203	0.184	1.596
道路	5.788	3.031	1.100	17.500
公共交通	9.056	13.787	0.600	95.700
2007样本	0.427	0.494	0	1

我们首先在表 4-3 中报告了分别用城市总人口数量和城市大学毕业生数量的自然对数作为城市规模度量的个人就业概率的 Probit 模型估计结果,报告的数字为边际效应。其中回归 1 考察了城市常住人口数量对劳动者个人就业概率的影响,回归 2 的核心解释变量是城市的大学毕业生数量。考虑到篇幅,我们将回归结果分为两部分,在(1)和(2)两列中报告以人口数量和大学生数量作为城市规模的度量时,城市规模以及个人特征对就业概率的影响。而同样回归中其他城市特征对就业的影响报告于(3)和(4)两

列中。我们发现,城市规模对个人的就业概率的影响均不显著。但总的来说,无论以城市常住人口数量还是以大学毕业生度量城市规模,规模的系数 t 值均大于 1,也就是总的来说,城市规模的扩张对劳动者就业概率的影响为正。

表 4-3 城市规模与劳动者就业:Probit 结果

解释变量	(1) 回归1	(2) 回归2	解释变量	(3) 回归1	(4) 回归2
人口规模	0.008 40 (0.006 05)		外商直接投资	0.250*** (0.074 3)	0.268*** (0.076 7)
大学毕业生规模		0.006 21 (0.004 80)	固定资产投资	-0.019 4 (0.020 4)	-0.019 0 (0.019 7)
性别	0.056 0*** (0.006 26)	0.056 0*** (0.006 26)	道路	-0.001 57 (0.002 43)	-0.001 50 (0.002 45)
婚姻状况	0.056 2*** (0.012 6)	0.056 5*** (0.012 7)	公共交通	8.33e-05 (0.000 404)	8.74e-05 (0.000 401)
教育	0.012 0*** (0.001 37)	0.012 0*** (0.001 38)	2007 样本	0.032 8*** (0.009 10)	0.033 1*** (0.008 91)
经验	0.005 46*** (0.001 19)	0.005 43*** (0.001 19)	拟 R^2	0.076	0.076
经验的平方	-0.000 150*** (2.51e-05)	-0.000 150*** (2.52e-05)	样本量	14 960	14 960
少数民族	-0.031 4 (0.020 0)	-0.032 3 (0.020 2)			

注:***、**、*分别表示在1%、5%、10%水平上显著。括号中报告的是经过县、区层面聚类调整的稳健标准误。在 Probit 估计中,虚拟变量的边际效应是和参照组相对比的就业概率变化;对于连续变量,边际效应在均值处计算。

但是,Probit 回归的结果可能是有偏的。在考察城市规模对个人就业概率影响的过程中,城市规模和就业之间的双向因果关系可能导致联立内生性的问题。就业率更高的城市会通过增加劳动力的期望收益而鼓励更多的劳动力流入,从而带来城市相对更大的人口规模。此外,尽管我们已经在回归中尽可能多地控制了城市层面的因素以减轻可能存在的遗漏变量偏误,但城市劳动力市场上其他不可观测的劳动力需求和供给的因素仍可能会同时影响城市规模和就业,带来估计偏误。鉴于此,我们在第 4.3 节将使用工具变量的方法对劳动力的就业决定模型进行估计,以减轻可能存在的内生性偏误和遗漏变量偏误。

4.3 寻找城市规模的工具变量

考虑到城市规模和就业之间的双向因果关系以及遗漏变量的问题,在这一节,我们用工具变量的方法对模型进行估计,以期得到城市规模对劳动力就业影响的一致估计。我们使用一个城市 1953—1982 年人口数量增长的自然对数作为城市规模的工具变量,其中 1953 年的城市人口数据来自中华人民共和国第一次全国人口普查,1982 年的数据来源于中华人民共和国第三次全国人口普查。为了保证 1953 年、1982 年和 2000 年人口普查中所包含的市在地理区域上的统一,我们将所有县市代码统一调整成了 2010 年的行政区划代码。因此,我们在回归中使用的有关城市规模的指标,不会受到历史上行政区划调整的影响。

中国经济在 1953—1982 年间的一个重要特征就是计划主导。在计划经济体制下,为最大限度调动经济资源进行社会主义建设,政府主要通过行政力量调配各种资源,劳动力在城乡和地区间的流动也是行政调配资源的一个重要方面。和计划经济体制相一致,1953—1982 年间移民行为的一个主要特征是行政主导性极强。根据葛剑雄和安介生(2010),中国在 1953—1982 年间的移民主要有三种形式。第一种是部队屯垦戍边的国防性移民,主要包括 1953—1959 年在黑龙江、内蒙古和新疆等边境地区设立的建设兵团。例如1954年10月成立的新疆生产建设兵团在1954—1961年带来了第一次人口迁移高峰,仅1958—1961年净迁入人口就达49万人。迁入形式主要是国家通过计划从内地组织青壮年移居,或者鼓励部队官兵向新疆转业等(刘月兰,2007)。第二种移民主要是从相对较为发达的沿海地区迁往内陆地区的建设性移民,尤其是高技能水平的移民,其目的是促进内陆地区的发展。建设性移民最为典型的例子是始于1964年的三线建设。出于国防安全的考虑,一、二、三线的划分主要与地区离边防海防前线距离的远近有关。第三类移民是20世纪60年代晚期到70年代早期的上山下乡运动。但是,上山下乡运动中的移民主要是从城市流向农村,并没有明显的地区间或不同人口规模城市间的方向性。此外,葛剑雄和安介生(2010)认为,上山下乡运动的移民成果相当有限。除了以上由中央政府和地方政府行政主导的移民外,自发的移民在计划经济时期很少(赵忠,2004)。未经政府同意的移民,除了无法获得购买生活必需品所需的粮票、布票等以外,一旦被发现,也会被立即遣返回原籍。因此,总的来说,1953—1982年的移民行为主要是政府主导,移民方向主要由地理等外生因素决定。

此外,这一时期的人口自然增长率,也和地区未来经济状况的相关性很小。图4-1展示了城市人口自然增长率和城市经济发展状况之间的关系。其中,人口的自然增长率由出生率减去死亡率得到。由于缺乏更早的数据,我们使用1990年城市人均GDP数据作为城市经济发展状况的代理。我们发现,城市1982年人口自然增长率和1990年的人均GDP之间几乎没有相关关系,两者相关系数为-0.048。总的来说,在控制了城市规模、投资、宜居水平等城市特征的情况下,1953—1982年的行政性移民以及人口自然增长均和我们回归模型中的干扰项不相关,而同一时期自发性移民的规模很小,几乎可以忽略不计。因此,我们认为,城市1953—1982年的人口增长数是当前城市规模的一个合理的工具变量。

作为进一步的检验,我们在图4-2和图4-3中分别考察了城市1990年

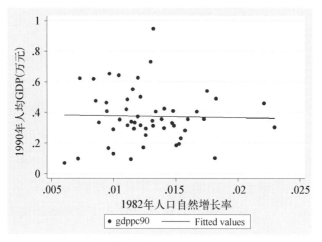

图 4-1　城市人口自然增长率和人均 GDP

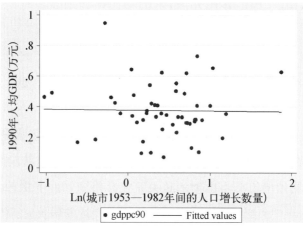

图 4-2　城市 1990 年人均 GDP 和城市
1953—1982 年间人口增长数量

人均 GDP 水平和城市在 1953—1982 年人口增加数量以及人口增长率之间的关系。我们的结果显示,城市经济发展水平和其历史上人口规模变化的相关性很小,城市 1990 年人均 GDP 和 1953—1982 年人口增加数量的相关系数仅为 -0.017,而其和 1953—1982 年的人口增长率的相关系数为 -0.099。

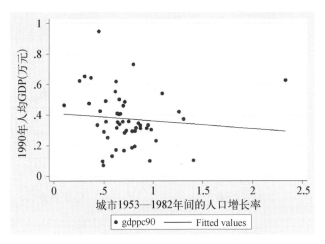

图 4-3　城市 1990 年人均 GDP 和城市
1953—1982 年间人口增长率

但是，历史上的城市人口数量增加在边际上会对其未来的人口规模产生促进作用，因而和 2000 年的城市人口规模相关。综上所述，我们选取的工具变量符合外生性和相关性两个条件。在后面的回归中，我们将使用城市在 1953—1982 年人口增加数的自然对数作为城市规模的工具变量，使用工具变量的方法对模型进行估计。

我们使用 STATA 程序中的 ivprobit 命令估计工具变量 Probit 模型。基于极大似然估计的方法，此命令能报告对聚类稳健标准误的估计。但是，ivprobit 命令无法直接报告估计变量对被解释变量的偏效应。为得到解释变量对劳动者个人就业概率影响的偏效应，我们根据两阶段方法估计模型。该方法的原理是在第一阶段将内生变量对工具变量系列进行 OLS 回归，由此可计算出相应的残差，即为内生变量中与误差项相关的因素。在第二阶段进行 Probit 回归时，将内生变量和第一阶段估计得出的残差同时放入原来的模型，由此计算出来的结果即为带有内生变量的两阶段 IV Probit 的回归结果（Rivers 和 Vuong，1988）。我们首先在表 4-4 的(1)列和(3)列中报告了使用极大似然方法估计的 IV Probit 估计系数，其中回归 3 是以城市常住人口数量作为经济集聚代理变量的回归结果,回归 4 是以城市大学毕业生数量作为经济集聚代理变量的结果。使用 Newey's 两阶段方法估计得到的偏效应报告在表 4-5 中。

表 4-4　城市规模与就业：IV Probit 回归结果

解释变量	(1)	(2)	(3)	(4)
	回归 3		回归 4	
	工具变量结果就业	第一阶段结果人口规模	工具变量结果就业	第一阶段结果大学毕业生规模
人口规模	0.133** (0.051 8)			
大学毕业生规模			0.097 2*** (0.036 8)	
1953—1982 年间人口增长		0.979*** (0.143)		1.337*** (0.176)
性别	0.322*** (0.032 8)	-0.006 03 (0.006 69)	0.322*** (0.032 9)	-0.013 0 (0.008 65)
婚姻状况	0.305*** (0.058 8)	-0.092 8*** (0.022 9)	0.307*** (0.058 7)	-0.155*** (0.032 8)
教育	0.067 5*** (0.008 46)	0.011 8*** (0.003 49)	0.066 7*** (0.008 49)	0.024 0*** (0.005 71)
经验	0.032 5*** (0.006 82)	-0.004 28 (0.003 00)	0.032 1*** (0.006 82)	-0.001 86 (0.003 88)
经验的平方	-0.000 910*** (0.000 141)	0.000 198** (7.75e-05)	-0.000 905*** (0.000 142)	0.000 217** (0.000 100)
少数民族	-0.176* (0.098 0)	0.004 50 (0.058 5)	-0.187* (0.098 4)	0.117 (0.076 4)
外商直接投资	1.052* (0.542)	3.280** (1.411)	1.352*** (0.520)	1.445 (1.686)
固定资产投资	-0.173 (0.190)	-0.165 (0.618)	-0.162 (0.168)	-0.332 (0.641)

(续表)

解释变量	(1)	(2)	(3)	(4)
	回归3		回归4	
	工具变量结果就业	第一阶段结果人口规模	工具变量结果就业	第一阶段结果大学毕业生规模
道路	−0.001 91 (0.015 9)	−0.009 74 (0.030 3)	−0.001 36 (0.015 7)	−0.020 0 (0.039 5)
公共交通	−0.001 20 (0.002 59)	0.035 6*** (0.003 66)	−0.001 02 (0.002 54)	0.047 0*** (0.004 61)
2007样本	0.164*** (0.056 4)	0.189** (0.095 7)	0.170*** (0.054 3)	0.197* (0.119)
样本量	14 960	14 960	14 960	14 960

注：***、**、*分别表示在1%、5%、10%水平上显著。括号中报告的是经过县、区层面聚类调整的稳健标准误。

表4-5　城市规模与劳动者就业：IV Probit结果（偏效应）

解释变量	(1) 回归3	(2) 回归4	解释变量	(3) 回归3	(4) 回归4
人口规模	0.022 7** (0.009 77)		外商直接投资	0.180** (0.078 9)	0.231*** (0.073 0)
大学毕业生规模		0.016 6** (0.007 24)	固定资产投资	−0.029 6 (0.018 5)	−0.027 6 (0.018 7)
性别	0.056 4*** (0.006 32)	0.056 5*** (0.006 33)	道路	−0.000 327 (0.002 32)	−0.000 232 (0.002 34)
婚姻状况	0.059 8*** (0.012 7)	0.060 4*** (0.012 8)	公共交通	−0.000 205 (0.000 453)	−0.000 175 (0.000 450)
教育	0.011 5*** (0.001 37)	0.011 4*** (0.001 38)	2007样本	0.027 6*** (0.008 69)	0.028 6*** (0.008 56)
经验	0.005 56*** (0.001 21)	0.005 49*** (0.001 20)	拟R^2	0.077	0.077

(续表)

解释变量	(1) 回归3	(2) 回归4	解释变量	(3) 回归3	(4) 回归4
经验的平方	−0.000 156*** (2.61e−05)	−0.000 155*** (2.60e−05)	样本量	14 960	14 960
少数民族	−0.033 6* (0.020 3)	−0.035 9* (0.020 6)			

注：1. ***、**、*分别表示在1%、5%、10%水平上显著。括号中报告的是经过县、区层面聚类调整的稳健标准误。在Probit估计中，虚拟变量的边际效应是和参照组相对比的就业概率变化；对于连续变量，边际效应在均值处计算。

2. 我们将回归结果分为两部分，在(1)和(2)两列中报告以人口数量和大学生数量作为城市规模的度量时，城市规模以及个人特征对就业概率的影响。同样回归中其他城市特征对就业的影响报告于(3)和(4)两列中。

我们首先在第一阶段检验了工具变量的有效性，用城市总人口数量和城市大学毕业生数量作为城市规模度量的第一阶段回归结果分别报告于表4-4的(2)和(4)两列中。我们发现，1953—1982年城市人口规模的扩张对2000年的城镇总人口数量和大学毕业生数量有显著的正向影响。1953—1982年人口增加数量每上升1%，会带来当前城市人口规模和大学毕业生数量分别0.98%和1.34%的上升。此外，控制住其他解释变量不变，在考察历史城市规模对当前城市规模的影响时，工具变量显著性F检验的值分别为47.13和57.45。由此，我们认为，我们的回归不存在明显的弱工具变量问题。此外，我们还发现，在控制了诸如城市规模、投资以及公共基础设施等相关城市一级的变量之后，历史上的城市规模对当前就业的直接影响很小。第一阶段的回归结果也和已有的实证研究相一致。如(1)列和(3)列显示，使用了工具变量的方法对模型进行估计之后，无论以常住人口数量还是大学毕业生数量作为规模的度量，城市人口规模的增加都对劳动者的就业概率产生了显著的促进作用。但是表4-4的结果只是报告了Probit模型的估计系数，并不能为我们提供各解释变量效应大小的直观解释。因此，我们在表4-5中进一步使用两阶段方法计算了各解释变量对被解释变量影响的偏效应。

表4-5对IV Probit结果偏效应的计算显示,当城市规模用城镇总人口数量度量时,城市规模每扩大1%会带来个人就业概率0.023个百分点的上升。而城市大学毕业生数量每1%的增加会使个人就业概率上升0.016个百分点。除此之外,我们还考察了个人层面的社会经济特征和城市特征对劳动者个人就业概率的影响。回归结果显示,大部分个人特征对就业影响显著,方向也和理论预期相符。男性和已婚人士的就业概率相对更高。平均来说,男性的就业概率比女性高5.64~5.65个百分点,而相比于未婚劳动力,已婚劳动力的就业概率平均高5.98~6.04个百分点。教育显著提高了劳动者的就业概率。平均来说,劳动者受教育年数每上升一年,其就业概率上升1.14~1.15个百分点。工作经验对就业的影响呈倒U型:随着经验的增加,个人的就业概率提高;但当经验提高到一定程度以后,经验反而不利于就业。这可能是因为工作经验越多的人往往年龄越大,而年龄大的劳动力无论在健康还是知识等方面均处于劣势。根据回归结果,我们可以算出,经验对就业概率的影响拐点大约出现在17.85和17.74年处,即在经验小于17年时,工作经验的增加有利于个人就业;而在经验超过17年之后,年龄劣势开始发挥主要作用,经验的增加反而是不利于就业的。在我们的回归样本中,有大约66.44%的劳动者处于拐点左边。中共党员身份也显著提高了劳动者的就业概率,这说明,中共党员相对更高的能力和更为丰富的社会资本对其就业产生了促进作用。此外,少数民族身份显著降低了劳动者的就业概率,这可能预示了少数民族身份在劳动力市场上的一些劣势,如少数民族人士存在语言障碍、在求职过程中遭遇歧视等。

同时,我们在回归中控制了相关城市特征的变量以捕捉劳动力需求因素和劳动力供给因素对就业的影响。我们发现,外商直接投资对劳动者就业概率产生了显著的正向影响,而固定资产投资的影响则不显著。这说明,与经济增长更依赖于其他GDP构成(如消费和净出口)的城市相比,经济增长更依赖于国内投资的城市并没有创造出更多的就业机会。已有的实证研究已经发现,在中国,地方政府出于税收考虑往往给予资本密集型产业的发展以更多的激励,因此,更高的国内投资—GDP比重往往缺乏就业创造能力,甚至是不利于就业的(陆铭和欧海军，2011)。此外，城市道路铺装面积和公共交通发展状况也作为影响城市劳动力市场需求的因素，而被包括进回归中。从理论上来说，更好的城市道路、交通等基础设施会提升人与人之间信息传递的便利性，提高劳动力市场的匹配效率，从而增加劳动力需求。但是，回归结果显示，这些变量对就业的影响并不显著。

4.4 经济集聚是否损害了公平——城市规模对劳动者就业的异质性影响

之前的 IV Probit 结果是将不同受教育年数的样本放在一起进行回归，因此我们得到的是城市规模对所有劳动者就业影响的一个平均效应，并没有区分集聚效应对不同受教育程度个人影响的差异。根据本章第一节的分析，不同技能劳动者从城市规模中的获益程度可能并不相同。一方面，低技能劳动者的就业更多地集中于低技能的服务业，而低技能服务业是不可贸易品部门一个重要的组成部分，因此相比于中、高技能的劳动者来说，低技能劳动者可能从集聚中享受更多的好处。另一方面，由于不同的职业对学习和知识创新的依赖程度不同，当存在知识溢出时，不同职业从城市规模扩张中受益的程度也不同。因此，在这一节，我们将所有劳动力人口按照个人受教育年数，分为受教育年数小于等于 9 年、在 9 年到 12 年之间、大于 12 年三组，并分别进行回归，以考察城市规模对不同受教育程度劳动者影响的异质性。同样，由于直接度量劳动者技能水平存在困难，我们使用劳动者的受教育年限作为劳动者技能水平的代理变量。

表 4-6 报告了有关城市规模效应异质性的 Probit 结果。在所有的回归中，我们均控制了所有个人层面和城市层面的特征。为了节省空间，我们仅报告了城市总人口数量的对数和城市大学毕业生数量的对数对就业的影响。Probit 结果显示，总的来说，受教育程度最低的劳动者从城市规模的扩张中获

益最大。城市常住人口数量的增加显著促进了受教育年数小于等于9年劳动者的就业概率,而大学毕业生数量的增加也在边际上促进了其就业概率的提高。但是,和全样本回归相同,Probit回归的结果在这里也会因为逆向因果关系和遗漏变量问题而产生偏误。

表4-6 异质性的城市规模和劳动者就业:Probit结果

受教育年数	Probit		
	小于等于9年	9~12年	大于12年
人口规模	0.019 6* (0.011 6)	0.010 8 (0.007 85)	0.000 447 (0.005 03)
个人特征	已控制	已控制	已控制
城市特征	已控制	已控制	已控制
样本量	4 339	5 850	4 771
大学毕业生规模	0.014 0 (0.009 12)	0.008 54 (0.006 20)	0.000 733 (0.003 67)
个人特征	已控制	已控制	已控制
城市特征	已控制	已控制	已控制
样本量	4 339	5 850	4 771

注:***、**、*分别表示在1%、5%、10%水平上显著。括号中报告的是经过县、区层面聚类调整的稳健标准误。

因此,我们同样使用城市1953—1982年的人口增长作为2000年城市规模的工具变量,并在表4-7和表4-8中报告了有关城市规模异质性的IV Probit估计。表4-7和表4-8中报告的是用两阶段方法计算的自变量的偏效应,其显著性水平由IV Probit模型经过城市层面聚类调整的稳健标准误所得。

我们发现,所有技能水平的劳动者均从城市规模的扩张中获得了好处。但相比于高技能水平的劳动者来说,低技能者受益程度相对最大。平均来说,城市规模每增加1%,会使受教育年数小于等于9年的劳动者的就业概率平均提高0.028~0.038个百分点。而对于受教育程度处于9~12年和受教育年数大于12年的劳动者来说,此效应分别为0.016~0.023和0.011~0.015个百分点。城市规模变化对劳动者就业率的影响程度随着个人受教育年数的增加而递减。

表4-7 异质性的城市规模与就业(城市规模以城市人口数量度量):IV Probit 结果

解释变量	(1) 回归11 受教育年数小于等于9年	(2) 回归12 受教育年数9~12年	(3) 回归13 受教育年数大于12年
人口规模	0.038 4** (0.072 8)	0.022 5* (0.059 7)	0.014 9** (0.075 8)
性别	0.110*** (0.052 9)	0.064 7*** (0.047 3)	0.016 4*** (0.069 3)
婚姻状况	0.082 3*** (0.089 7)	0.041 8** (0.087 7)	0.023 4** (0.116)
教育	−0.005 44 (0.021 1)	0.008 34 (0.029 8)	0.005 50** (0.028 3)
经验	0.023 7*** (0.013 0)	0.009 75*** (0.011 6)	0.005 79*** (0.015 6)
经验的平方	−0.000 491*** (0.000 243)	−0.000 248*** (0.000 254)	−0.000 173*** (0.000 382)
少数民族	−0.026 6 (0.182)	−0.049 1 (0.143)	−0.018 0 (0.176)
外商直接投资	0.276* (0.658)	0.320** (0.667)	−0.021 2 (1.243)
固定资产投资	−0.164* (0.371)	0.002 65 (0.091 2)	0.007 93 (0.200)

(续表)

解释变量	(1) 回归 11 受教育年数 小于等于 9 年	(2) 回归 12 受教育年数 9～12 年	(3) 回归 13 受教育年数 大于 12 年
道 路	−0.001 84 (0.019 2)	−0.000 517 (0.015 4)	0.000 673 (0.029 5)
公共交通	0.000 549 (0.004 13)	−0.000 101 (0.002 48)	−0.000 416 (0.004 96)
2007 样本	0.056 5*** (0.082 1)	0.013 2 (0.063 6)	0.011 5* (0.093 2)
样本量	4 339	5 850	4 771

注：***、**、*分别表示在1%、5%、10%水平上显著。括号中报告的是经过县、区层面聚类调整的稳健标准误。虚拟变量的边际效应是和参照组相对比的就业概率变化；对于连续变量，边际效应在均值处计算。

表 4-8 异质性的城市规模与就业(城市规模以大学毕业生数量度量)：IV Probit 结果

解释变量	(1) 回归 14 受教育年数 小于等于 9 年	(2) 回归 15 受教育年数 9～12 年	(3) 回归 16 受教育年数 大于 12 年
大学毕业生规模	0.028 3** (0.052 9)	0.016 4** (0.042 3)	0.011 1** (0.053 1)
性 别	0.110*** (0.053 0)	0.064 8*** (0.047 4)	0.016 6*** (0.069 4)
婚姻状况	0.084 0*** (0.089 5)	0.042 0** (0.087 9)	0.023 9 (0.117)
教 育	−0.005 86 (0.021 3)	0.007 60 (0.030 4)	0.005 29** (0.028 3)
经 验	0.023 3*** (0.013 0)	0.009 75*** (0.011 7)	0.005 72*** (0.015 6)

(续表)

解释变量	(1) 回归 14 受教育年数 小于等于 9 年	(2) 回归 15 受教育年数 9～12 年	(3) 回归 16 受教育年数 大于 12 年
经验的平方	-0.000 485*** (0.000 242)	-0.000 249*** (0.000 255)	-0.000 173*** (0.000 383)
少数民族	-0.031 6 (0.182)	-0.052 0* (0.143)	-0.018 6 (0.177)
外商直接投资	0.355** (0.630)	0.376*** (0.654)	0.006 11 (1.079)
固定资产投资	-0.160* (0.346)	0.004 33 (0.086 3)	0.008 18 (0.183)
道　路	-0.001 45 (0.019 6)	-0.000 439 (0.015 1)	0.000 725 (0.029 1)
公共交通	0.000 553 (0.004 14)	-7.60e-05 (0.002 40)	-0.000 388 (0.004 91)
2007 样本	0.057 9*** (0.079 7)	0.014 2 (0.061 9)	0.011 9 (0.089 6)
样本量	4 339	5 850	4 771

注：同表 4-7。

此外,我们还能从分教育程度的分组回归,得出一些有趣的结果。我们发现,受教育程度越低,男性和女性之间就业概率的差别越大。对于受教育年数小于等于 9 年的劳动者来说,男性比女性的就业概率平均高 11.0 个百分点,而对于受教育年数大于 12 年的劳动者,这一性别差异仅为大约 1.6～1.7 个百分点。此外,教育的回报对于受教育程度最高的劳动者相对最高。平均来说,高技能劳动者受教育年数每增加一年,其就业概率大约增加 0.53～0.55 个百分点。但是,对于受教育年数小于等于 12 年的劳动者来说,教育的影响则不显著。Li 等(2012)发现,在中国,高中教育主要发挥了挑选大学入学者的功能,而非作为一种人力资本投资提高劳动生产率。在城市特征层面,城市投资相关变量的偏效应值得关注。我们发现,外商直接投资水平的提高主要促进了受教育年数小于等于 12 年的劳动者就业概率的上升,而固定资产投资水平的上升则显著降低了最低技能劳动者的就业概率。这说明,低效率的国内投资不仅缺乏就业创造能力,而且其就业抑制效应主要由低教育程度的劳动者所承担。

不同技能水平劳动者从城市规模扩张中受益程度的差异主要和城市的职业和产业结构有关。最低技能水平劳动者的就业主要集中于餐饮、保姆等低技能的服务业。随着城市规模的扩大,尤其是高技能劳动者的集中,城市对低技能服务业的需求会增加,从而使低技能劳动者从城市规模的扩大中受益。在表 4-9 中,我们将所有就业人口按照其所属行业分为制造业、低技能服务业和高技能服务业三类,分别计算三组人员的平均受教育年数。其中,低技能服务业主要包括交通运输、仓储和邮政业,批发和零售业,住宿和餐饮业,以及居民服务和其他服务业。高技能服务业主要包括信息传输、计算机服务和软件业,金融业,房地产业,租赁和商务服务业,科学研究、技术服务和地质勘查业,水利、环境和公共设施管理业,教育,卫生、社会保障和社会福利业,文化、体育和娱乐业,公共管理和社会组织,以及国际组织。另外,我们这里的计算排除了农林牧渔业和采矿业的就业人员。我们发现,低技能服务业的从业人员平均受教育年数最低,为 10.82 年,低于制造业的 11.00 年以及高技能服务业的 13.07 年。因此,低技能服务业吸收了最高比例的低技能劳动者就业。

表 4-9 不同行业劳动者的受教育程度

	低技能服务业	制造业	高技能服务业
平均受教育年数	10.82	11.00	13.07

城市规模的扩大会带来更高的低技能服务业需求,从而使低技能劳动者获益。我们将所有城市按照其常住人口规模或者大学毕业生规模分为大、中、小三类,分别计算了不同规模城市低技能服务业的就业比重,结果如表

4-10所示。我们发现,随着城市常住人口规模以及大学毕业生规模的扩张,城市劳动力中从事低技能服务业劳动者的比重不断上升。在小城市,低技能服务业劳动者占所有劳动力的比例大约为22.2%～22.5%。而在大城市,这一比重上升到31.5%～31.9%。相似的结论在图4-4和图4-5中也有所反映。两幅图的纵轴是所有劳动者中从事低技能服务业劳动力的比重,横轴是城市规模,分别用城市常住人口数量和城市大学毕业生数量度量。对散点图的线性拟合结果显示,城市劳动力中低技能服务业劳动者的比重和城市规模之间存在显著的正向关系。因此,我们的基本数据结果也说明,城市规模的增长创造了更多的低技能服务业就业机会,从而提高了最低技能劳动者的就业概率。

表4-10 城市规模与低技能服务业就业比重

	小城市	中等规模城市	大城市
规模按常住人口数量划分	0.225	0.245	0.319
规模按大学毕业生数量划分	0.222	0.254	0.315

注:城市规模处于最低33.3%的城市被划归为小城市,处于最高33.3%的城市被划归为大城市,其他的为中等规模城市。

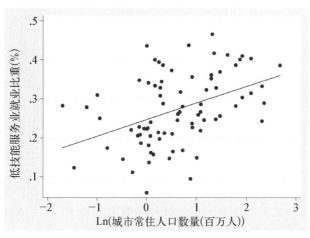

图4-4 城市规模与低技能服务业就业比重
(城市规模以常住人口数量度量)

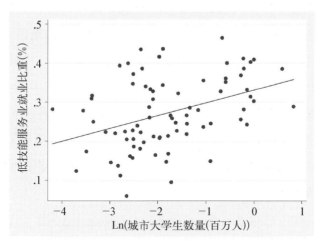

图 4-5 城市规模与低技能服务业就业比重
(城市规模以大学毕业生数量度量)

表 4-9 的结果说明,中等技能劳动者的就业主要集中于制造业。随着城市规模的扩大,制造业就业比重会经历一个先上升、后下降的过程。在城市发展的初期,制造业企业更多地选择进入规模较大的城市,以期从经济集聚效应中获得劳动生产率提高、生产和运输成本下降的好处。地方政府也会出于增加税收、创造就业等因素的考虑,鼓励制造业企业进入城市,使得城市在规模扩张的同时创造大量的制造业就业机会。但当城市发展到一定规模以后,出于保护环境和产业结构升级等因素的考虑,服务业的比重将提高,尤其是金融、贸易、房地产等高技能的服务业。另外,由于工资水平上升、地价上涨等拥挤效应的加剧,集聚地区更高的要素价格开始对部分产业的生产活动形成挤出,从而带来产业的空间转移。产业的空间转移对制造业企业相对更为明显,制造业企业也会选择离开大城市,选择到生产成本相对更低的中小城市组织生产活动。而服务业作为土地集约型的产业模式,所受的挤出效应相对较小,城市因此经历结构转型。例如 Desmet 和 Henderson(2014)发现,近年来,美国制造业就业的分散程度不断上升,初始时期制造业发展程度越高的地区,制造业就业增长越慢。而与制造业不同,

在初始服务业发展水平不同的地区,服务业就业的增长则呈现先凸后凹的 S 形曲线的形式,即在初始阶段服务业发展处于中等水平的地区,服务业就业增长相对最快。类似的情况在欧洲也存在。我们在表 4-11 中计算了不同规模城市制造业就业的比重。数据显示,随着城市规模的扩大,制造业就业比重的变化呈现一个先上升后下降的倒 U 型。类似的结果在图 4-6 和图 4-7 中也有所体现。在图 4-6 和图 4-7 中,我们利用城市数据,构造了城市制造业就业比重和城市规模之间的二次曲线关系。拟合线展示了清晰的先上升后下降的倒 U 型曲线关系。

表 4-11 城市规模与制造业就业比重

	小城市	中等规模城市	大城市
规模按常住人口数量划分	0.183	0.208	0.195
规模按大学毕业生数量划分	0.179	0.207	0.196

注：同表 4-10。

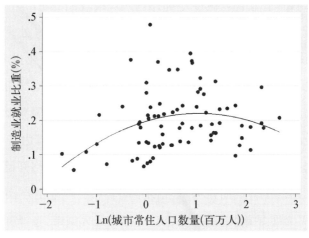

图 4-6 城市规模与制造业就业比重(城市规模以常住人口数量度量)

由于中等技能劳动力的就业主要集中在制造业企业,因此城市规模扩张对其就业概率的影响会呈现出一个明显的先正后负的关系。而中等技能劳动者是否

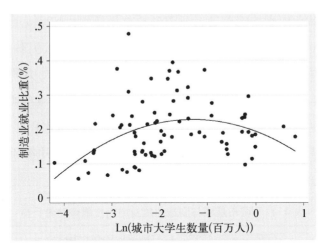

图 4-7　城市规模与制造业就业比重（城市规模以大学毕业生数量度量）

能从城市规模扩张中受益,主要取决于绝大多数城市规模是处在拐点的左边还是右边。此外,如果不同技能水平的劳动者在生产中存在互补性,那么中等技能的劳动者仍可能从高技能劳动力的聚集中直接获益。值得注意的是,我们的实证结果显示,城市规模的扩大在总体上显著提高了中等技能劳动者的就业概率。这说明,中国绝大多数城市仍处于城市规模扩大有利于制造业就业发展的时期。

最后,对于最高技能水平的劳动者来说,存在两方面的原因,导致城市规模的扩大对其就业的影响显著为正。一方面,城市规模的扩大带来了更多的学习机会和更强的知识溢出效应,高技能服务业由于其知识密集型的特点,能更多地从城市规模的扩大中获得好处。而高技能劳动者的就业主要集中于高技能服务业,因此城市规模的扩大通过高技能服务业就业机会的增加而提高了其就业概率。另一方面,随着城市规模的扩大,制造业产业也会升级,低技能服务业的服务质量也会提升。而产业升级和服务质量的上升都会使制造业以及原本属于低技能的生活性服务业吸收更多的高技能劳动者就业。在表 4-12 中,我们按城市的总常住人口数量和大学毕业生数量,将全部城市平均分为小城市、中等规模城市和大城市三类,分别计算在不同规模的城市中,制造业就业中受教育年数大于 12 年的劳动者的比例。我们发现,小规模城市制造业就业中高技能劳动者所占的比重最低,为16.7%~19.8%。中等规模城市制造业就业中高技能劳动力的比重相对更高,大约为21.5%~22.1%。而在规模最大的城市中,制造业就业中高技能劳动力的比重相对最高,占据了大约25.7%~26.0%。类似的结果对于低技能服务业也存在。在小城市中,低技能服务业就业中的12.2%~12.7%由受教育程度大于12年的高技能劳动者提供,而这一比例在中等规模城市和大城市中分别为14.7%~15.0%和23.0%~23.1%(表4-13)。

表4-12　城市规模与制造业就业中高技能劳动者比重

	小城市	中等规模城市	大城市
规模按常住人口数量划分	0.198	0.215	0.257
规模按大学毕业生数量划分	0.167	0.221	0.260

注:同表4-10。

表4-13　城市规模与低技能服务业就业中高技能劳动者比重

	小城市	中等规模城市	大城市
规模按常住人口数量划分	0.127	0.147	0.231
规模按大学毕业生数量划分	0.122	0.150	0.230

注:同表4-10。

图4-8到图4-11中也体现了生活性服务业和制造业随着城市规模扩大所经历的产业技能水平升级。其中,图4-8和图4-9的纵轴为所有制造业就业中受教育年数大于12年的劳动力比重,横轴分别为城市常住人口数量的自然对数和城市大学毕业生数量的自然对数。我们发现,城市制造业中高技能劳动力比重和城市规模之间存在着明显的正相关关系。随着城市规模的扩张,制造业中高技能劳动力的比重逐渐上升。图4-10和图4-11的纵坐标轴为低技能的生活性服务业中高技能劳动力的比重。拟合曲线的趋势的确显示了随着城市规模扩张,生活性服务业将吸引更多高技能水平劳动力的趋势,由此带来服务质量的提升。

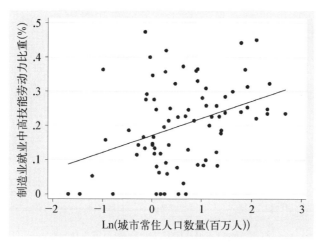

图 4-8　城市规模与制造业就业中高技能劳动力
　　　　比重(城市规模以常住人口数量度量)

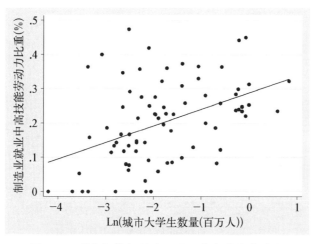

图 4-9　城市规模与制造业就业中高技能劳动力
　　　　比重(城市规模以大学毕业生数量度量)

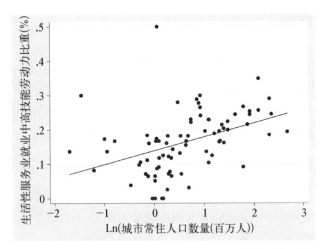

图 4-10 城市规模与生活性服务业就业中高技能劳动力比重(城市规模以常住人口数量度量)

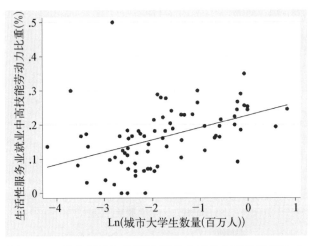

图 4-11 城市规模与生活性服务业就业中高技能劳动力比重(城市规模以大学毕业生数量度量)

4.6 本章总结

本章使用中国家庭收入调查 2002 年和 2007 年的城市居民数据,《中国城市统计年鉴》(1997—2001 年),以及 1953 年、1982 年、2000 年的中华人民共和国全国人口普查数据,考察了城市规模对个人就业的影响。使用城市在 1953—1982 年的人口增长作为当前城市规模的工具变量,我们利用工具变量的方法,建立了个人层面的就业概率模型。回归结果显示,城市发展的规模经济效应有利于提高劳动力个人的就业概率。平均来说,城市常住人口数量每扩大 1%,个人就业的概率会上升 0.023 个百分点。城市大学毕业生数量每 1% 的上升,也会带来劳动者就业概率 0.017 个百分点的增加。我们还发现,不同技能的劳动力从城市人口规模的扩大中受益程度并不相同。尽管所有技能水平的劳动者均从城市规模的扩张中显著受益了,但相比于较高技能的劳动者来说,最低技能劳动力的受益程度最大,这主要是因为生活性服务业就业会随着城市规模的扩张而大幅度增加。

本章从劳动者就业的角度,说明顺应市场规律的城市规模扩张能提高城市居民的就业率,并且低技能劳动力将从城市扩张中得益更多。本章的分析说明,若盲目采取限制城市人口规模的措施,特别是针对低技能者的限制,将导致效率和公平兼失的局面,这为放松大城市的规模管制、促进人口的进一步集聚提供了微观实证依据。

第5章

经济集聚与城市劳动者收入

我们在第 4 章的分析说明,城市规模的扩大伴随着更多就业机会的创造,有助于提高劳动者就业概率,并且这种就业的促进效应对低技能劳动者最为明显。那么,就业的扩张是否会以压低劳动力的收入水平为代价?为完整展现经济集聚在微观个体劳动力市场表现层面的效应,本章在上一章分析的基础上,进一步考察城市规模对劳动者收入的影响。

新经济地理学的文献主要从工资或者人均产出的角度确认经济集聚对劳动生产率的促进作用。但是,工资并不是劳动者福利水平的一个全面反映。一方面,非工资性收入,如经营性收入和财产性收入,在总收入中的重要性不断提升。另一方面,更为重要的是,受地区间物价水平的影响,名义收入的差异往往不同于实际收入的差异。经地区物价水平调整的实际收入水平应是劳动力福利水平的一个更为全面的反映。人口在大城市的集中会推高当地不可贸易品的价格水平,从而抵消集聚对名义收入的促进作用。因此,考察经济集聚如何影响劳动力收入,尤其是其实际收入,是分析经济集聚对劳动力福利影响的一个重要维度。但是,关于经济集聚如何影响劳动力的实际收入水平,国内外的微观证据都很缺乏。

本章利用来自中国家庭收入调查 2002 年和 2007 年的城市居民数据,同时估计了城市规模对劳动者名义收入和实际收入的影响,并考察了这种影响在不同收入水平劳动者之间的异质性,以弥补文献空缺,为关于中国城市化道路选择的政策争论提供实证依据。我们以城市在 1953—1982 年的人口增长作为当前城市规模的工具变量,使用工具变量的方法对劳动者个人的收入决定模型进行估计。实证结果显示,城市规模的扩大会对劳动者收入起到促进作用。平均来说,城市规模每上升 1%,会带来劳动者名义年收入和名义小时收入分别大约 0.190% 和 0.189% 的上升。而这种城市规模对劳动者收入的促进作用并没有被大城市相对更高的物价水平所完全抵消,规模对经过地区间物价水平调整的劳动者实际收入仍然起到了显著的促进作用。平均来说,城市规模每扩大1%,会带来劳动者实际年收入和实际小时收入分别0.084%~0.143%和0.083%~0.142%的上升。此外,我们还发现,城市规模对劳动者收入的促进作用并不是线性的。尽管所有收入水平的劳动者从城市规模的扩大中普遍受益,但是,相比于收入处于中、高水平的劳动者来说,收入最低的劳动者受益程度相对较小。

5.1 城市规模影响劳动者收入的理论分析

理论上,城市规模影响劳动者收入主要通过经济集聚的生产率促进效应起作用。基于工资决定的Mincer方程,我们可构建一个简单的理论模型来分析城市的人口规模将如何影响当地企业的工资水平。假设某企业 i 的生产服从如下柯布-道格拉斯生产函数,企业产出由其全要素生产率、所使用的资本和劳动力数量共同决定。

$$Y_i = A_i K_i^\alpha L_i^{1-\alpha} \tag{5.1}$$

其中,Y 是企业总产出,A 是全要素生产率,K 和 L 分别是企业所使用的资本数量和劳动力数量。假设所有企业面临相同的利率水平 r,并且企业在完全竞争的劳动力市场上运作,因此它需要付给劳动者相当于其边际产出的工资水平。企业利润最大化的一阶条件如式(5.2)和式(5.3)所示:

$$A_i \alpha K_i^{\alpha-1} L_i^{1-\alpha} - r = 0 \tag{5.2}$$

$$A_i (1-\alpha) K_i^\alpha L_i^{-\alpha} - w_i = 0 \tag{5.3}$$

由此可得式(5.4)的工资水平 w_i 表达式:

$$w_i = A_i^{\frac{1}{1-\alpha}} (1-\alpha) \left(\frac{\alpha}{r}\right)^{\frac{\alpha}{1-\alpha}} \tag{5.4}$$

根据 Glaeser 和 Gottlieb(2008),我们假设经济集聚效应将通过式(5.5)所示的函数式影响企业的全要素生产率:

$$A_i = \varphi N^\rho \tag{5.5}$$

其中,N 表示城市的总人口规模,$\rho>0$ 表示集聚效应的大小。既有文献已经证实,城市规模的扩大将通过更广泛的投入品分享、更高质量的生产要素匹配和更多的学习机会三种机制提高生产率。将式(5.4)两边取自然对数,并将式(5.5)代入,我们就可以得到如下城市劳动力所获得的工资水平和城市人口规模之间关系的表达式:

$$\ln w_i = \frac{\rho}{1-\alpha}\ln N + \frac{1}{1-\alpha}\ln\varphi + \ln\left[(1-\alpha)\left(\frac{\alpha}{r}\right)^{\frac{\alpha}{1-\alpha}}\right] \tag{5.6}$$

由于 $\frac{1}{1-\alpha}\ln\varphi + \ln\left[(1-\alpha)\left(\frac{\alpha}{r}\right)^{\frac{\alpha}{1-\alpha}}\right]$ 所含均为参数,我们将其表示为常数,得到式(5.7):

$$\ln w_i = \frac{\rho}{1-\alpha}\ln N + \text{Constant} \tag{5.7}$$

由于 $\rho>0$,并且 $\alpha\in(0,1)$,城市人口规模对劳动者工资的边际影响为正,城市劳动力工资水平变化对城市人口规模变化的弹性为 $\frac{\rho}{1-\alpha}$。以上模型说明,由于存在经济集聚效应,城市规模的扩张将通过其对企业全要素生产率的影响而促进劳动者工资水平的提高。

正如我们在第 2.2.2 节所指出的,经济集聚影响劳动生产率,主要通过其对人均名义产出、名义工资等名义指标的影响得以反映。例如 Sveikauskas(1975)发现,相比于小城市,以职工平均产出和职工工资度量的大城市的劳动生产率更高。范剑勇(2006)利用 2004 年地级市和副省级城市的数据分析了中国非农就业密度对非农产业劳动生产的影响,发现就业密度每上升 1%,非农劳均产出会提高大约 8.8%,高于欧美发达国家大约 5%的弹性系数。但是,考虑到经营性收入、财产性收入等非工资性收入的影响,名义工资并不能完全反映劳动力的福利水平。而经济集聚会通过降低企业的准入门槛、鼓励企业家精神、提高信息传递效率等方式促进劳动力非工资性收入的上升。

此外,地区间物价水平的差异也会影响劳动者的实际收入水平,而相比于名义收入,实际收入是劳动力福利水平的更优度量。劳动力在地区间的流动会对不可贸易品市场的需求和商品价格造成影响。由于地区间人力资本水平和不可贸易品价格存在差异,考虑到地区物价水平的变化,经济集聚对劳动力实际收入的影响在不同地区间可能存在差异,而这在既有文献中被忽略了。Roback(1982)关于土地市场和劳动力市场互动关系的经典模型即说明,本地劳动力市场劳动供给或者需求的变化最终都会被资本化为土地价格。而在劳动力可以跨地区自由流动的背景下,由工资、物价水平和宜居程度共同决定的劳动力效用水平不变。基于 Roback(1982),Moretti(2011)在考虑劳动力流动不完全、劳动力技能水平存在差异以及地区经济存在规模报酬递增等情境下的空间一般均衡模型结果显示,本地劳动力市场的需求和供给冲击会导致劳动力的流入和流出,从而带来地区不可贸易品价格的升降,使得劳动力实际收入的变化幅度小于名义收入。而不可贸易品价格水平的变化在经济集聚过程中会受到需求和供给两方面因素的影响。总的来说,消费者对不可贸易品偏好程度越高,劳动力供给弹性越大,或流入劳动力的技能水平越高,则本地不可贸易品的需求提高幅度越大,进一步推动不可贸易品价格提高,而更高的不可贸易品供给弹性会对价格产生抑制作用。如果劳动力完全自由流动,且不可贸易品部门供给完全没有弹性,那么经济集聚对劳动力名义收入的促进作用会被不可贸易品价格水平的上升完全抵消,使城市规模扩大对实际收入的影响不显著。因此,在本章中,我们将基于空间均衡模型考察城市规模变化对劳动力实际收入的影响,以更全面地分析劳动力福利水平的变化。

5.2 经济集聚对劳动者收入的影响：基本回归结果

和第 4 章相同，本章仍基于中国家庭收入调查 2002 年和 2007 年（CHIP 2002 和 CHIP 2007）的城市居民数据进行实证检验。我们主要分析给定其他因素不变的情况下，城市规模的变化是否会对劳动力个人的收入产生影响。总收入包括了工资性收入和非工资性收入，非工资性收入主要由经营性收入、财产性收入和转移性收入组成。我们认为，非工资性收入是劳动者总收入的重要组成部分，因此考察城市规模变化对劳动者总收入的影响，能更全面地反映经济集聚带来的福利效应。在不同的回归中，我们分别使用劳动力年总收入和小时收入作为收入的度量，并考察了城市规模对收入名义值和实际值影响的差异。经济集聚会通过提高劳动生产率、鼓励企业家精神等方式，而对劳动者的名义收入产生促进作用。但是，劳动力在城市的集中会同时带来本地不可贸易品部门价格的上升，从而抵消经济集聚带来的好处。Kravis 和 Lipsey(2008)就利用跨国数据发现，国家的收入水平和物价水平之间存在正相关关系，这主要是由高收入水平国家相对更高的人力成本和不可贸易品价格所致。Roback(1982)的模型发现，在劳动力充分自由流动的情况下，不同城市间劳动者的实际收入会趋于收敛。这主要是因为城市劳动力供给或者需求的变化最终都会被转化成土地价格的变化。在劳动力完全自由流动和不可贸易品供给无弹性的极端情况下，城市规模变化会完全被资本化为不可贸易品价格，完全抵消其对名义收入的影响。因此，从理论上来说，城市规模对劳动者实际收入的影响并不确定。依据已有文献，我们在本章中使用城市常住人口数量来度量城市规模，相关数据来自 2000 年的中华人民共和国第五次全国人口普查。此外，我们还在回归中控制了其他一系列可能影响本地劳动力市场状况的城市特征，城市特征的数据来自 1997—2001 年的《中国城市统计年鉴》。

我们根据式(5.8)所示个人层面的收入决定模型,考察城市规模对劳动者收入的影响,该模型是 Mincer 方程的一个拓展。既有研究一般只考察劳动者个人特征对收入的影响,如最基本的 Mincer 方程考察了教育、经验对收入的影响,后续拓展的研究考察了个人层面的经济特征、社会资本等因素的效应。但是,城市整体层面的因素却被忽略了。结合本章的理论模型,我们在回归中加入了城市人口规模和其他城市层面的控制变量,扩展了 Mincer 方程。根据式(5.7),城市人口规模也以自然对数而非绝对值的形式进入回归模型。

$$\ln Income_{ij} = c + \beta' X_{ij} + \theta_1 \ln Pop_j + \alpha' City_j + \varepsilon_{ij} \quad (5.8)$$

式(5.8)中,下标 i 和 j 表示居住在城市 j 中的个人 i。和第 4 章相同,我们的回归样本限于劳动年龄人口,即年龄处于 16 岁到 60 岁之间的男性和年龄处于 16 岁到 55 岁之间的女性。根据问卷中有关个人在城市所处的状态和身份信息,我们的回归样本中排除了离退休人员、离退休再工作人员、家务劳动者、家庭帮工、丧失劳动能力的人、在校学生、学龄前儿童,以及等待分配或待升学人员等。被解释变量是个人层面收入的自然对数。在不同的回归中,我们分别使用劳动者个人的年名义总收入、名义小时收入、年实际总收入和实际小时收入作为度量。实际收入的计算将基于两种不同的方法。在第一种方法下,劳动者实际收入使用来自 Brandt 和 Holz(2006)的省级层面物价指数平减劳动者名义收入得到。Brandt 和 Holz(2006)基于家庭消费数据,测算了中国各省区市 1984—2004 年地区间可比的价格指数。该指数综合考虑了家庭在食品、服装、日用品、文化娱乐、住房、能源等方面的消费,因而较为全面。由于缺乏 2007 年的数据,根据本文的需要,我们选取各省区市 2002 年的价格指数,用于计算劳动者的实际收入。此外,作为稳健性检验,我们还利用《中国区域经济统计年鉴》中的商品房销售额和商品房销售面积两个变量,构造了中国地级市层面 2002 年和 2007 年的房价数据,作为城市不可贸易品价格水平的代理变量。通过将地级市层面的房价数据平减劳动者名义收入,我们得到了有关劳动者实际收入的第二种度量。

在回归方程的右边,c为常数项,X_{ij}是可能影响劳动者收入的个人特征向量。总的来说,影响劳动者收入的个人特征和影响劳动力就业的个人特征相似,包括性别、婚姻状态、受教育年限、潜在工作经验及其平方项、是否为中共党员,以及是否为少数民族。潜在工作经验由个人年龄减去受教育年数再减去6得到。控制中共党员身份是因为中共党员拥有相对更高的能力和更为丰富的社会资本,因而可能对个人收入产生正向影响。同样由于2007年的问卷中没有关于个人党员身份的变量,我们将个人所在市、县2002年的党员比例作为2007年个人党员身份的替代。此外,我们的回归排除了潜在经验小于0年以及大于44年、受教育年数大于22年的异常样本。$\ln Pop_j$是城市常住人口规模的自然对数。城市常住人口数量来自人口普查数据的"城镇总人口"变量,该变量包含了城市的非户籍常住人口。在本章中,我们主要关注θ_1的大小和显著性水平。我们认为,城市规模的扩大会通过集聚效应提高劳动者名义收入,预期θ_1显著为正。但是,地区间的物价水平存在差异,物价水平的上升将部分抵消经济集聚对劳动者收入的促进作用。甚至在劳动力完全自由流动且不可贸易品部门供给无弹性的情况下,经济集聚效应将完全转化为本地物价水平的上升,从而使得城市规模扩大对劳动者实际收入的影响不显著。因此,当我们考察城市规模对劳动者实际收入的影响时,θ_1的符号和显著性水平在理论上不确定。

此外,城市劳动力市场的需求和供给因素可能会同时影响城市规模和劳动者收入,忽略这些因素将带来θ_1的估计偏误。因此,我们在回归中进一步控制了可能影响本地劳动力市场需求和供给的城市特征,即回归模型中的向量$City_j$。这些城市特征包括城市外商直接投资占GDP的比重、固定资产投资占GDP的比重、人均道路铺装面积、每万人拥有的公共汽车数、每万人拥有的医院或卫生院床位数和建成区绿化覆盖率。从城市劳动力市场的角度出发,存在劳动力需求和供给两方面的因素,可能影响对城市规模系数的估计。城市的物质资本投资作为影响劳动力市场需求的因素,会通过同时影响城市规模和劳动者收入而导致城市规模系数的估计偏误。一方面,由于大城市更多享受了经济集聚所带来的好处,资本回报率相对更高,因此会更多吸引企业的进入和资本投入。另一方面,由于生产中资本和劳动的不完全替代性,物质资本的增加会提高劳动者的边际劳动产出,进而提高其工资水平。在本章中,我们通过控制城市的外商直接投资和物质资本投资水平,来减轻城市劳动力市场需求因素对估计造成的影响。此外,城市的道路和交通基础设施也作为可能影响劳动力市场需求的因素,在回归中加以控制。这主要是因为城市的道路建设状况和交通基础设施不仅和城市规模相关,而且会通过影响人与人之间的信息传递而影响劳动力市场的匹配效率,匹配效率的提高会提高收入水平。在影响劳动力市场的供给因素中,我们主要控制了城市的医院床位数和绿化覆盖率,作为城市宜居程度(amenity)的代理。一方面,由于医院床位数和绿化作为影响城市居民生活质量的设施,其改进会提高居民的效用水平。因此,宜居程度更高的城市更易吸引劳动力的流入,尤其是高技能水平劳动力的流入,从而带来城市规模的扩张。另一方面,更高的宜居水平补偿了居民的效用,因此在基础设施水平更高的地区,居民更愿意接受相对更低的收入(Moretti,2011)。否则,居民拥有更高效用水平的地区会吸引更多劳动力的流入,从而带来当地更激烈的劳动力市场竞争,对劳动者的收入上升产生抑制作用。在均衡处,居民在不同地区所获得的效用水平相同。此外,我们在回归中还控制了样本是否属于 2007 年调查的虚拟变量,以捕捉 2007 年调查样本和 2002 年调查样本的系统性差别。表 5-1 和 5-2 分别是进入回归的相关变量的定义和描述性统计。

表 5-1 解释变量列表

变 量	定 义
个人特征	
总收入	Ln(年总收入(元))
实际总收入(省级层面物价指数平减)	Ln(年总收入(元)/所在省级行政区物价指数)

(续表)

变　量	定　　义
实际总收入(市级层面房价指数平减)	Ln(年总收入(元)/所在地级市房价指数)
小时收入	Ln(小时收入(元))
实际小时收入(省级层面物价指数平减)	Ln(小时收入(元)/所在省级行政区物价指数)
实际小时收入(市级层面房价指数平减)	Ln(小时收入(元)/所在地级市房价指数)
性别	男性取值为1;否则为0
婚姻状况	已婚取值为1;否则为0
教育	受教育年数
经验	潜在工作经验＝年龄－受教育年数－6(年)
经验的平方	潜在工作经验的平方
健康	个人健康状况为"非常好"或者"好"取值为1;否则为0
少数民族	少数民族取值为1;否则为0
城市特征	
人口规模	Ln(城镇总人口数量(百万人))
1953—1982年人口增长[2]	Ln(1982年城市总人口数量(百万人)－1953年城市总人口数量(百万人))
外商直接投资	1996—2000年平均外商实际投资额(万元)[3]/1996—2000年平均GDP(万元)
固定资产投资	1996—2000年平均固定资产投资总额(万元)/1996—2000年间平均GDP(万元)
道路	2000年人均道路铺装面积(平方米)
公共交通	2000年每万人拥有公共汽车数量(辆)
医院床位数	2000年每万人拥有医院、卫生院床位数

(续表)

变　量	定　义
绿化	建成区绿化覆盖率(%)
2007 样本	2007 年样本取值为 1;否则为 0

注：1. 2007 年的样本由于缺乏个人党员身份的指标,我们用此个人所在城市 2002 年的党员比例作为替代。而如果个人所在城市并没有出现在 2002 年的样本中,我们则使用 2002 年全国党员比例作为个人党员身份的替代。

2. 为了保证 1953 年、1982 年和 2000 年人口普查中所包含的市在地理区域上的统一,我们将 1953 年、1982 年和 2000 年全国人口普查数据中的县市代码统一调整成了 2010 年的行政区划代码。因此,我们在回归中使用的有关城市规模的指标,并不会受到历史上行政区划调整的影响。

3. 外商实际投资额在《中国城市统计年鉴》(1997—2001 年)中的单位为万美元,这里,我们按照《中国统计年鉴 2010》中历年人民币汇率(年平均价)将外商实际投资额折算成了人民币,再进行相关计算。

表 5-2　变量描述性统计

变　量	均　值	标准差	最小值	最大值
个人特征				
总收入	9.44	0.78	3.18	13.49
实际总收入(省级层面物价指数平减)	9.36	0.76	3.05	13.22
实际总收入(市级层面房价指数平减)	7.38	0.75	1.04	11.28
小时收入	1.78	0.85	−4.38	5.74
实际小时收入(省级层面物价指数平减)	1.70	0.82	−4.51	5.47
实际小时收入(市级层面房价指数平减)	−0.28	0.81	−6.52	3.54
性别	0.56	0.50	0	1
婚姻状况	0.87	0.34	0	1
教育	11.71	2.96	0	22
经验	22.23	10.24	0	44
健康	0.71	0.45	0	1
少数民族	0.02	0.15	0	1

(续表)

变 量	均 值	标准差	最小值	最大值
2007样本	0.32	0.47	0	1
城市特征				
人口规模	0.71	0.68	−0.94	2.35
1953—1982年人口增长	0.41	0.52	−1.03	1.87
固定资产投资	0.33	0.21	0.18	1.60
外商直接投资	0.06	0.06	0.00	0.25
道路	5.58	2.58	1.10	12.00
公共交通	6.90	5.25	0.60	31.20
医院床位数	58.44	18.65	18.83	100.85
绿化	31.59	7.57	11.80	45.50

在本节中,我们首先考察城市规模对劳动力名义收入的影响。由于城市规模和劳动力收入之间存在双向因果关系,以及可能存在的遗漏变量问题,我们采用工具变量的方法对劳动力的收入决定模型进行估计。因篇幅所限,我们没有在本章中报告OLS回归结果。和第4章相同,我们仍使用劳动者个人所在城市1953—1982年人口数量增长的自然对数作为城市2000年规模的工具变量。正如第4.4节所述,中国计划经济时期的移民以屯垦戍边的国防性移民、支援内陆地区发展的建设性移民和上山下乡运动中的移民为主,带有极强的行政性色彩,移民方向主要由城市的地理位置所决定,因此具有较强的外生性。同一时期城市的人口自然增长率和未来经济状况的相关性很小。而城市历史上人口规模的变化会对当前的城市人口规模起到显著的促进作用,因此1953—1982年的城市人口增长是一个合适的工具变量。

表5-3考察了城市规模变化对劳动力名义收入的影响。我们将回归结果分为两部分,在第(1)和第(2)列报告城市规模和可能影响劳动力收入的个人特征的系数,在第(3)和第(4)列报告其他可能影响劳动力收入水平的城市

特征的系数。我们发现,1953—1982年城市人口规模增长的上升显著提高了城市在2000年的人口规模。平均来说,人口增长在1953—1982年每上升1%,2000年人口规模大约增加0.78%。工具变量显著性的F值检验统计量分别是34.76和34.65。因此,我们的工具变量是有效的,并且不存在明显的弱工具变量问题。工具变量回归结果显示,城市规模扩大能显著提高劳动力的收入水平。平均来说,城市常住人口每增加1%,会带来劳动力名义年总收入和名义小时收入分别0.190%和0.189%的上升。

表5-3　城市规模与劳动力名义收入

解释变量	(1) 回归1 名义年收入	(2) 回归2 名义小时收入	解释变量	(3) 回归1 名义年收入	(4) 回归2 名义小时收入
第一阶段					
1953—1982年人口增长	0.777 1*** (0.131 8)	0.776 3*** (0.131 9)			
第二阶段					
人口规模	0.190 4*** (0.061 3)	0.189 4*** (0.061 4)	固定资产投资	-0.326 1* (0.185 2)	-0.336 5* (0.192 8)
性别	0.169 2*** (0.011 9)	0.130 3*** (0.013 5)	外商实际投资	2.031 7*** (0.624 8)	2.157 5*** (0.648 1)
婚姻状况	0.214 2*** (0.022 5)	0.177 7*** (0.022 9)	道路	0.022 2 (0.015 2)	0.016 1 (0.014 8)
教育	0.045 3*** (0.003 2)	0.050 1*** (0.003 9)	公共交通	0.013 6 (0.010 4)	0.013 6 (0.010 7)
经验	0.020 5*** (0.004 3)	0.019 6*** (0.004 7)	医院床位数	-0.000 3 (0.001 5)	-0.001 1 (0.001 5)
经验的平方	-0.000 3*** (0.000 1)	-0.000 3*** (0.000 1)	绿化	-0.002 4 (0.003 9)	-0.000 7 (0.004 1)

(续表)

解释变量	(1) 回归1 名义年收入	(2) 回归2 名义小时收入	解释变量	(3) 回归1 名义年收入	(4) 回归2 名义小时收入
健康	0.032 5** (0.015 3)	0.016 5 (0.015 9)	2007样本	0.617 3*** (0.040 5)	0.684 9*** (0.038 0)
少数民族	−0.013 3 (0.039 3)	−0.042 6 (0.042 8)	样本量	10 741	10 655

注：1. 第一阶段结果是内生变量（城市常住人口数量）对工具变量的回归，其他变量均已控制。
2. ***、**、* 分别表示在1%、5%、10%水平上显著。括号中报告的是经过地级市层面聚类调整的稳健标准误。

我们在回归中还控制了其他可能影响劳动力收入的个人特征和城市特征。和已有研究一致，男性性别和已婚的身份显著提高了劳动力收入。平均来说，男性的年总收入和小时收入比女性高16.9%和13.0%。而已婚人士的收入和未婚人士的收入差别也达到了21.4%和17.8%。教育促进了劳动力收入的提高。在我们的回归中，教育回报率大约是每年4.5%~5.01%。经验对劳动力个人收入的影响呈倒U型。根据经验的估计系数，我们计算得到经验对劳动力年总收入和小时收入的拐点分别出现在大约30.92年和34.16年。在我们的回归样本中，大约有76.20%和88.24%的劳动力处于拐点的左边。将此结果和第4章的结果相比较我们发现，经验对劳动者收入影响的拐点晚于其对就业影响的拐点。第4章的实证结果显示，在工作大约17年以后，随着年龄的增长和工作经验的增加，劳动者的就业概率趋于下降。但对于绝大多数劳动力来说，经验的收入回报一直为正，随着经验的增加，其年总收入和小时收入均不断上升。此外，和已有文献一致，中共党员的身份显著提高了劳动力收入。而在我们的回归中，少数民族身份对劳动力收入的影响并不显著，这可能说明，得益于中国已坚持多年的民族平等和鼓励民族地区发展的政策，已就业少数民族劳动者在劳动力市场上的劣势并不明显。

第(3)列和第(4)列报告了城市特征对劳动力收入的影响。我们发现,在控制了城市规模以后,绝大多数城市特征对劳动力收入的影响不显著。在所有变量中,只有与投资相关的变量对劳动力收入产生了显著影响。和我们的预期相反,固定资产投资非但没有促进劳动力收入水平的提高,反而降低了劳动力收入。这说明,和经济增长更依赖于消费、出口等其他GDP构成的城市相比,更依赖于固定资产投资的城市,其劳动生产率和收入水平更低。而这和政府主导型投资的效率低下有关。和国内固定资产投资相反,外商实际投资占GDP的比重对劳动力收入产生了显著促进作用。这可能是因为相比于固定资产投资,更以市场为导向的外商投资效率相对更高。此外,和2002年相比,进入2007年样本的劳动力收入水平更高,体现了5年间城市居民收入的增长。

以上我们考察了城市规模对劳动力名义收入的影响。但正如我们在前文所指出的,城市规模对名义收入的促进作用只能说明集聚效应存在,却无法全面反映劳动力福利水平的变化。随着城市规模的扩张,城市本地的物价水平,尤其是不可贸易品价格,会由于本地更高的消费需求而上升。物价水平的上升会部分抵消经济集聚对名义收入的促进作用。因此,我们需要使用经空间物价指数调整过的地区间可比的实际收入水平,作为衡量劳动力福利的一个更为全面的指标。Roback(1982)认为,在劳动力完全自由流动、土地供给完全无弹性的情况下,本地劳动力市场劳动力供给或者需求的变化,最终都会被资本化为土地价格。因此,给定其他条件不变,若劳动力流动完全自由,城市规模的变化将不会对劳动力的实际收入产生显著影响。否则,劳动力会选择离开低实际收入水平的地区,而迁移进入高实际收入的地区。流入地劳动力市场上更激烈的竞争会压低当地劳动力的收入,这种城市规模调整的过程会持续到地区间实际收入达到均衡为止。反之,在劳动力流动不充分的情况下,由于地区间流动存在额外的成本,城市规模扩大所带来的好处将无法完全被处于移民边际上的劳动力所获取,因此我们仍将看到城市规模增加对劳动力实际收入的促进作用。城市规模如何影响劳动力实际收入正是本章所要研究的第二个核心问题。

我们首先在表5-4中报告了用省级物价指数平减劳动力名义收入,得到劳动力实际收入作为被解释变量时的工具变量回归结果。第一阶段结果和表5-3相同,历史上的人口增长显著促进了当前城市规模的增加,并且无明显的弱工具变量问题存在。两阶段最小二乘法回归的估计结果显示,尽管考虑了地区物价水平差异,城市规模的扩大仍显著提高了劳动力实际收入。平均来说,城市规模每增加1%,劳动力实际年收入和实际小时收入分别上升0.084%和0.082%。尽管城市规模的扩大促进了劳动力实际收入的提高,但其边际效应小于城市规模对名义收入的影响。这说明,随着城市规模的扩大,本地的不可贸易品价格会随之上升。因此,考虑到物价水平,不同规模城市之间的收入差距有所缩小。但是,城市规模对劳动力实际收入的影响仍显著为正。这说明,在中国,不同规模城市间的劳动力流动仍存在障碍,尤其是劳动力向大城市的转移。由于规模更大的城市落户政策相对更为严格,因此劳动力流入大城市的成本相对更高。而更高的移民成本阻碍了劳动力充分流入大城市以获取集聚效应的好处,因此在边际上,劳动力仍从城市规模的扩大中获得了超额收益。其他劳动力个人特征和城市特征对实际收入的影响和表5-3类似,在此不再赘述。

表5-4 城市规模与劳动力实际收入(省物价指数平减)

解释变量	(1) 回归3 实际年收入	(2) 回归4 实际小时收入	解释变量	(3) 回归3 实际年收入	(4) 回归4 实际小时收入
第一阶段					
1953—1982年人口增长	0.777 1*** (0.131 8)	0.776 3*** (0.131 9)			
第二阶段					

(续表)

解释变量	(1) 回归3 实际年收入	(2) 回归4 实际小时收入	解释变量	(3) 回归3 实际年收入	(4) 回归4 实际小时收入
人口规模	0.083 6** (0.041 0)	0.082 4* (0.042 1)	固定资产投资	-0.519 1*** (0.134 4)	-0.530 9*** (0.142 3)
性别	0.168 9*** (0.011 7)	0.130 1*** (0.013 4)	外商实际投资	1.419 7*** (0.531 4)	1.543 6*** (0.531 4)
婚姻状况	0.216 5*** (0.022 1)	0.180 1*** (0.021 9)	道路	0.009 3 (0.011 3)	0.003 2 (0.011 0)
教育	0.045 8*** (0.003 1)	0.050 7*** (0.003 8)	公共交通	0.023 7*** (0.007 4)	0.023 8*** (0.007 8)
经验	0.020 2*** (0.004 3)	0.019 5*** (0.004 7)	医院床位数	0.001 8 (0.001 1)	0.001 0 (0.001 1)
经验的平方	-0.000 3*** (0.000 1)	-0.000 3*** (0.000 1)	绿化	-0.004 5 (0.002 8)	-0.002 7 (0.002 9)
健康	0.041 4*** (0.015 2)	0.025 4 (0.015 9)	2007样本	0.615 8*** (0.034 7)	0.683 4*** (0.033 0)
少数民族	-0.016 2 (0.039 7)	-0.045 1 (0.042 1)	样本量	10 741	10 655
			R^2	0.416 2	0.418 9

注：同表5-3。

表5-4的实际收入以省级层面的物价指数作为平减，并没有区分同一省级行政区内部不同地级市之间的差异。作为稳健性检验，我们进一步构造了地级市层面的商品房价格数据，以此平减劳动力名义收入，作为劳动力实际收入水平的另一个度量。工具变量回归结果如表5-5所示。和表5-4的结果类似，考虑到地级市层面的价格水平因素，城市人口规模的变化对劳动力实际收入的边际影响小于其对名义收入的影响。但城市规模的扩张仍显著

促进了劳动力实际收入水平的提高。平均来说,城市规模每增加1%,分别会使劳动力实际年收入和实际小时收入提高0.143%和0.142%。

表5-5 城市规模与劳动力实际收入(市房价指数平减)

解释变量	(1) 回归5 实际年收入	(2) 回归6 实际小时收入	解释变量	(3) 回归5 实际年收入	(4) 回归6 实际小时收入
第一阶段					
1953—1982年人口增长	0.777 1*** (0.131 8)	0.776 3*** (0.131 9)			
第二阶段					
人口规模	0.143 2** (0.057 2)	0.141 8** (0.057 5)	固定资产投资	-0.215 0 (0.170 0)	-0.225 5 (0.177 2)
性别	0.169 9*** (0.011 9)	0.131 0*** (0.013 5)	外商实际投资	1.789 7*** (0.567 3)	1.916 4*** (0.591 8)
婚姻状况	0.218 1*** (0.022 2)	0.181 4*** (0.022 6)	道路	0.027 0* (0.014 0)	0.020 8 (0.013 6)
教育	0.044 4*** (0.003 1)	0.049 3*** (0.003 8)	公共交通	0.007 5 (0.009 7)	0.007 6 (0.010 0)
经验	0.020 3*** (0.004 3)	0.019 5*** (0.004 7)	医院床位数	-0.001 0 (0.001 4)	-0.001 8 (0.001 4)
经验的平方	-0.000 3*** (0.000 1)	-0.000 3*** (0.000 1)	绿化	-0.002 8 (0.003 6)	-0.001 0 (0.003 7)
健康	0.031 6** (0.015 1)	0.015 6 (0.015 7)	2007样本	0.533 3*** (0.041 4)	0.601 0*** (0.039 0)
少数民族	-0.019 6 (0.039 9)	-0.049 0 (0.043 1)	样本量	10 741	10 655
			R^2	0.401 5	0.406 6

注:同表5-3。

5.3 城市规模对劳动者收入的异质性影响

本章第 2 节的实证结果确认了城市规模扩大对劳动者收入的促进作用，并且这种促进作用并不会被大城市相对更高的物价水平所完全抵消。因此，在规模更大的城市，劳动者的确能在收入层面从集聚效应中受益。但是，前文的分析只是考察了城市规模对劳动者收入影响的平均效应。理论上，不同收入水平的劳动者从城市规模的扩张中受益程度可能是非线性的。这可能主要是由于不同收入水平的劳动者在生产中具有不完全替代性，不同收入水平劳动者所从事行业的劳动生产率和知识密集程度不同，或者不同收入水平劳动者在空间分布上具有差异。

第一，不同人力资本水平的劳动力在生产上存在互补性，因此，当城市规模扩大的原因不同时，不同人力资本水平劳动力的获益程度会有差异。理论上，学者们一般使用常替代弹性的生产函数来描述不同技能水平劳动力的生产行为，替代弹性小于 1 的参数取值总体上刻画了不同技能水平劳动者之间的互补性（Acemoglu 和 Autor，2010）。如果城市规模的扩大主要是由高技能劳动力的集中带来的，那么由于互补效应，低技能劳动力的边际产出会得到更大幅度提升，从而提高低技能者的工资水平。而高技能者之间却是相互替代和竞争的，这会削弱他们在地理上集聚所产生的正面效应。相反，如果城市规模的扩大主要是由低技能劳动力的集中带来的，则同样由于高、低技能劳动力之间的互补性，城市规模扩大对高技能者的边际影响将会更大。由于劳动力的收入水平和其人力资本水平高度正相关，因而不同收入水平劳动力从城市规模扩大中的受益程度会存在差异。

第二，不同收入水平劳动者的就职行业往往不同，而不同行业的劳动生产率受经济集聚的影响可能存在差异。城市规模的扩大会带来不可贸易品，尤其是保姆、家政等低技能生活性服务业需求的增加。但是，生活性服务部门的劳动生产率上升相对缓慢(Kravis 和 Lipsey,1988)。在劳动力供给相对充足的情况下,城市居民对生活性服务业更高的需求将更多表现为该部门就业的扩张,而非价格或工资水平的上升。我们在上一章的结果说明,相比于高技能劳动者,城市规模扩张对低技能劳动者就业概率的促进作用更大,其中一个重要原因就是低技能劳动者的就业更多集中于低技能的不可贸易品部门。因此,如果低收入者的就业更多地集中在低技能的不可贸易品部门,那么城市规模的扩大对其收入的促进作用会被抑制。

第三,当存在知识溢出时,由于不同职业对学习和知识创新的依赖程度不同,因而不同职业从城市规模扩张中受益的程度也不同。大量研究已经证实了知识溢出效应的存在。这些研究认为,由于存在社会互动,城市规模的扩张,尤其是高技能劳动者的集中会为劳动者带来更多的学习和创新机会,从而提高劳动生产率(可参考 Audretsch 和 Feldman(2004)及 Moretti(2004a)的研究综述)。Rauch(1993)发现,工资和地租在平均人力资本水平更高的城市更高。类似地,Moretti(2004b)发现,城市的大学毕业生比例每增加1个百分点,会带来企业劳动生产率上升0.6%～0.7%。Moretti(2004c)同样说明了知识溢出效应的存在,他发现,城市的大学毕业生比例每增加1个百分点,工资水平会上升大约0.6%～1.2%。由于高技能行业的劳动者具有相对更强的学习能力,并且高技能行业本身对知识和创新具有相对更强的依赖性,因此其劳动生产率的提高可能受知识溢出的影响更大。

第四,对劳动者实际收入的分析需考虑到不同地区不可贸易品的价格水平,而不同收入水平劳动者在空间分布上存在很大的差异。因此,当具体考察经济集聚对劳动者实际收入水平的影响时,集聚效应对不同人力资本水平劳动者的影响也会不同。Moretti(2013)发现,不同技能水平的劳动者在空间分布上并不均匀,基于美国1980—2000年人口普查数据的分析显示,大学毕业生越来越多地集中于房价水平更高的地区。生活成本的上升解释了1980—2000年大学毕业生和高中毕业生名义工资差异上升的四分之一。而考虑到生活成本以后,实际收入差距显著缩小。例如在2000年,大学毕业生和高中毕业生的工资差距在考虑到生活成本以后,由 60% 缩小到 51%。类似地,Diamond(2016)也发现大学毕业生向高房价水平地区的集中,而企业对不同技能水平劳动力的需求是导致劳动者在不同地区之间迁移的主要原因。因此,考虑到实际生活成本,城市规模的扩张对不同收入和技能水平劳动者福利的影响可能不同。

为考察城市规模对不同收入水平劳动者的影响是否存在差异,我们在这一部分采用分位数回归的方法进行分析,以期更具体地考察经济集聚的本地劳动力市场效应。分位数回归的方法来自 Koenker 和 Bassett(1978)。普通线性回归的方法根据条件概率函数 $E(y|\mathbf{x})$,揭示了一组解释变量对被解释变量的平均效应,但平均效应无法反映样本变量之间的完整关系。和普通的线性回归不同,由于分位数回归的方法将估计被解释变量在不同分位数水平的条件分布函数,因此可以描述整个样本的分布情况(Koenker 和 Hallock,2001)。假设回归的拟合值为 $\hat{y}(\mathbf{x})$,残差项由 $e(\mathbf{x})=y-\hat{y}(\mathbf{x})$ 表示。式(5.9)表示由估计偏误带来的损失:

$$L[e(\mathbf{x})]=L[y-\hat{y}(\mathbf{x})] \tag{5.9}$$

若 $L(e)=e^2$,则最小化损失函数 $L(e)$ 的估计系数即为普通最小二乘估计系数。而对于分位数回归,我们可以刻画 y 在任意分布点的性质。y 在 q 分位点的估计系数 β_q 由最小化下述目标函数得到,目标函数是样本拟合值到其实际值离差的一个加权平均:

$$\min_{\beta_q}\{\sum_{i:\ y_i\geqslant \mathbf{x}'_i\beta}^{N}q|y_i-\mathbf{x}'_i\beta_q|+\sum_{i:\ y_i<\mathbf{x}'_i\beta}^{N}(1-q)|y_i-\mathbf{x}'_i\beta_q|\} \tag{5.10}$$

我们使用 STATA 程序中的 qreg 命令估计分位数回归的结果。我们首先在表 5-6 中报告了城市规模分别对名义收入处于 10 分位数、25 分位数、50 分位数、75 分位数和 90 分位数劳动者收入影响的分位数回归结果。其中 A 部分是普通的分位数回归结果,B 部分是分位数回归的工具变量估计结果。我们采用两阶段的方法对分位数工具变量模型进行估计。在第一阶段,我们将城市规模对工具变量和其他外生变量进行 OLS 回归,由此可计算得到相应的残差,即内生变量中与误差项相关的因素。在第二阶段,我们将第一阶段所得残差加以控制,进入分位数回归,由此可得工具变量分位数回归的结果。为节省空间,我们只报告了城市规模的估计系数和标准误。其他可能影响劳动者收入的个人特征和城市特征的系数和第 5.2 节的结果类似,因此没有在此报告。

我们发现,在 50 分位点上,城市常住人口规模对劳动者收入影响的分位数回归结果和最小二乘回归结果相近。在计量理论上,最小二乘结果的回归系数代表了在变量在均值附近对被解释变量的回归结果。而 50 分位数位置的回归系数和均值附近的边际效应相近说明我们的样本受极端值的影响较小。分位数回归结果显示,城市规模的扩大对所有收入分位点的劳动者的名义收入都起到了显著的促进作用,不同收入水平的劳动者因而从城市规模的扩张中普遍受益。但是,相比于收入较高的劳动者,收入越低的劳动者从城市规模扩张中的受益程度相对越小。收入处于 25~90 分位点的劳动者从城市规模扩张中的受益程度相似。平均来说,城市规模每扩大 1%,会带来这部分劳动者名义年收入 0.177%~0.206% 的上升,以及名义小时收入 0.180%~0.200% 的上升。而对于收入处于 10 分位点的低收入者来说,城市规模每 1% 的上升,仅带来其名义年收入和名义小时收入分别 0.124% 和 0.125% 的上升,显著低于其他收入水平的劳动力。

表 5-6 城市规模对不同收入水平劳动者名义收入的影响:分位数回归结果

被解释变量	(1) 10 分位点	(2) 25 分位点	(3) 50 分位点	(4) 75 分位点	(5) 90 分位点
A. 分位数回归结果					
名义年收入的对数	0.174*** (0.017 4)	0.207*** (0.011 9)	0.225*** (0.009 33)	0.253*** (0.012 6)	0.273*** (0.014 6)
名义小时收入的对数	0.191*** (0.016 4)	0.219*** (0.013 9)	0.235*** (0.010 9)	0.260*** (0.012 7)	0.263*** (0.018 4)

(续表)

被解释变量	(1) 10分位点	(2) 25分位点	(3) 50分位点	(4) 75分位点	(5) 90分位点
B. 工具变量分位数回归结果					
名义年收入的对数	0.124*** (0.025 1)	0.177*** (0.015 2)	0.191*** (0.016 0)	0.206*** (0.017 9)	0.206*** (0.021 2)
名义小时收入的对数	0.125*** (0.022 2)	0.180*** (0.019 4)	0.200*** (0.017 3)	0.199*** (0.020 5)	0.195*** (0.024 2)

注：***、**、*分别表示在1%、5%、10%水平上显著。每一格是一个单独的回归，是在控制可能影响劳动者收入的个人特征和城市特征的情况下，城市规模对相应分位点劳动者收入的影响。括号中报告的是经过地级市层面聚类调整的稳健标准误。

我们在表5-7中报告了城市规模对不同分位点劳动者实际收入的影响。和表5-6类似，我们仍只报告了城市规模的系数和显著性水平。我们发现，无论用省级层面物价指数还是市级层面房价指数作为物价水平的度量，和名义收入相比，城市规模扩大对各分位点劳动者实际收入的促进作用都显著减小了。这主要是因为在人口规模更大的地区，物价水平也相对更高。此外，和以名义收入作为被解释变量的结果类似，10分位点的劳动者从城市规模扩张中的受益程度显著低于其他收入分位数水平的劳动者，但两者之间的差距有所缩小。例如，当使用省级层面物价指数平减劳动者年收入时，经济集聚对最低收入水平劳动者的收入促进效应为0.083 3%，比最高收入水平劳动者0.101%的实际收入上升仅低了0.018个百分点。而在表5-6中，两者名义收入增长率的差异为0.082个百分点。用市级层面房价平减名义收入的结果类似。这和Moretti(2013)以及Diamond(2016)的研究结果相一致。他们发现，由于高技能劳动力越来越多地集中于高物价水平的地区，特别是高房价地区，考虑到实际生活成本的差异，不同技能劳动力之间的实际收入差距小于名义收入差距。

综合前面的分析，我们认为，由于就业主要集中于低收入的生活性服务业，低收入者从城市规模的扩大中获益显著更低。一方面，低收入服务业的劳动生产率上升较慢,因此城市规模扩大对该行业劳动者收入的影响并不明显,尽管此行业的总就业量可能由于大城市更高的消费需求而有所增加。另一方面,低收入服务业的知识密集程度较低,从知识溢出中获益相对较少,因此其收入从城市规模扩张中的受益程度也小于高收入的行业。根据我们的计算,收入处于最低10%的劳动者的就业主要集中于低技能的服务业,占低技能服务业就业的58.59%。而就职于制造业和高技能服务业中的低收入劳动者(即收入处于最低10%的劳动者),分别只占25.36%和16.05%[①]。尽管低技能服务业的就业规模在经济集聚的过程中得以扩张(本书第4章),但由于其相对上升缓慢的劳动生产率和较低的知识密集程度,其劳动者收入的上升幅度也相对较小。

表5-7 城市规模对劳动者实际收入的差异性影响:分位数回归结果

被解释变量	(1) 10分位点	(2) 25分位点	(3) 50分位点	(4) 75分位点	(5) 90分位点
A. 分位数回归结果					
实际年收入的对数(省级层面物价指数平减)	0.093 2*** (0.016 0)	0.123*** (0.012 8)	0.127*** (0.009 78)	0.156*** (0.011 7)	0.165*** (0.015 0)
实际小时收入的对数(省级层面物价指数平减)	0.107*** (0.016 3)	0.125*** (0.011 8)	0.138*** (0.010 9)	0.152*** (0.011 6)	0.155*** (0.017 4)
实际年收入的对数(市级层面房价指数平减)	0.113*** (0.018 2)	0.151*** (0.013 0)	0.165*** (0.009 47)	0.202*** (0.009 38)	0.216*** (0.013 5)

[①] 其中,低技能服务业主要包括交通运输、仓储和邮政业,批发和零售业,餐饮业,租赁和商务服务业,以及居民服务和其他服务业。而高技能服务业主要包括数据信息传输、计算机服务和软件业,金融业,房地产业,科学研究、技术服务和地质勘查业,水利、环境和公共设施管理业,教育和文化、体育和娱乐业,卫生、社会保障和社会福利业,以及国家机关、党政机关和社会团体。

(续表)

被解释变量	(1) 10分位点	(2) 25分位点	(3) 50分位点	(4) 75分位点	(5) 90分位点
实际小时收入的对数（市级层面房价指数平减）	0.136*** (0.015 0)	0.169*** (0.012 2)	0.176*** (0.011 3)	0.203*** (0.013 0)	0.217*** (0.016 7)
B. 工具变量分位数回归结果					
实际年收入的对数（省级层面物价指数平减）	0.083 3*** (0.020 4)	0.085 5*** (0.019 2)	0.087 1*** (0.014 2)	0.092 3*** (0.017 3)	0.101*** (0.019 0)
实际小时收入的对数（省级层面物价指数平减）	0.024 7 (0.021 7)	0.081 2*** (0.018 2)	0.094 9*** (0.017 7)	0.072 7*** (0.018 9)	0.077 2*** (0.024 3)
实际年收入的对数（市级层面房价指数平减）	0.129*** (0.019 3)	0.142*** (0.020 6)	0.139*** (0.016 3)	0.166*** (0.018 4)	0.163*** (0.023 2)
实际小时收入的对数（市级层面房价指数平减）	0.083 9*** (0.022 7)	0.148*** (0.017 2)	0.147*** (0.017 0)	0.152*** (0.022 9)	0.137*** (0.027 7)

注：同表5-5。

5.4 本章总结

本章使用中国家庭收入调查数据（CHIP2002和CHIP2007），考察了城市规模对劳动者收入的影响。使用城市在计划经济时期人口增长作为当前人口规模的工具变量，本章使用工具变量的方法对模型进行估计。回归结果显示，城市规模的扩大有利于劳动者收入水平的上升，从而为经济集聚效应的存在提供了来自中国的微观证据。平均来说，城市规模每上升1%，会带来劳动者名义年收入0.190%的上升和名义小时收入0.189%的上升。本章还发现，城市规模对劳动者收入的促进作用不会因为大城市相对更高的物价水平而被完全抵消。即使考虑到物价因素，城市规模的扩大仍然对劳动者的实际收入产生了显著的促进作用。在使用不同物价水平度量的情况下，城市规模每1%的扩大对劳动者实际年收入和实际小时收入的促进作用分别是0.084%~0.143%和0.082%~0.142%。这说明，由于存在多方面的因素阻碍劳动力在中国不同城市间的完全自由流动，特别是户籍制度对大城市人口流入的限制，劳动力还能通过向大城市移民获得正的收益。因此，中国的城市之间尚未达到空间一般均衡的状态。

此外，对不同收入水平劳动者的分位数回归结果显示，城市规模对个人收入的促进作用并不是线性的。尽管所有收入水平的劳动者均从城市规模的扩大中普遍受益，但是，相比于收入处于中、高水平的劳动者来说，收入最低的劳动者受益程度相对较小。这主要是由低收入劳动者集中于低技能服务业行业导致的。低技能服务业技术进步相对缓慢，并且从知识溢出效应中的获益程度也相对较小，因此，就业集中于低技能服务业的低收入者从集聚效应中获益程度相对最小。但是，考虑到不同地区间物价水平的差异以及高技能水平劳动者更多集中于高生活成本地区，城市规模对实际收入的促进作用在不同技能水平劳动力之间的差距小于名义收入。

结合第4章有关城市规模对不同技能水平劳动者就业概率影响的分析结果，我们从就业和收入的角度为放松大城市的规模管制、促进人口的进一步集聚提供了实证依据。我们发现，在当前中国，经济集聚不仅能带来劳动力就业概率的上升，而且能通过集聚效应促进劳动生产率的提高和劳动力收入水平的增加。此外，我们还发现，不同技能、收入水平的劳动者从城市规模的扩张中普遍受益了。尽管本章的实证结果说明经济集聚对收入水平处于10分位点以下低收入者的收入促进效应相对最小，而低收入者往往也是低技能水平的劳动者，但是从就业层面分析，最低技能水平劳动者的受益程度反而最高。也就是说，对于低技能劳动力来说，大城市为其带来的好处主要集中于就业方面，而收入的受益相对较小。由于低技能水平劳动者的就业集中于生活性服务业,随着城市规模的扩张,城市对生活性服务业的需求也会增加,伴随着行业就业的扩张,低技能劳动者就业率迅速提高。但是,相对来说,生活性服务业生产率上升较慢,从知识溢出中获益也相对较少,因此其收入上升幅度反而是最慢的。而对于高技能水平的劳动者来说,城市规模扩大对其福利的提升效应更多来自收入水平的上升。

在当前中国,关于走什么样的城市化道路,优先发展大中型城市还是小城镇,学界和政策界均仍然存在争论。城市的最优规模应由集聚效应和挤出效应权衡共同决定。但是在实践中,城市的经济集聚效应未得到充分的理解,而对挤出效应的过度关注也使得政策制定者常常忽略经济集聚效应所带来的好处,从而通过户籍政策等措施限制城市规模的扩张。我国的户籍政策不仅严格限制大城市的人口扩张,并且大城市的落户政策主要倾向于吸引高技能、高收入的外来人口,而低技能劳动力流入被限制。结果是,中国城市人口的集中程度不仅低于中国工业的集中程度,也低于其他处于同等发展水平的国家,造成了巨大的效率损失。

从政策上来看,通过放松管制,促进劳动力的进一步集聚能形成多赢的局面,使得劳动者从经济增长和集聚的过程中最大程度地受益。由于在现阶段的中国,经济集聚的过程不仅会带来劳动生产率和人均收入的提高(Au 和 Henderson,2006;Henderson,2007),能够以大城市为依托带动中小城镇发展(许政、陈钊、陆铭,2010),而且能使更多的劳动力实现就业,从而将更多的劳动力包容进经济增长的过程,分享城市化和经济增长带来的好处,因此放松城市的规模管制是中国当前实现包容性就业的必要条件,应在城市发展规划中予以重视。若盲目采取限制城市人口规模的措施,特别是针对低技能者的限制,将会导致效率和公平兼失的局面。我们认为,未来的城市化和城市发展政策应基于让市场充分发挥资源配置作用的原则,围绕以下三个方面加以改进。

第一,深化户籍制度改革,逐步放松大城市的落户限制,减少劳动力流动障碍。目前,大城市为优化人口结构,其落户政策主要倾向于吸引高技能、高收入的外来人口,而低技能劳动力流入被限制。例如,上海的落户打分政策和深圳的落户积分制,均体现了大城市对高技能劳动力的倾斜。户籍制度改革的突破口在大城市。限制低技能劳动力的流入不仅不利于公平的实现,也将限制大城市生活性服务业的供给能力,进而降低高技能劳动力的生产率和城市的总体竞争力。政策应在总体逐步放开大城市户籍限制的思路指导下,优化落户标准,避免以往仅重视高技能劳动力的认识误区。在具体操作上,劳动力的落户条件应以稳定的就业、社会保障缴纳和城市居住时间为基础,而不应局限于其教育或职业技术水平。

第二,缩小不同地区间公共服务差距,加快推进流动人口的市民化。户籍身份差异的根本在于与之关联的公共产品和服务的差别,因此户籍制度改革更重要的方面应在于缩小城乡间、不同规模城市间的公共服务差距。大城市相对更为完善的公共服务是当前部分劳动力流动的原因。地区间公共服务差距的缩小有助于引导劳动力以就业和职业发展而非公共服务为目的进行流动,这不仅符合效率原则,也有利于减轻特大城市的人口流入和公共财政压力。公共服务均等化的改革需要土地、财税和地方政府激励机制的改革相配合。

第三,加强城市群建设,促进大城市和中小城镇协同发展。城市群的竞争力以合理的城市层级结构为基础,在当前,城市体系优化应避免以下两个误区:第一,将不同规模城市协调发展等同于同步发展;第二,将大城市优先发展等同于否认中小城镇的发展。事实上,大城市和中小城镇的发展并不互相排斥,中小城镇的发展应以大城市为基础,分享其辐射功能所带来的好处。未来应通过城市群协调发展,形成合理的城市层级结构,促进不同层级城市间的产业和功能互补,在强化大城市的集聚优势的同时,也可避免特大城市的人口过载。

第6章

中国的制造业产业集群：数据、方法与空间分布特征

本书第4和第5章主要从微观个体层面的劳动力市场表现,分析了经济集聚特别是城市规模扩张的影响,集聚带来的生产率提高和劳动力需求上升是个人劳动力市场表现改善的主要原因。从根源分析,集聚地区产业发展的繁荣和产业竞争力的提升,应是吸引和留住劳动力、改善劳动力市场运行的基础。因此,无论从劳动力市场层面,抑或是宏观经济增长和转型的角度考量,我们均应关注集聚的产业发展效应。那么,经济集聚对产业发展会产生怎样的影响,特别是,集聚对产业数量型的扩张和发展质量提高的影响是否存在差异,集聚怎样导致经济体在不同产业间的转移,这是本书第6至第8章分析的重点。其中,第6章和第7章将以制造业产业发展为主要分析对象,第8章将重点关注经济集聚在服务业产业就业扩张中的作用。

我们首先关注制造业产业集群化的发展及其影响。集群式的发展模式是世界各国城市发展和工业化过程的主要特征,世界上很多地区的经济发展和产业升级往往伴随着产业集群的发展(Bianchi,1998;Sonobe 和 Otuska,2006;Ali 等,2014)。Porter(1990)认为,产业集群的发展是一国产业竞争优势的主要来源,而产业的竞争优势是国家获取竞争优势的关键。在中国,集群式的生产模式适应了工业化初期的资源禀赋结构和制度特点,有利于降低投资门槛和交易成本,鼓励分工,产业集群因此成为制造业产业发展的主要立足点(张晓波和阮建青,2011)。但是,随着工业化的完成和劳动力成本的不断上升,产业集群的初始发展优势也可能被削弱,而集群发展所带来的产业价值链的低端锁定可能会限制产业发展。此外,在现实政策中,地方政府也面临如何基于本地比较优势、促进关联产业发展和产业间互补效应发挥的问题。

在定义上,产业集群主要是指相关产业、部门因为知识、技术、投入产出、需求等方面联系而产生的地理上的集中(Delgado 等,2014;2016)。城市的产业往往可根据产业间联系的紧密程度被划分为多个集群,集群的强弱和集群内、集群间的产业关联均会影响到城市的产业发展和劳动力市场表现。正如我们在文献综述部分所述,既有关于经济集聚效应的实证文献主要从本地化或城市化效应的角度提供证据。其中,本地化效应是指单一产业在地区相对集中通过专业化机制带来的外部性,城市化效应主要指地区总体经济规模扩张所带来的产业多样化优势。我们在第 4 章和第 5 章的研究主要基于城市化效应的视角提供了证据。但是,从本地化效应或城市化效应的两分角度对集聚效应进行分析存在过于简化的问题。生产中的外部性既不可能局限于单一产业内部,也不可能来自城市中的所有产业,集聚效应的发挥主要来自关联产业间多种形式的溢出效应。因此,我们在前两章的基础上更进一步,从产业关联角度出发以产业集群为主要研究对象来估计集聚效应,以为相关文献提供补充。

在本章中,我们将首先利用中华人民共和国 2004 年第一次经济普查数据和 2002 年投入-产出数据,基于 Delgado 等(2016)提供的产业集群划分方法,对四位码层面的制造业产业进行集群划分。由于不同的算法将得到不同的产业集群划分结果,我们将基于统计指标评估多种集群划分结果的优劣,以筛选出最优的产业集群划分模式。以此为基础,本章进一步描述了中国不同地区制造业产业集群的发展特征,发现强集群、上游产业集群主要集中于西部地区,而东部地区产业集群具有多样性的特点。

6.1 产业间关联、集聚效应和产业集群

在开始本章的分析前,我们有必要进一步明晰产业集群的概念,及其和产业间关联、集聚效应之间的区别和联系。Porter 有关产业集群的定义强

第6章 中国的制造业产业集群：数据、方法与空间分布特征

调了产业、机构在一定地理范围内的集中，强调一定地理范围内产业集群的主要参与者通过投入—产出联系、共享技术和知识、共享消费市场等方式产生的联系和所获得的收益。而集聚效应在文献中是一个相当宽泛的概念，它包括任何由本地经济规模增加而带来的企业或者劳动力收入的增长和劳动生产率的提高（Combes 和 Gobillon，2015）。因此，产业间因为存在多种形式的关联形成产业集群，集聚效应是产业集群可能促进产业发展的作用机制。

既有研究主要通过案例的方式分析了特定地区、特定产业集群的特征。如 Saxenian（1994）详细比较了美国硅谷和波士顿地区以计算机、软件为中心的集群发展模式，认为地区的制度、文化、产业结构和企业组织优势是硅谷成功的主要原因。Kerr 和 Kominers（2015）基于企业选址模型，使用硅谷内企业间劳动力和技术流动的结构，分析了集聚力对硅谷产业集群规模和形状的影响。有关中国的产业集群，阮建青等（2014）基于产业升级路径理论，构建了产业集群转型升级的三阶段模型。他们认为，产业集群的成功发展需要经历数量扩张期、质量提升期、研发与品牌创新期三个阶段，质量危机以及地区比较优势的变化是产业集群发展三阶段推进的主要原因。基于对濮院羊毛衫、温州灯具等产业集群的案例分析，他们的研究确认了具有集群外部性的公共品的提供在集群演化、升级过程中的重要作用。吴结兵和郭斌（2010）则对浙江绍兴纺织业 30 年的发展历程进行了详细研究，并考察了企业适应性行为、网络化与集群发展之间的关系。他们的研究发现，企业适应性行为和网络化对集群发展起到了重要的推动作用，集群发展会存在不同阶段正是适应性行为和网络化互动的结果。Huang 等（2008）则以温州鞋业生产集群为例，说明了产业集群在深化劳动分工和促进农村地区工业化过程中的重要作用。他们认为，由于产业集群能增强企业间的知识溢出，企业家因而能够通过模仿提高自己的技术水平，解决因个人技术、经营能力缺陷等原因阻碍企业发展的问题。但是，案例研究具有产业、地区特殊性，其结论难以推广。要识别产业集群的经济发展效应，我们需要以量化、系统分析的方式，对不同地区、

不同产业的集群模式进行研究。

除案例研究外,一些学者直接使用反映产业间联系的指标,作为产业集群划分的替代。在不同的研究中,学者们分别使用产业的学科背景、专利引用、投入-产出联系、空间分布特征等指标,对美国的制造业和服务业产业进行集群划分。例如 Feldman 和 Audretsch(1999)基于耶鲁研发经理调查数据(Yale Survey of R&D Managers),对不同产业根据其学科背景进行分组,作为产业集群的代理变量。Porter(2003)则基于经济活动的地理分布特征,在将美国所有产业分为可贸易、不可贸易和资源依赖型三大部门以后,进一步根据不同产业空间集中的趋势,将可贸易品部门产业划分为 41 个集群。在中国,目前很少有关于产业集群划分的尝试。既有研究除案例分析外,学者们往往使用产业集聚(agglomeration)指标作为产业集群的替代。唯一的例外是龙小宁等(2015)的研究。在这篇文章中,他们基于 Hausmann 和 Klinger(2006)的方法,构造了不同产业间的产品相近度指标。由于从理论上来说,生产相似产品的企业往往在生产过程中也倾向于使用相近的投入品,因而更可能因为与相同上游厂商和下游客户的联系,产生溢出效应。而这些产品也倾向于具有相似的比较优势,因而更可能被出口。因此,理论上,研究者可以使用两种产品同时被出口的概率来刻画两种产品间的相似度,这和产业集群发挥作用的理论机制相一致。基于产品相似度,龙小宁等(2015)以中国每个县内所有产业的平均产品相似度,作为该县产业集群发展程度的度量,研究了产业集群发展程度对企业融资的影响,认为产业集群可以在经济发展的初期减少由于法律和制度不完善对企业融资所造成的限制,促进企业成长。但是,产业间多种形式的关联是产业集群产生的原因,而非产业集群本身。并且,产品相似度并不是产业集群形成和发展的唯一原因,产业间的投入-产出联系、生产技术的共享等均可能在集群发展过程中产生重要影响。要系统研究产业集群的地方经济发展效应,我们必须首先构造地区间可比的产业集群,并尽可能综合地反映产业间多种形式的联系。

第6章 中国的制造业产业集群：数据、方法与空间分布特征

两两产业间的投入-产出联系、劳动力市场共享、知识溢出等产业间关联已在不同的研究中被刻画。例如 Jaffe 等（1993）使用专利引用的数据刻画了产业间的知识溢出，并通过"反事实"（counterfactual）研究的方式发现，新的专利申请更倾向于引用同一州或同一地区（SMSA level）的既有专利，进而说明了知识溢出效应的本地化特点。Ellison 等（2010）则使用美国 1987 年国家产业职业就业矩阵（1987 National Industrial-Occupation Employment Matrix，NIOEM）数据，基于不同产业就业的职业模式，刻画了不同产业间劳动力市场共享时更高效、更优质的雇主和雇员间匹配的促进作用。另外还有更多研究基于投入-产出表，刻画了两两产业间的投入-产出联系。

除直接分析产业间关系外，也有研究着重于对产业间联系所导致的经济活动空间分布特点进行分析。例如 Ellison 和 Glaeser（1997）基于企业利润最大化模型构造了产业本地化指数和产业协同集聚指数（Coagglomeration Index）。其中，产业协同集聚指数描绘了两两产业在空间分布上的相对集中趋势。路江涌和陶志刚（2006）基于 Ellison 和 Glaeser（1997）的方法，构造了反映中国制造业行业区域聚集和共同聚集趋势的指数，并分析了其 1998—2003 年的发展趋势。他们的研究结果显示，尽管中国制造业行业的区域集聚程度呈现不断上升的趋势，但是，与西方国家相比，中国产业的总体集聚程度还很低，有进一步上升的空间。此外，由于关联行业间的相互影响，产业协同集聚的趋势也在不断加强。但已有的描述产业空间分布特征的指标更多被用于新经济地理学研究中有关产业集聚及其原因的分析，侧重于描述单一产业或者两两产业空间集中的趋势，和产业集群表现为多个产业空间集中的特征不相符合。

由于集群的产生是多种经济地理和新经济地理因素共同作用的结果，良好的产业集群划分方法应能同时将不同类型的产业间关联指标纳入分析。Delgado 等（2014；2016）探索了产业集群划分的方法，以综合反映产业间多种形式的联系。通过将包括投入-产出联系、知识溢出、产品相似度、产业空间分

布特征等多种指标在内的产业间联系综合纳入聚类函数分析(clustering analysis),他们的方法避免了以往研究中产业间关联指标过于单一的缺陷。由于不同聚类函数设定和参数多样性会形成多种产业集群划分结果,他们的方法可利用统计数据,对多种产业集群划分结果进行综合评估,因而可基于客观标准选出最优的产业集群划分方式。这是 Delgado 等人算法的第二大优点。此外,此方法允许研究者对部分因数据和方法限制所导致的产业集群划分的异常结果进行主观调整,所有调整过程均可回溯,因而最大程度上避免了调整过程的主观随意性。

本章将基于 Delgado 等(2014;2016)的方法,对中国四位码层面的制造业产业进行集群划分。我们首先在第 6.2 节介绍了集群划分所使用的数据,并对相关方法进行概述。第 6.3 节详细阐述了集群划分过程中所涉及的多种产业关联度矩阵的构造和聚类函数的选择,并对基于不同参数所得的不同集群划分方法进行综合评估,找出并确定中国制造业产业的最优集群划分方式。基于第 6.3 节所得产业集群划分结果,我们进一步在第 6.4 节对中国不同产业集群的空间分布特征进行描述,并分析了不同地区的集群特点。我们发现,尽管中国地区间产业结构呈现高度同质化倾向,但总体而言,东部地区城市的产业集群强度小于中、西部地区。这主要是因为相比于东部地区,中、西部地区产业集群构成相对更为单一,其就业往往集中于少数几个地区禀赋优势明显的产业。此外,相比于东部地区,中、西部地区产业集群的上游程度更高,就业在资源密集型产业集群的集中趋势明显。最后是本章的总结。

6.2 本章使用的数据和方法

我们使用的数据来自由国家统计局搜集的 2004 年中华人民共和国第一次经济普查数据、2004—2009 年的全部国有及规模以上非国有工业企业

第6章 中国的制造业产业集群：数据、方法与空间分布特征

数据库(简称"工业企业数据库")，以及 2002 年投入-产出数据。其中，经济普查数据的调查单位主要包括中国境内从事工业、建筑业和服务业的 517 万个法人单位、682 万个产业活动单位、3 922 万个个体经营户，调查结果全面反映了中国第二、第三产业发展的具体情况(国家统计局，2005)。工业企业数据每年由地方统计局根据样本企业的季度和年度财务报表搜集汇总，涵盖了采掘业，制造业，电力、燃气及水的生产和供应业这三大产业门类所有国有及规模以上非国有工业企业。其中"规模以上"在 2011 年前是指主营业务收入高于 500 万元的企业，2011 年后该标准改为 2 000 万元以上。尽管样本被限制为规模以上企业，但工业企业数据库是目前可获得的规模最大、年份连续的企业数据库，其样本也基本反映了中国工业部门的发展状况。例如在 2004 年，工业企业数据库所涵盖的所有企业的销售总额为 195 600 亿元；而同年份经济普查的数据显示，当年全国全部工业企业的销售额为 218 442.81 亿元，工业企业数据库样本的销售额为全国水平的 89.5%(聂辉华等，2012)。因此，工业企业数据较好反映了历年中国工业的发展状况。此外，我们还根据需要，使用了《中国 2002 年投入产出表》，以刻画不同产业部门间的投入-产出联系，2002 年投入-产出数据总共涵盖 122 个部门。根据需要，我们在研究中主要关注制造业部门四位码产业的集群划分及其产业发展效应。

既有研究发现，集聚效应来源于投入品共享、劳动力市场群聚和知识溢出等多种机制，它通过降低生产成本和提高劳动生产率等方式吸引经济主体在空间上的集中，进而带来集聚地区更快的增长和就业扩张。以往有关产业间关联的研究或是基于全国或地区层面数据，构造包括投入-产出联系、共同的知识和技术背景、对相似类型或技能劳动力的需求、产业间的专利引用等指标在内的某种特定形式的产业间关联度指标；或是从产业的空间分布特征出发，通过构造不同产业空间分布的集中趋势，说明不同产业间可能存在某种形式的关联，并基于数据分析产业关联的可能原因。尽管以上两类研究所构造的指标具有地区间、产业间可比的优点，但也存在较大局

限。第一，有关产业间关联度的单一指标仅仅刻画了两两产业间的联系，很难扩展到多个产业，因而无法解释多个产业在空间上集中的现象。第二，这些指标仅刻画了产业间联系的某一特定方面，而其他层面的联系均被忽略，因而缺乏综合性。第三，反映全国层面产业间关联的指标忽略了地区间的异质性。不同地区内部的产业间关联和产业发展状况可能存在差异，使得地区的产业联系特征与全国平均水平产生偏离。尽管也有一些研究通过案例的方式具体分析某一地区的产业间联系和产业集群状况，典型的如对美国硅谷的分析，但针对特定地区的定性研究不具有一般性，其研究结论难以推广。本章有关产业集群的划分方法不仅综合了产业间多种形式的联系，而且产生的集群分类方法也具有地区间可比性。此外，我们将对多种形式的产业集群划分结果进行综合评估，从而寻找出针对中国制造业产业集群的最优划分形式。

我们对于产业集群的划分主要基于 Delgado 等（2014；2016），具体如图 6-1 所示分四步展开。首先，我们需要构建多种不同形式的产业关联度矩阵，以反映不同类型的产业间联系。基于数据的可得性，本文将构造地级市四位码制造业产业层面的就业相关系数矩阵、企业数相关系数矩阵、产业协同集聚指数、投入-产出矩阵及其组合等共计 10 种矩阵。其次，我们将使用聚类分析方法对产业进行集群划分。我们需要设定聚类函数所使用的产业关联度矩阵和集群数参数，并选择聚类分析的方法。聚类方法主要包括分层聚类划分法（hierarchical clustering）和分区聚类划分法（partition clustering）两大类。基于不同的参数选择和函数形式，我们将共计得到 500 种不同的集群划分结果。第三步将基于集群和产业的集群内相关系数、集群间相关系数等指标计算各集群划分方式的集群有效得分、产业有效得分和集群划分稳健性得分，并找出得分最高的集群划分结果，作为备选的最优集群划分方式，用于进一步调整。在本研究的最后一步，我们将对最优产业集群进行边际上的调整，调整方式包括基于统计数据的系统性调整和基于主观判断的非系统性调整两种。

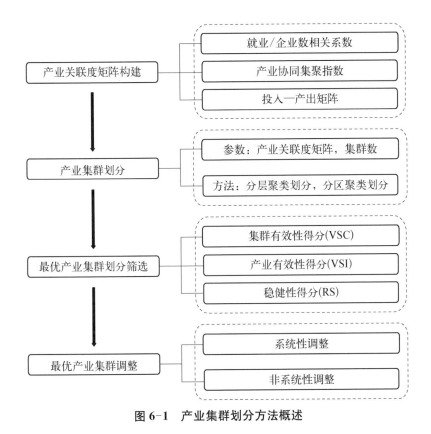

图 6-1 产业集群划分方法概述

6.3 中国制造业产业集群划分的方法

我们首先基于不同指标构造了产业关联度矩阵 M^k,上标 k 代表某种特定形式的产业关联度。矩阵中的每一个元素代表了两个特定产业间的联系,其中第 i 行第 j 列的元素值 $M^k(i,j)$ 表示产业 i 和 j 之间的关联程度。产业关联矩阵主要分为两类,第一类矩阵以产业空间分布特征表现产业间关系的紧密程度,第二类矩阵以产业间的投入-产出关系反映产业间的直接联系。

产业间多种形式的联系将最终表现为关联产业就业或企业的空间集中。

因此,城市间产业就业数或企业数相关性越强的产业,产业间联系往往越紧密,因而更可能归属于同一集群。基于此,我们构造四位码制造业产业的就业数相关系数矩阵 $EmpCorr$ 和企业数相关系数矩阵 $FirmCorr$,分别由两两产业在各地级市就业数或企业数的相关系数组成。在构造相关系数矩阵时,我们首先将企业层面的经济普查数据加总到地级市-产业层面,得到各地级市各产业的就业总数和企业总数。之后,我们根据式(6.1)和式(6.2)计算四位码制造业产业层面的两两相关系数。

$$EmpCorr_{ij}=Correlation(Emp_{ir},Emp_{jr}) \qquad (6.1)$$

$$FirmCorr_{ij}=Correlation(Firm_{ir},Firm_{jr}) \qquad (6.2)$$

其中,下标 i、j 和 r 分别代表产业 i、产业 j 和城市 r,而 Emp 和 $Firm$ 分别表示城市层面的产业就业数和企业数。

此外,我们还构建了文献中常用的产业协同集聚指数矩阵,以刻画两两产业共同集中于某地的趋势。产业协同集聚指数主要以制造业产业就业数或企业数的完全随机分布作为比较基准,刻画了不同产业共同聚集于同一地区趋势的强弱。Ellison 和 Glaeser(1997)认为,地区的自然优势和产业间溢出效应是塑造产业空间分布的主要集聚力。特定地区的自然优势和特定产业间的溢出效应可能导致企业在某个地区的集中,而企业层面的随机因素则成为阻碍企业完全集中到某一地区的反向作用力。他们基于企业选址决策模型推导了不同产业在某一地区协同集聚的指标,如式(6.3)所示:

$$Coagglomeration_{ij}=\sum_{r}(s_{ri}-x_r)(s_{rj}-x_r)/(1-\sum_{r}x_r^2) \qquad (6.3)$$

其中 s_{ri} 和 s_{rj} 分别表示产业 i 和产业 j 的所有就业中城市 r 所拥有的比重,s 取值越大,则产业在该城市的集中程度越高。x_r 为城市 r 所有制造业产业 s_{ir} 的平均,反映了城市的总体制造业规模。若某产业 i 不存在集聚趋势,那么其在各城市间应依据城市的总体就业规模按比例平均分布,即对于任意的 r,$s_{ri}=x_r$;而如果产业有明显的集聚趋势,那么 s_{ri} 在部分城市的取值应远大于 x_r,而在另一些城市则远小于 x_r。类似的理论可用于分析两两产业间的协同集聚的趋势,即式(6.3)的分子部分。若两个产业存在共同集聚于某地的趋势,那么 $(s_{ri}-x_r)$ 和 $(s_{rj}-x_r)$ 平均来说有更大的可能性同时为正或者同时为负。因此,共同集聚指数度量了相比于产业生产活动依据城市就业规模进行完全随机的分布,两个产业生产活动共同集中于某地的趋势。若存在某种形式的马歇尔外部性促使两个产业集中在一起,则协同集聚指数为正;否则,协同集聚指数小于或等于 0。我们同时使用城市产业的就业数和企业数计算了协同集聚指数矩阵,分别记作 $EmpCOI$ 和 $FirmCOI$。

前面两类矩阵主要关注产业间多种形式关联导致其空间分布差异的均衡结果,而没有关注产业间的直接联系。因此,我们还构造了产业间的投入-产出矩阵,以直接度量产业间关系。投入-产出联系是不同产业间关联最为重要的维度,若某一产业更多使用来自另一产业的投入品,或者其产品作为生产要素,更多地进入另一产业的生产,那么这两个产业间的关联程度相对更高。投入-产出联系密切的产业倾向于集中在一起,以降低运输成本,因而更易形成产业集群。Ellison 等(2010)发现,尽管地区自然禀赋、投入-产出联系、劳动力市场共享和知识溢出等因素均会对产业协同集聚产生影响,但投入-产出联系的影响最为关键。因此,我们首先基于 Ellison 等(2010)的方法,根据公式(6.4),构造制造业各投入产出部门之间的联系。投入-产出矩阵 IO 中第 i 行、第 j 列的元素反映了产业 i 和 j 之间的投入关系和产出关系。

$$IO_{ij}=Max\{input_{i\to j},input_{j\to i},output_{i\to j},output_{j\to i}\} \quad (6.4)$$

其中,$input_{i\to j}$ 表示产业 j 的所有投入中来自产业 i 的比例;$output_{i\to j}$ 表示产业 i 的所有产出中进入产业 j 的比例;$input_{j\to i}$ 和 $output_{j\to i}$ 的定义反之。通过寻找两两产业间投入-产出联系的最大值,我们构造了投入产出矩阵 IO。需要注意的是,中国投入-产出数据对产业部门的划分相对较为简单,2002 年的投入-产出数据总共涵盖 122 个部门,其中制造业部门仅有 72 个。而在我们的数据中,最终进入研究的四位码层面的制造业产业总共有 480 个。因此,直接使用投入-产出数据进行集群划分,会导致最终的集群划分结果被产业间的投入-产出联系所主导,使得属于同一投入-产出部门下的细分产业被归为同一集群,而产业间其他维度的关联性被忽略。因此,我们进一步使用投入-产出矩阵 IO、产业就业相关系数矩阵 $EmpCorr$ 和产业企业数相关系数矩阵 $FirmCorr$,根据式(6.5)和式(6.6)构造基于投入-产出联系的产业关联矩阵组合作为后文分析的基础。

$$IO\_EmpCorr_{ij} = \frac{1}{2}IO_{ij} + \frac{1}{2}EmpCorr_{ij} \qquad (6.5)$$

$$IO\_FirmCorr_{ij} = \frac{1}{2}IO_{ij} + \frac{1}{2}FirmCorr_{ij} \qquad (6.6)$$

由此,我们基于不同的数据和构造方法,总共获得了6种不同种类的产业关联度矩阵,矩阵中的每一个元素都代表特定两个产业间某种形式的联系。基于此,在集群划分的第二步,我们使用聚类分析的方法,对相关产业进行初步的集群划分。

聚类分析是一种将样本进行分组的统计方法,样本在进行聚类分组以后,应在组内具有较高水平的相似度,而在组间又需要有足够大的区分度。聚类分析的方法可分为分层聚类和分区聚类两种。分层聚类的算法以所有样本各自单独成组作为起始,在我们的数据中,这主要是指480个四位码制造业产业在分层聚类的初始阶段被划分成480组。在第二步,基于不同的产业关联度矩阵,程序找出关联度最强的两个产业,将其归并为同一聚类,由此总共得到479个聚类。类似地,在第三步,程序又找出最为相关的两个产业(或聚类),也将其归并为同一聚类。如此不断迭代,直到所有480个制造业产业被划分为指定数目的集群为止。在分层聚类的过程中,我们需要设定包括产业集群数、聚类间距离度量和相似度矩阵在内的三类参数。由于我们事先无法得知中国最优的产业集群数,在这一阶段,我们将中国所有制造业产业可能划分成的集群数设定为30~79个,以备后续进一步筛选。

理论上,集群数的设定不宜过高或者过低。集群数过多固然会增加组内

第 6 章 中国的制造业产业集群：数据、方法与空间分布特征

产业的相似度，但组与组之间的区分度也会因此缩小，从而失去了聚类划分的本来意义；而过少的集群数则会将完全不相关的产业划分进入一组。相对来说，30～79 个产业集群数的设定较为适中。Delgado 等(2014;2016)将美国所有可贸易品产业划分为 51 个集群，而 Feser(2005)基于投入-产出数据，将美国所有产业划归为 45 个集群。有关聚类间距离的度量，我们采用聚类分析中最为常用的以最小化集群内方差为目标的 Ward 距离（Ward's linkage）。这主要是因为统计结果显示，基于 Ward 距离的聚类划分法分组效率相对更高，并且分组结果往往优于最小距离（single linkage）、最大距离（complete linkage）或平均距离（average linkage）等方法。此外，在进行分层级聚类分析时，我们还需要设定相似度矩阵，用来度量两两产业间的距离。使用的矩阵如第一步所示，我们依次将产业就业数相关系数矩阵、产业企业数相关系数矩阵、产业就业协同集聚指数矩阵、产业企业数协同集聚指数矩阵、就业-投入产出矩阵组合、企业数-投入产出矩阵组合这 6 个产业关联度矩阵用于聚类分析。由此，基于每一个可能的集群数取值（30～79 个，共 50 种可能取值）、每一种相似度矩阵（共 6 个），对所有 480 个四位码制造业产业通过分层级的聚类划分方法，我们得到共计 300 种不同的产业集群划分结果。

除分层聚类划分法外，分区聚类法也是常用的聚类分析方法。这种方法首先根据预设的聚类数量，将所有产业随机分配进入某一集群。随后，该算法将计算各产业与本集群内其他产业距离的均值，以及该产业与其他集群产业距离的均值。若某一产业与其他集群的平均距离小于本聚类，说明此产业和其他集群有相对更高的关联度，那么我们将这个产业重新分配到与之距离最小的集群。如此不断循环，直至没有产业被重新分配所属集群为止。我们使用的产业距离指标为两两产业间就业数或者企业数的相关系数矩阵。此外，为排除产业总体规模的影响，我们不仅使用了城市产业就业数矩阵和城市产业企业数矩阵用于聚类划分，同时还使用了经过了标准化的就业数和企业数矩阵。标准化的就业数（或企业数）矩阵通过由城市产业就业数（或企业数）减去该产业在全国各地级市的平均就业数（或平均企业数），再除以产业

城市就业数(或企业数)的标准差得到。我们在此部分仍将可能的集群数设定为 30~79 个,由此共计得到 200 种不同的集群划分结果。

经过不同的参数、聚类函数和产业关联度矩阵的选择,在集群划分的第二步,我们共计获得 500 种不同的集群划分方法,其中 300 种集群划分通过分层聚类划分法得到,200 种通过分区聚类划分法得到。我们将每一种集群划分结果记作 C_S,下标 $S \in \{1, 2, \cdots, 500\}$ 表示某种特定形式的产业集群划分结果。

在集群划分的第三步,我们对所有 500 种产业集群划分方式进行评估,以找出相对更优的产业集群划分结果。客观评分标准的缺失和产业关联度矩阵选取的随意性也是以往构造地区间可比产业集群研究的主要不足。根据聚类分析的基本原理,良好的集群划分结果应同时满足集群内产业关联性强、集群间产业区分度大这两个条件。此外,最优的集群划分方式应相对稳健,即最优集群划分结果不应对参数过于敏感,从而和其他性质良好的集群划分结果区别过大。因此,在第三步,我们构造了集群有效得分(VSC)、产业有效性得分(VSI)和度量集群稳健度得分(RS)三组指标,用于挑选性质良好的产业集群划分结果。

我们基于产业的集群内关联度(within cluster relatedness)和集群间关联度(between cluster relatedness),构造某种集群划分方式的集群有效得分 VSC。正如我们在前文中所指出的,良好的集群划分方式应具有相对更高的集群内关联度、更低的集群间关联度,因此平均来说,集群的 WCR_c 得分应高于 BCR_c。对于任意集群 $c \in C_S$,我们将其集群内产业关联度(WCR_c)定义为集群中所有产业,两两产业间关联程度的平均值。因此,WCR 指标度量了集群内各产业间的相似程度。集群 c 和同一划分结果下另一集群 $c' \in C_S$ 的集群间关联度($BCR_{cc'}$)将分两步计算得到。第一,对任意产业 $i \in c$,其与集群 c' 的关联程度,通过计算产业 i 与 c' 中所有产业的平均产业关联度得到。第二,对 c 中所有产业,将其与 c' 的关联程度取平均,即可得到 c 与 c' 之间的集群间关联度。BCR 指标反映了不同集群之间的产业相似程度。根据构造,不同的产

第6章 中国的制造业产业集群：数据、方法与空间分布特征

业关联矩阵将得到不同的 WCR_c 和 $BCR_{cc'}$ 值。我们把计算 WCR_c 和 $BCR_{cc'}$ 所使用的特定产业关联矩阵称为评估矩阵 V_k。式(6.7)和式(6.8)构造了基于特定评估矩阵 V_k，反映某种集群划分方式 C_S 的相对集群内关联程度的指标。

$$VSC\_AVG_{C_S}^{V_k} = \frac{100}{N_{C_S}} \sum_{c \in C_S} I[WCR_c(V_k) - AvgBCR_c(V_k)] \quad (6.7)$$

$$VSC\_P95_{C_S}^{V_k} = \frac{100}{N_{C_S}} \sum_{c \in C_S} I[WCR_c(V_k) - P95BCR_c(V_k)] \quad (6.8)$$

其中，N_{C_S} 为某种集群划分结果 C_S 所包含的集群数。式(6.7)中，$AvgBCR_c$ 为集群 c 和 $\forall c' \in C_S$ 集群间关联度的平均值。函数 $I[\cdot]$ 是指标函数，若 $WCR_c(V_k) - AvgBCR_c(V_k) > 0$，则指标函数取值为 1；否则取值为 0。因此，式(6.7)度量了在集群划分结果 C_S 下，集群内产业关联度大于平均集群间产业关联度的集群比例。式(6.8)的定义和式(6.7)类似，只是将各集群 WCR_c 的比较基准换成集群 c 和其他所有集群 $BCR_{cc'}$ 的 95 分位点 $P95BCR_c$。由于各集群划分结果 C_S 是基于不同产业关联矩阵进行聚类分析得到，为避免评估偏差，我们将生成 C_S 过程中所使用的特定产业关联矩阵排除在评估矩阵之外，仅使用其他产业关联矩阵作为 C_S 的评估矩阵，计算其集群有效得分。集群有效得分 VSC_{C_S} 最终由式(6.7)和式(6.8)所得指标在所有评估矩阵 V_k 间取平均得到。

除集群有效性得分外，我们还采用类似方法对某种集群划分方式 C 计算其产业有效性得分(VSI)，计算公式如式(6.9)和式(6.10)所示。其中 WCR_{ic} 表示某集群 c 中产业 i 的集群内关联度，它是产业 i 和集群内其他产业关联程度的平均值。此外，我们还计算产业 i 和另一集群 $c' \in C_S$ 所含产业关联程度的平均值，作为产业的集群间关联度，记为 $BCR_{ic'}$。和前文相类似，我们将产业 i 的集群内关联度与它和其他集群的集群间关联程度的平均值或 95 分位数进行对比，以分析某种集群划分方式下，产业是否与其所属集群的关联度相对更为密切。N_i 是所有产业数，我们的样本共计包括 480 个四位码水平的制造业产业。因此，式(6.9)和式(6.10)度量了某种集群划分方式 C 下，集群内关联程度高于集群间关联程度的产业比例，这个比例越高，说明某种集

群方式更符合我们有关良好集群划分模式的定义。此外,我们同样使用多种产业关联矩阵计算产业有效性得分,计算了除生成此集群划分方式的产业关联度矩阵外,其他产业关联度矩阵所得的 $VSC\_AVG_C^{V_k}$ 和 $VSC\_P95_C^{V_k}$ 的平均值,记为 VSI。

$$VSC\_AVG_C^{V_k} = \frac{100}{N_i} \sum_i I[WCR_{ic}(V_k) - AvgBCR_i(V_k)] \quad (6.9)$$

$$VSC\_P95_C^{V_k} = \frac{100}{N_i} \sum_i I[WCR_{ic}(V_k) - P95BCR_i(V_k)] \quad (6.10)$$

在得到所有 500 种集群划分方式的 VSC_C 和 VSI_C 后,我们分别对其排序,分别找出集群有效性得分和产业有效性得分排名前 10%(即前 50 位)的集群划分方式,共计得到 31 种有效集群划分方式,作为后续分析的基础。有效集群划分结果满足前文所述集群内产业相关性强、集群间产业区分度大的要求。

第三,最优的集群划分方式应满足稳健性条件,即最优集群划分不应对参数选择过于敏感,所以不应和其他有效集群划分方式区别过大。基于此,我们计算了所有有效集群划分方式之间的重叠程度,作为集群稳健性得分(RS)的度量。对于某种集群划分方式,不失一般性地我们将其记作 C_1,计算其和另一种集群划分方式 C_2 的重叠程度。对 $\forall c \in C_1$,我们从 C_2 中找到与其重叠产业数最多的集群,记作 $b,b \in C_2$。根据公式(6.11),我们计算集群 c 和 b 的重叠程度:

$$Overlap_{bc} = 100 \times n_{cb}/\sqrt{n_c n_b} \quad (6.11)$$

其中,n_c 为集群 c 所拥有的产业数,n_b 为集群 b 所拥有的产业数,n_{cb} 为集群 c 和集群 b 所共同拥有的产业数,因此 $Overlap_{bc}$ 指标实质上计算了两个集群所共同拥有的产业比例。我们对 C_1 集群划分方式下的所有集群进行类似计算,并取平均值,得到集群划分方式 C_1 和 C_2 的重叠程度指标 $Overlap_{C_1C_2}$。我们将 C_1 和其他所有 30 种有效集群划分方式的重叠程度指标求平均,最终得到某种集群划分方式的稳健性得分,更高的稳健性得分代表某种集群划分方式与其

第6章 中国的制造业产业集群：数据、方法与空间分布特征

他有效集群划分方式更高的相似度，因而相对更为稳定，对参数选择不敏感。

第四，通过计算所有有效集群划分方式的集群有效得分 VSC，产业有效得分 VSI 和集群稳健性得分 RS 的平均值，我们找出所得平均分最高的集群，作为备选的最优集群划分方式。在我们的研究中，最优集群划分方式由基于城市产业企业数相关系数和产业投入-产出综合矩阵作为产业关联度矩阵，使用分层聚类划分法，将所有四位码层面的480个制造业产业划分为46个产业集群得到。

以上最优集群划分结果在理论上具有合理性。一方面，备选的最优集群划分结果综合利用了产业的空间分布特征和投入-产出信息，而非仅仅依赖于单种产业关联度指标，更多信息理应获得更为合理的集群划分结果。另一方面，基于产业企业数而非就业数的空间分布特征作为集群划分依据，可能是因为企业的选址行为和经营者决策会更大程度上受到集群以及由此带来的集聚效应的影响。而就业在空间上的集中虽然也会受到集聚效应的影响，但同时也会受到其他因素例如产业的劳动密集程度等因素的干扰，给定企业的空间分布形式，劳动密集型产业的就业将比其他产业更为集中。

由于统计方法和数据的局限性，部分产业的集群划分可能出现异常结果。因此，在集群划分的最后一步，我们将依据统计数据和产业特征，对上一步所得的备选最优集群划分结果进行边际上的调整，以保证各产业均被归入与之关联程度最高的集群。可见的调整过程保证了最终结果的客观性。产业集群调整分为系统性调整和非系统性调整两步。系统性调整将依据统计数据，对部分异常产业的集群归属进行重新分配。一方面，集群划分理论要求产业的集群内关联度 WCR_i 不应远低于它和其他集群的集群间关联度 BCR_{ic}。我们计算了所有产业的集群内关联度和集群间关联度，并将 WCR_i 和 BCR_{ic} 的75分位点相比较。若某个产业的 WCR_i 小于其集群间关联度的75分位点，说明此行业和本集群其他行业的关联程度相对较低，应对其调整，以找出与之关联程度更大的更优集群。我们利用计算机程序对此类产业所属集群进行重新分配，将异常产业重新划归到 WCR_i 最高的集群。重复此过程，直至没

有任何产业被重新配置为止。另一方面,若一个产业的集群内关联度显著低于本集群内其他产业的集群内关联度,我们也需要对其进行调整,以改进其匹配效率。我们根据产业的 WCR_i 与集群内其他产业 WCR 的分布来确定异常值。若一个产业的 WCR_i 比集群内其他产业 WCR 的均值低 2 个单位标准差以上,它将被重新分配至其他集群,再分配的标准依然是拥有最高 WCR_i 得分的集群。这个过程也将重复进行,直至不再有任何产业被重新分配为止。

非系统性调整主要依据主观判断。在此过程中,我们一一检验全部 480 个产业的分组结果,并在需要的情况下对产业集群的划分结果进行调整。这些产业可能在统计上拥有相对较高的集群内关联度,但经验判断可能使我们认为它们更适合于其他集群,因而需要进行调整。此外,若一个集群中的产业明显属于两个或多个集群,我们将其拆分。而对集群间关联程度高,但分属于不同集群的两个或多个集群,我们将其合并。我们对 70 个产业的所属集群进行了调整,最优集群数由原来的 46 个减少为 44 个。Delgado 等(2016)中的产业调整数为所有 778 个六位码可贸易产业中的 127 个,占比为 16.32%,高于我们 14.58% 的调整比例。此外,我们对 6 个集群进行了拆分,其中有 3 个集群被拆分为 2 个独立的产业集群,另有 3 个集群分别被拆分为 3 部分。由此,最优产业集群数由 44 个增加为 53 个。最后,我们将同类集群进行合并,并最终得到最优产业集群 41 个。

经过以上四个步骤,我们依据中国 2004 年第一次经济普查数据中的制造业企业数据,对所有 480 个四位码制造业产业进行了集群划分。基于地级市层面产业企业数相关系数矩阵和产业投入-产出矩阵所组合而成的产业关联度矩阵,使用分层聚类划分方法,我们最终得到 41 个产业集群。

6.4 中国制造业产业集群的空间分布特征

集群式的产业发展模式是改革开放以来中国成为世界制造业中心的重

要推动力。产业集群的形成和发展原因、变迁规律及其影响,因此受到广泛关注。我们在上一节使用聚类分析的方法,基于产业间多种形式的联系,对中国四位码层面的制造业产业进行了集群划分,所得产业集群具有集群内产业关联性强、集群间区分度大以及集群划分结果稳健的优点。在本部分,我们将基于前文所得产业集群划分结果,描述中国制造业产业集群空间分布的基本特征。

我们在第 3 章对制造业产业的空间分布特征及其变迁从总体上进行了描述。正如我们总结文献和中国经验所得,经济活动的空间分布及其变迁主要由集聚效应和离散效应所共同决定,不同产业由于所受第一自然以及第二自然因素的影响不同,其空间分布存在差异。受集聚效应影响更强的产业趋向于向更具新经济地理优势的东部沿海地区集中,而对离散效应更为敏感的行业存在从集聚地区离开的趋势。此外,产业的空间分布还会受到地区自然禀赋优势和区域性经济发展政策的影响。

和不同地区的制造业产业发展类似,产业集群的空间分布特征也会受到这些因素的影响。为对中国 41 个产业集群的空间分布模式有一个直观的理解,我们在表 6-1 中首先对各产业集群就业数在中国东部、中部、西部和东北部的集中趋势进行了简单的描述。由于对产业集群分布特征的分析涉及不同地区细分制造业产业的就业和企业情况,宏观数据不再适用。在本部分,我们主要基于 2004 年和 2009 年中国工业企业数据库,对微观企业数据在行业和地区层面加总。根据式(6.12),我们构造了各集群在各地区就业的强度指标:

$$Cluster\_Str_{cr} = \frac{Emp_{cr}}{Emp_r} / \frac{Emp_c}{Emp} \tag{6.12}$$

其中,下标 c 和 r 分别代表集群和地区,本文分析一共包括 41 个不同的产业集群,以及东、中、西、东北四大区域。四大区域的划分方式和第 3 章相同。式(6.12)的分子表示某产业集群就业在该地区所有制造业就业中所占的比重,而分母是全国层面产业集群就业的占比。因此，集群的地区就业强度指标反映了相比于全国平均水平，集群 c 在地区 r 的集中程度或发展水平。集群强度大于 1 表示产业集群在当地更高的集中趋势，而小于 1 的取值则表示该产业集群在当地集中程度相对较低。

表 6-1 各产业集群区域就业强度

集群名称	2004 年				2009 年			
	东部	中部	西部	东北	东部	中部	西部	东北
农业投入和农产品加工	0.65	1.67	2.01	1.52	0.60	1.70	2.06	1.83
农林牧渔机械制造	0.86	2.05	0.62	0.72	0.87	1.71	0.83	0.89
渔业投入和水产品加工	1.29	0.15	0.13	1.32	1.17	0.35	0.20	2.01
林产品加工和家具制造	1.02	0.85	0.68	1.63	0.96	1.03	0.89	1.47
水泥和建筑材料制造	0.71	1.69	1.85	1.09	0.66	1.72	1.94	1.30
陶瓷制品制造	0.86	1.58	1.05	1.03	0.81	1.62	1.00	1.45
工艺美术品制造	1.25	0.54	0.46	0.26	1.21	0.78	0.32	0.43
食品制造	0.86	1.50	1.17	1.11	0.78	1.57	1.42	1.25
非酒精类饮料制造	0.90	1.12	1.57	0.83	0.77	1.43	1.79	1.12
烟草	0.40	2.23	3.15	1.00	0.37	2.25	3.34	0.82
棉纺织和纺织品制造	1.20	0.78	0.38	0.45	1.21	0.77	0.33	0.44
毛纺织和化学纤维制造	1.09	0.86	0.60	1.08	1.17	0.45	0.80	0.92
麻纺织和丝绸纺织	0.93	0.96	1.51	0.95	0.86	0.93	2.17	0.79
皮革、羽毛（绒）加工及其制品	1.35	0.30	0.23	0.17	1.30	0.52	0.37	0.09
造纸、纸制品和印刷业	0.98	1.07	1.13	0.78	1.01	1.03	1.13	0.61
日用化学产品制造	1.00	0.97	1.23	0.73	1.08	0.94	0.92	0.49
基础化学原料、农药和专用化学产品	0.70	1.66	1.73	1.42	0.74	1.58	1.65	1.26
医药制造	0.74	1.47	1.70	1.55	0.73	1.41	1.67	1.73

(续表)

集群名称	2004年				2009年			
	东部	中部	西部	东北	东部	中部	西部	东北
合成材料和塑料制品	1.19	0.56	0.55	0.73	1.16	0.64	0.61	0.83
橡胶制品和船舶及浮动装置制造	1.08	0.81	0.57	1.30	1.08	0.80	0.59	1.30
炼焦、冶炼及有色金属加工	0.43	2.40	2.63	1.13	0.49	2.10	2.67	1.06
汽车制造	0.74	1.47	1.38	2.11	0.79	1.36	1.46	1.61
铁路运输设备制造	0.47	1.62	1.84	3.83	0.54	1.64	1.75	3.03
其他交通运输设备制造	0.73	0.59	3.27	0.98	0.76	0.63	3.32	0.76
石油钻采设备制造与石油品加工	0.63	0.87	1.86	3.84	0.64	0.69	2.17	3.68
炼钢、钢加工及锅炉和原动机制造	0.70	1.53	1.45	2.22	0.75	1.34	1.50	2.00
玻璃、搪瓷及金属制品及其生产设备制造	1.11	0.80	0.77	0.68	1.10	0.79	0.77	0.82
矿山、冶金、建筑和非金属加工设备制造	0.85	1.17	1.15	1.90	0.90	1.29	0.98	1.39
金属加工和其他通用机械制造	1.00	0.98	0.82	1.32	1.01	0.91	0.73	1.53
其他专用设备制造	1.05	1.06	0.71	0.78	1.10	0.87	0.64	0.84
通用零部件	1.04	0.85	0.59	1.65	1.05	0.59	0.62	2.02
仪器仪表制造	0.94	0.80	1.53	1.19	1.03	0.92	1.00	0.85
电器机械及器材制造	1.14	0.64	0.67	0.87	1.13	0.77	0.61	0.82
家用器具制造	1.33	0.38	0.24	0.15	1.30	0.53	0.23	0.19
电子元器件和电子设备	1.32	0.19	0.41	0.37	1.33	0.28	0.38	0.27
通信和广播电视设备	1.22	0.35	0.93	0.20	1.23	0.67	0.57	0.13
油墨及涂料制造	1.17	0.69	0.51	0.71	1.11	0.74	0.71	0.97

(续表)

集群名称	2004年				2009年			
	东部	中部	西部	东北	东部	中部	西部	东北
体育娱乐用品制造	1.40	0.22	0.01	0.15	1.38	0.36	0.05	0.14
文化办公用品	1.39	0.14	0.07	0.36	1.39	0.20	0.07	0.37
废料处理	0.92	1.39	0.75	1.37	0.77	0.91	2.91	0.59
其他工业	0.89	0.98	1.68	1.04	0.97	1.27	0.86	0.89

数据结果显示,东部地区在体育娱乐用品,文化办公用品,皮革、羽毛(绒)加工及其制品,家用器具,电子元器件和电子设备,渔业投入和水产品加工,工艺美术品,通信和广播电视设备,棉纺织和纺织品等集群拥有较大的集聚优势,其产业发展强度在2004年均超过了1.2。其中,体育、娱乐用品制造为东部地区发展程度相对最高的产业集群,其集群就业强度在2004年达到1.4,远高于该产业在其他地区的集中程度。总体而言,东部地区各产业集群发展相对较为均衡,不同产业集群发展强度的标准差在2004年和2009年分别为0.263和0.256。相比于东部,其他地区产业集群的发展强度在不同集群间存在显著差异。在中部地区,炼焦、冶炼及有色金属加工,烟草,农林牧渔机械制造等集群表现出高度集中的趋势,其集群就业强度均超过2.0。其中,就业强度最高的炼焦、冶炼及有色金属加工产业集群,其强度指标高达2.4。相比较而言,弱势产业集群在中部地区的就业强度很低,例如强度指标最低的文化办公用品产业集群,其就业强度仅有0.14。

不同产业集群就业强度在中部地区分布的高度不均也表现为其集群强度指标更高的变异。如表6-2所示,2004年和2009年,中国东部地区不同产业集群就业强度的标准差分别为0.263和0.256,低于中部地区0.568和0.505的标准差。而西部地区和东北地区的产业集群发展程度的分布离散程度更高。在2004年,西部地区产业集群强度的标准差高达0.779,并在2009年进一步上升达到 0.859 的水平,说明西部地区制造业生产活动越来越集中于其具有发展优势的少数几个集群。而东北地区产业集群强度标准差在 2004 年和 2009 年分别为 0.805 和 0.745,也远高于东部地区和中部地区的集群集中度。其中,西部地区就业强度最高的产业集群主要包括其他交通运输设备制造,烟草,炼焦、冶炼及有色金属加工,以及农业投入和农产品加工。除交通运输设备制造集群外,这些集群的发展均主要获益于西部地区的自然禀赋优势,因而集中度相对更高。其中,其他交通运输设备制造产业集群在西部地区的就业强度高达 3.27,烟草集群的发展强度也达到了 3.15 的较高水平。而东北地区发展强度最高的产业集群主要包括石油钻采设备制造与石油品加工,铁路运输设备制造,炼钢、钢加工及锅炉和原动机制造,和汽车制造,这些集群的就业强度均高于 2。其中,发展强度最高的石油钻采设备制造与石油品加工的集群就业强度高达 3.84。相比较而言,体育、娱乐用品制造和家用器具制造在东北地区的集群就业强度相对最低。

表 6-2 地区制造业产业集群强度标准差

	2004 年	2009 年
东 部	0.263	0.256
中 部	0.568	0.505
西 部	0.779	0.859
东 北	0.805	0.745

前文关于各产业集群地域分布特征的分析和新经济地理学的理论预期相一致,不同集群由于对集聚效应、离散效应的依赖程度不同,其空间分布模式存在较大差异。为进一步研究中国产业集群的地区分布特征,我们基于地级市层面数据,对中国总体产业集群的分布模式进行描绘。

我们首先构造了各产业集群 2004 年在中国地级城市的就业强度指标。地级市层面集群就业强度的计算和式(6.12)类似,只是下标 r 在本部分的计算表示城市,而不再是区域。在得到所有地级市各产业集群就业强度以后,我们将各集群就业强度在城市层面取平均,由此得到各地级城市的平均产业集群强度。总体来看,和中国总体制造业就业向东部地区集聚的趋势不同,相比于中、西部地区和东北地区,东部地区城市的制造业产业集群强度明显更低。计算结果显示,东部、中部、西部和东北地区的平均产业集群强度分别为 0.997、0.977、1.076 和 1.088,即西部和东北地区拥有更高的制造业产业集群强度。

内陆地区相比于东部沿海地区更高的集群就业强度可能主要是由于当地产业结构相对更为单一。相比较而言,东部沿海地区城市的产业门类更为齐全,产业结构更多样化,因此,制造业就业在不同产业或不同产业集群间的分布相对更为均匀。首先,数据结果分析显示,相比于东部沿海地区,内陆地区的制造业就业更倾向于集中于少数几个最大的产业集群。我们计算了各地区制造业就业中,各地级城市最大产业集群的就业比重,如表 6-3 所示,最大集群就业数占比在东部、中部、西部和东北部地区分别为 21.663%、22.830%、22.918% 和 24.397%。

表 6-3 地区制造业产业集群多样化指标平均

	最大集群就业数占比(%)	HI 指数	强集群数 (90th)	强集群数 (75th)
东部	21.66	0.110	4.414	12.356
中部	22.83	0.129	3.827	9.938
西部	22.92	0.184	3.694	8.412
东北	24.40	0.144	4.118	9.294

以上结果仅展示了各城市最大集群的就业状况。为全面反映各地级市所有产业集群就业分布的多样化程度,我们进一步根据式(6.13)构造了地级市层面集群就业分布的赫芬达尔指数。其中,下标 c 和 r 分别表示城市和集群,Emp_{cr} 表示城市 r 中集群 c 的就业数,而 Emp_r 城市 r 总体制造业就业数。根据构造,更大的 HHI 指数表示更高的产业就业集中度,而较小的 HHI 取值代表了更高的产业多样化程度。

第6章 中国的制造业产业集群:数据、方法与空间分布特征

$$HHI_r = \sum_c \left(\frac{Emp_{cr}}{Emp_r}\right)^2 \tag{6.13}$$

各地级市集群就业的赫芬达尔指数显示,相比于中、西部地区,东部地区城市的赫芬达尔指数相对更低,因为制造业就业在不同集群间的分布相对更为多样化。对各地区所有城市平均赫芬达尔指数的计算结果显示东部地区的平均赫芬达尔指数为0.110,低于中部和东北部地区0.129和0.144的水平。而西部地区城市的平均赫芬达尔指数最高,为0.184,说明西部地区制造业就业的集群结构相对最为单一(表6-3)。

此外,城市所拥有的强集群的数量也在一定程度上反映了城市产业集群的多样化程度。在式(6.12)各地级市产业集群强度的基础上,我们将其分别和相应集群在全国所有地级市分布的90分位点和75分位点比较,若高于90或75分位点,则将该城市相应的集群定为强集群,说明相应集群在该城市拥有相对更高的就业集中度。由此,我们根据式(6.14)和式(6.15)计算得到基于不同比较基准的各地级城市强集群数量。分析结果显示,无论以90分位数还是75分位数作为比较基准,相比于中、西部地区和东北地区,东部城市均拥有相对更多的强集群数量,这也为东部地区城市制造业就业的多样性提供了证据。计算各地区城市平均强集群数量的结果显示,当以90或75分位点作为强集群的划分标准时,东部地区城市的平均强集群数量分别为4.14个和12.36个,均高于内陆地区。相比较而言,西部地区城市的强集群数量最少,平均强集群数量在90或75分位点划分标准下分别为3.69个和8.41个(表6-3)。

$$\# StrCluster\_P90_r = \sum_c I(Cluster\_Str_{cr} > P90Cluster\_Str_c) \tag{6.14}$$

$$\# StrCluster\_P75_r = \sum_c I(Cluster\_Str_{cr} > P75Cluster\_Str_c) \tag{6.15}$$

以上分析结果说明,由于受集聚效应、离散效应和地区自然禀赋优势的影响不同,中国不同产业集群的空间分布模式呈现较大差异。尽管中国总体制造业产业存在向东部地区高度集聚的趋势,但是相比于其他地区,东部地

区产业集群的就业强度相对最小,这主要是因为东部地区拥有相对更完整和更多样化的产业结构。相比于内陆地区城市,东部城市拥有更高的集群就业多样性以及更多的强集群数量。相对而言,内陆地区的制造业产业就业往往集中于少数集群,特别是资源密集型集群,就业结构相对更为单一。

以上分析的一个自然的推论是:处于不同产业链位置的集群,可能由于所受全球化和新经济地理因素的影响程度存在差异,以及对地区资源禀赋的依赖度不同,拥有不同的空间分布模式。考虑到产业链分工在本轮全球化中的重要地位,我们进一步描述我国不同地区产业集群的产业链位置状况。我们首先基于2002年投入-产出数据(国家统计局,2006)和Antràs等(2012a)的模型,构造反映不同产业部门所处产业链位置的上游程度(upstreamness)指数。根据模型关于经济体开放性的不同假设,我们分别在封闭经济和开放经济条件下构造上游程度指数,并对两者所得结果进行比较。

在封闭经济条件下,一个产业的总产出可用于最终消费或作为中间投入品,用于其他产业的生产。因此,产业 $i \in \{1, 2, \cdots, N\}$ 的总产出 Y_i 可表示为式(6.16)的加总形式:

$$Y_i = F_i + Z_i \tag{6.16}$$

其中 F_i 为产业总产出中进入最终消费的部分,Z_i 为用于其他产业的中间投入价值。根据不同部门间的投入-产出关系,我们可将 Z_i 如式(6.17)所示进行拆分:

$$Z_i = \sum_{j=1}^{N} d_{ij} Y_j \tag{6.17}$$

其中,d_{ij} 为 j 产业每单位价值产出所需的 i 产业投入品价值。因此,$d_{ij}Y_j$ 表示产业 i 的总产出中,以中间投入品的形式进入 j 产业生产的产品价值。与此同时,产业 j 的总产出中,也将有一部分以中间投入品的形式进入产业 k 的生产;生产的链条将沿产业链以此类推,不断扩展。将式(6.17)代入式(6.16),并在不同产业间重复迭代,我们可将产业 i 的总产出表示为式(6.18):

第6章 中国的制造业产业集群：数据、方法与空间分布特征

$$Y_i = F_i + \sum_{j=1}^{N} d_{ij} F_j + \sum_{j=1}^{N} \sum_{k=1}^{N} d_{ik} d_{kj} F_j$$
$$+ \sum_{j=1}^{N} \sum_{k=1}^{N} \sum_{l=1}^{N} d_{il} d_{lk} d_{kj} F_j + \cdots \tag{6.18}$$

根据式(6.18)，某一产业的产出可表示为其被处于产业价值链不同位置的其他产业生产所使用的价值的加总。Alfaro 等(2015)认为，某一产业的上游程度可表示为其产出作为中间投入品，进入其他所有产业最终使用的中间链条数的加权平均，具体构造如式(6.19)所示：

$$U_{i1} = 1 \times \frac{F_i}{Y_i} + 2 \times \frac{\sum_{j=1}^{N} d_{ij} F_j}{Y_i} + 3 \times \frac{\sum_{j=1}^{N}\sum_{k=1}^{N} d_{ik} d_{kj} F_j}{Y_i}$$
$$+ 4 \times \frac{\sum_{j=1}^{N}\sum_{k=1}^{N}\sum_{l=1}^{N} d_{il} d_{lk} d_{kj} F_j}{Y_i} + \cdots \tag{6.19}$$

Antràs 等(2012b)证明，若对任意产业 j，$\sum_{i=1}^{N} d_{ij} < 1$，式(6.19)的分子部分等于 $[I-\Delta]^{-2} F$ 向量第 i 行的取值，其中 Δ 为 $N \times N$ 矩阵，其第 i 行第 j 列的元素为 d_{ij}，F 为产业最终使用的列向量，其第 i 行为产业 i 总产出中进入最终消费的部分 F_i。根据构造，更高的上游程度指数 U_{i1} 取值说明产业产出中有更大部分被作为中间投入品进入下游产业的生产，因此处于产业价值链相对上游的位置。

类似地，我们也可以定义开放经济条件下的产业上游程度指数。与封闭经济不同，在开放经济条件下，产业 $i \in \{1, 2, \cdots, N\}$ 的总产出 Y_i 可分为最终使用(F_i)、其他产业的中间投入(Z_i)和净出口($X_i - M_i$)三部分。假设一国的国内生产、出口部门和进口部门拥有相同的投入-产出关系，采用和封闭经济条件下同样的迭代和计算方法，我们可将产业 i 的上游程度表示为如式(6.20)所示，并计算得到开放经济条件下的上游程度指数 U_{i2}：

$$U_{i2} = 1 \times \frac{F_i}{Y_i} + 2 \times \frac{\sum_{j=1}^{N} \delta_{ij} F_j}{Y_i} + 3 \times \frac{\sum_{j=1}^{N}\sum_{k=1}^{N} \delta_{ik} \delta_{kj} F_j}{Y_i}$$

$$+4\times\frac{\sum_{j=1}^{N}\sum_{k=1}^{N}\sum_{l=1}^{N}\delta_{il}\delta_{lk}\delta_{kj}F_j}{Y_i}+\cdots \quad (6.20)$$

其中 $\delta_{ij}=\dfrac{d_{ij}Y_i}{(Y_i-X_i+M_i)}$。

使用2002年投入-产出数据,我们可根据式(6.19)和式(6.20)计算封闭经济和开放经济条件下的中国各制造业产业部门的上游程度指数。将集群内各产业的上游指数取平均,即得到全部41个产业集群的上游程度指数。对不同产业集群上游程度指数的基本分析结果显示,基于封闭经济模型或开放经济模型所得上游程度指标之间具有很强的相关性,相关系数为0.887,两者对不同产业集群所处的产业链位置的刻画相似。由于开放经济模型更符合我们对中国现实经济的描述,特别是中国制造业产业的发展在很大程度上是以出口为导向,在本章和下一章的分析中,我们将主要使用开放经济模型下所得的产业上游程度指标。更高的上游程度指数取值表示处于相对更上游的产业链位置。数据结果显示,炼焦、冶炼及有色金属加工,基础化学原料、农药和专用化学产品,合成材料和塑料制品,油墨及涂料制造,造纸、纸制品和印刷业为中国上游程度最高的5个产业集群。其中,最为上游的炼焦、冶炼及有色金属加工集群的上游程度指数为4.27。而体育娱乐用品制造、食品制造、工艺美术品制造、渔业投入和水产品加工和烟草为中国相对最为下游的产业集群。其中,最接近最终消费市场的体育娱乐用品制造产业集群的上游程度取值为0.76(表6-4)。

表6-4 制造业产业集群上游程度指数

集群名称	封闭经济模型	开放经济模型	集群名称	封闭经济模型	开放经济模型
农业投入和农产品加工	2.36	2.30	汽车制造	2.61	2.45
农林牧渔机械制造	1.77	1.82	铁路运输设备制造	2.68	2.52

(续表)

集群名称	封闭经济模型	开放经济模型	集群名称	封闭经济模型	开放经济模型
渔业投入和水产品加工	1.52	1.72	其他交通运输设备制造	1.85	1.89
林产品加工和家具制造	2.39	2.65	石油钻采设备制造与石油品加工	3.68	3.19
水泥和建筑材料制造	2.77	2.76	炼钢、钢加工及锅炉和原动机制造	3.50	2.93
陶瓷制品制造	2.18	2.52	玻璃、搪瓷及金属制品及其生产设备制造	3.15	2.98
工艺美术品制造	1.35	1.57	矿山、冶金、建筑和非金属加工设备制造	2.39	1.98
食品制造	1.26	1.33	金属加工和其他通用机械制造	3.26	2.93
非酒精类饮料制造	1.68	1.81	其他专用设备制造	2.38	1.98
烟草	1.63	1.72	通用零部件	3.22	3.06
棉纺织和纺织品制造	1.25	2.07	仪器仪表制造	4.97	3.05
毛纺织和化学纤维制造	2.44	3.02	电器机械及器材制造	3.07	3.03
麻纺织和丝绢纺织	1.86	2.51	家用器具制造	1.80	2.07
皮革、羽毛（绒）加工及其制品	0.99	1.72	电子元器件和电子设备	4.53	2.87
造纸、纸制品和印刷业	3.49	3.37	通信和广播电视设备	1.85	1.92
日用化学产品制造	2.28	2.37	油墨及涂料制造	3.53	3.52
基础化学原料、农药和专用化学产品	5.09	4.06	体育娱乐用品制造	0.40	0.76
医药制造	1.96	2.01	文化办公用品	2.51	2.77

(续表)

集群名称	封闭经济模型	开放经济模型	集群名称	封闭经济模型	开放经济模型
合成材料和塑料制品	4.22	3.63	废料处理	2.97	3.32
橡胶制品和船舶及浮动装置制造	2.53	3.13	其他工业	3.01	3.19
炼焦、冶炼及有色金属加工	4.94	4.27			

基于以上所得产业集群上游程度指数,我们可进一步从空间角度探索中国不同地区产业集群的产业链位置特征。各地级市就业比重最高集群的上游程度指数的计算结果显示,相比于东部地区城市,中、西部地区城市就业占比最高的集群往往处于相对更为上游的产业链位置,其中最为典型的是山西省。这也和我们有关中、西部地区制造业生产活动以资源密集程度更高的上游产业的判断相一致。表6-4的第一列计算了各地区地级市就业比重最高集群的平均上游程度,我们可以得到相似的结果。东部地区城市最大集群的平均上游程度为2.327,低于中部、西部和东北部分别2.835、2.911和2.782的平均上游程度取值。若我们进一步挑选出各地级市就业强度或发展程度最高的产业集群,分析其集群上游程度,我们可得到相似的结论。其中,最大集群集群就业强度的计算和式(6.12)相同,表示相比于全国平均水平,集群c在地区r的相对集中程度或发展水平。总体结果显示,相比于东部地区城市,内陆地区其他城市产业集群的上游程度更高(表6-4)。最后,我们以各地区产业就业占当地制造业就业比重为权重,计算了各地级市产业就业的平均上游程度,计算方法如式(6.21)所示:

$$Upstream_r = \sum_{i=1}^{N} \frac{Emp_{ir}}{Emp_r} U_{i2} \qquad (6.21)$$

其中,U_{i2}即开放经济模型下的产业上游程度指数,Emp_{ir}为城市r中产业i的就业数,而 Emp_r 为城市 r 中全部制造业产业就业数。相比于中、西部地区和东北地区,东部地区城市制造业产业就业处于相对更为下游的产业链位置,与最终消费市场的距离最近。东部地区制造业就业的平均上游程度为 2.556,在所有地区中处于最低水平,低于中部地区 2.850 和东北地区 2.819。相对来说,西部地区制造业就业处于相对最为上游的产业链位置,其平均上游指数为 2.854(表 6-5)。

表 6-5 地区制造业产业集群上游程度

	最大集群上游程度	最强集群上游程度	平均上游程度
东部	2.327	2.307	2.556
中部	2.835	2.605	2.850
西部	2.911	2.745	2.854
东北	2.782	2.519	2.819

注:以上所有指标的计算基于开放经济模型下的上游程度指数。

综上所述,有关中国制造业产业集群的空间分布,我们可得到如下三个结论。第一,尽管在新经济地理因素的影响下,中国制造业就业存在向东部沿海地区高度集中的趋势,但是相比于内陆地区,东部地区制造业产业集群的就业强度相对更低。第二,东部地区相对更低的集群就业强度主要是由当地更完整的产业覆盖所致,相比于其他地区,东部沿海地区的产业集群相对更为多样化。第三,相比于东部沿海地区,内陆地区制造业产业处于更为上游的产业链位置,并且以资源密集型产业为主,即内陆地区制造业产业的产出更多以中间品投入的方式进入了下游产业,而非最终消费市场。

6.5 本章总结

本章基于中国 2004 年经济普查中的制造业企业数据,以及 2002 年中华人民共和国投入-产出数据,对四位码层面的制造业产业进行了集群划分。基于480个四位码制造业产业两两产业间的投入-产出联系矩阵、空间分布相关系数矩阵、产业协同集聚指数矩阵等,我们采用聚类分析的方法对产业进行集群分组,并对集群划分结果进行综合评估。我们最终基于市级产业企业数相关系数矩阵和产业投入-产出矩阵,使用分层聚类的划分方法,将中国480个四位码制造业产业划分为41个产业集群。本章所得的最优产业集群具有集群内产业关联度高、集群间产业区分度强、集群划分结果稳健的优点。和既有文献相比较,我们第一次对中国的制造业细分产业进行了集群划分,集群划分方法综合反映了产业间多种形式的联系,而非仅对单一形式的产业间联系进行分析。此外,基于本章方法所形成的集群指标具有地区间可比的优点,为后续研究奠定了基础。

此外,本章对中国制造业产业集群的空间分布特征进行了描述,重点分析了不同类型制造业产业集群在中国东部、中部、西部和东北地区的分布特征。和第3章结果相一致,本章的结果仍印证了经济地理、新经济地理和经济政策在制造业产业集群分布中的作用。数据结果显示,尽管制造业产业在东部地区高度集中,但从地区产业集群的结构看,东部地区的产业集群强度反而低于其他地区。这主要是因为东部地区的产业覆盖相对更为齐全,而中、西部地区和东北地区的制造业生产活动往往集中于少数几个产业集群。我们分别以地区最大集群就业数占比、地区产业集群就业赫芬达尔指数、地区强集群数等指标作为地区制造业产业集群多样化程度的度量,结果均显示东部地区产业集群的多样化程度更高。此外,相比于东部沿海地区,中国内陆地区制造业产业就业处于相对更为上游的产业链位置,以资源密集型产业为主。内陆地区制造业产业的产出更多以中间品投入的方式进入了下游产业,而非最终消费。

第7章

经济集聚与城市产业集群效应

第 6 章基于四位码层面的制造业产业数据,利用聚类分析和综合评估的方法,对中国的制造业产业进行了集群划分,并描述了中国不同区域的产业集群发展趋势。那么,产业集群将怎样影响地区产业的发展呢?集群式的产业发展模式已在世界各国城市发展和工业化过程中证明了其作用,Porter(1990)更是将产业集群的发展视为一国产业竞争优势的主要来源。和工业化初期的资源禀赋结构和制度特点相适应,中国制造业产业的发展也广泛采取集群式的发展模式。但是,随着工业化的完成和劳动力成本的不断上升,产业集群的初始发展优势也可能被削弱,而集群竞争所带来的产品质量下降和产业价值链的低端锁定可能会限制产业发展,需要通过产业升级来突破。此外,在现实政策中,地方政府也面临如何基于本地比较优势、促进关联产业发展和产业间互补效应发挥的问题。对产业集群及其经济发展效应的理解不仅可以为政府区域和产业发展政策的制定提供参考,也是企业商务决策的重要依据。

自 Porter 在 1990 年首次提出产业集群的概念后,集群产业发展中的作用为经济学家所广泛关注。但是,由于数据和方法的限制,有关产业集群的系统研究还很少,相关研究集中于案例分析,研究结论具有地区或产业的特殊性。而集群发展究竟会对产业发展产生什么样的影响,在理论上并不确定。一方面,集群发展可能通过集聚效应促进集群内产业劳动生产率的提高,进而带来产业的发展。另一方面,同一集群内部的不同产业间也可能存在竞争效应,因而集群发展反而可能通过推高土地、劳动力等要素价格而抑制产业发展。此外,产业集群发展所带来的路径依赖也可能导致产业价值链的低端锁定,反而不利于产业发展和就业增长(Grabher,1993;陈佳贵和王钦,2005)。阮建青等(2014)有关产业集群转型升级的三阶段模型显示,集群发展在经历早期的数量扩张期以后,企业间竞争的加剧和成本的上升可能会带来产品质量的下降,导致质量危机。质量危机和地区比较优势的变化虽然可能使集群走向衰落,但在良好的公共政策的配合下,反而可能促进集群突破发展,进入研发与品牌创新期的第三阶段,从传统的制造环节转移到微笑曲线两端。在本章中,我们将基于第 6 章所得产业集群划分结果,从数量和质量效应两方面综合评估集群在现阶段对本地产业发展的影响。

7.1 为什么我们需要关注制造业产业集群效应?

本章重点关注制造业产业集群效应。无论从经济增长还是就业的角度考量,制造业部门的作用均不容忽视。尽管也有观点认为中国国际竞争力的提升、内需的扩张等将在很大程度上依赖高端生产性服务业的发展,但脱离了制造业的服务业发展将成为无本之木。过早的去工业化和向高端服务业的转型升级不仅不利于经济增长率的提高,也将损害经济体的就业创造能力。

作为可贸易品部门最重要的组成部分,制造业产业是中国吸收就业、创造外贸盈余最主要的部门,制造业产业竞争力是中国全球竞争力的核心。根据国家统计局的数据,截至 2016 年底,中国共有规模以上工业企业单位数 378 599 个,其中制造业企业 355 518 个,占比 93.90%。制造业企业创造利润总额 65 281 亿元,占全部规模以上工业企业利润总额的 90.77%。可以说,制造业是我国工业发展和利润创造的主要来源,制造业发展程度将在很大程度上决定工业的发展程度。

从就业的角度看,制造业也是城市部门吸收和创造就业的核心力量,特别是中、低技能水平劳动力就业机会的创造。有关跨国经济增长的研究发现,发展更快的国家往往拥有相对更大的制造业部门(Rodrik,2006)。而由于制造业部门吸收了大量中等技能劳动力的就业,制造业部门的收缩不仅可能导致其就业机会的丧失,也会导致中等技能劳动力挤压低技能劳动力的就业空间,扩大带来收入差距。在中国,作为可贸易品部门最重要的组成部分,制造业部门是吸收和创造就业的关键。截至2016年底,我国制造业城镇单位就业人员共计4 893.8万人,占全部工业企业城镇单位就业人员的60.35%、全部城镇单位就业人员数的27.36%。我们在第4章基于中国家庭收入调查2002年和2007年城市调查数据的计算结果显示,中、低技能水平劳动力的就业主要集中于制造业和低技能的生活性服务业,金融、医疗、软件等高端服务业以及其他高度依赖技术水平和创新的行业为低技能劳动者所能提供的就业机会极为有限。此外,低技能服务业劳动者的收入水平相对更低。收入处于最低10%的劳动者的就业主要集中于低技能的服务业,占低技能服务业就业的58.59%。就职于制造业和高技能服务业中的低收入劳动者(即收入处于最低10%的劳动者),分别只占25.36%和16.05%。因此,生活性服务业部门的工资水平相对最低,制造业部门的萎缩不仅将导致低技能者丧失就业机会,也可能带来收入差距的扩大。即使从服务业发展的角度分析,服务业就业创造也在很大程度上依赖于制造业的发展水平。一方面,制造业就业扩张会带来地区总体收入水平上升,而根据克拉克定律,总收入的增加会带来服务业部门需求的扩张,促进其均衡工资和就业水平的上升(Clark,1957;Moretti,2010,2011)。另一方面,制造业的发展还将直接增加城市对本地生产性服务业的需求。本书第8章的研究将说明,在中国,城市制造业就业扩张将对服务业就业产生乘数效应。平均来说,城市制造业就业每增加1%,会带来服务业就业0.397%的上升,其中生活性服务业的受益程度最大。

此外,在长期经济增长层面,制造业部门的发展对一国创新能力和劳动生产率的提升至关重要。这主要是因为一国商业部门的研究和开发(R&D)投资主要来自制造业,而R&D投资对劳动生产率和国家创新能力的促进作用在文献中已被广泛证实。Veugelers(2013)发现,在欧洲,尽管制造业就业和增加值在总体经济中的占比大约只有14%~15%,但大约三分之二的商业R&D投资来自制造业部门。Rodrik(2016)有关美国制造业部门的研究也有类似发现。

鉴于制造业在经济发展和就业创造中的重要作用,以促进制造业发展为目标的产业政策和地方性发展政策,已成为无论是发达国家还是发展中国家的普遍选择。特别是在中国,地方政府常常通过施行各种优惠性政策,例如税收政策和土地政策,来对本地经济进行干预。但是,地方性经济发展政策(place-based policies)是否有效,在理论和实证上还没有定论,需要我们提供更多的证据。此外,在现实操作中,地方政府常常面临不同的政策选择。例如一个常见的争论是,地方政府在发展过程中应该优先发展高技术、高附加值的产业,还是应基于本地的产业结构和比较优势,促进相关产业的发展和产业间互补效应的发挥。相比于各地"一刀切"式地引进和发展高技术产业,以产业集群为基础的产业发展模式,促进与本地具有更强关联性的产业发展的政策是否对地方经济具有更强的带动作用,需要实证检验,这正是本章关注的重点。

理论上,产业集群能通过多种机制影响地区产业发展。产业集群能促进经济集聚效应发挥,提高地区劳动生产率。生产率水平提高作为地区需求端的冲击,将吸引其他地区厂商的进入,并鼓励现有厂商扩大生产规模,进而推动产业发展和就业扩张。此外,集聚效应也将通过降低产业的进入门槛、鼓励企业家精神等方式,促进新企业产生,并创造出更多的就业机会。但是,特定产业生产规模的扩张可能带来劳动力边际报酬的下降,即地区间的收敛效应,而对劳动者就业和收入产生不利影响(Barro 和 Sala-i-Martin,1991)。例如 Desmet 和 Rossi-Hansberg(2014)发现的 1970—2000 年美国县级初始制造业就业数量和未来制造业就业增长之间的负相关关系即是收敛效应存在的一个体现。另外,集群发展以及由此带来的产业间的竞争也可能通过推高土地、劳动力等要素价格而对产业发展形成挤出。集群发展所带来的路径依赖也可能导致产业价值链的低端锁定,反而不利于就业扩张。

除现实和政策重要性外,科学评估制造业产业集群的影响还将为新经济地理学的文献提供补充。有关集聚效应的实证估计,既有文献主要从本地化效应或城市化效应的角度提供证据。其中,本地化效应主要来自单一产业在地区的相对集中,其对劳动生产率的促进作用主要来自专业化的好处;而城市化效应主要指地区总体经济规模扩张所带来的产业多样化优势。但是,从本地化效应或城市化效应的两分角度对集聚效应进行分析存在过于简化的问题。事实上,不存在任何仅仅由单一产业组成的城市,也不存在一个城市拥有所有产业。集聚效应能发挥作用,关键在于关联产业间的溢出效应。关联产业间或具有较强的投入-产出联系,或分享共同的劳动力、原材料或消费市场,也可能采用相近的生产技术,生产相似的产品(如 Feser 和 Bergman, 2000;Glaeser 和 Kerr,2009;Ellison 等,2010;等)。例如 Ellison 等(2010)同时分析了地区自然禀赋、投入-产出联系、劳动力市场共享和知识溢出四方面因素对不同产业协同集聚的影响。实证结果显示,尽管所有因素均导致了产业协同集聚,但产业间投入-产出联系的影响相对最大。而对于其他关联度较小的产业,其在城市的集中不但无法提升其他产业的劳动生产率,还可能通过推高劳动力、土地等要素价格而挤出其他产业。由于关联产业的集中是集聚效应的主要来源,因此我们有必要在本地化效应和城市化效应之间找出关联产业溢出这一中间状态,对关联产业和其他产业作出区分,产业集群即由多个关联产业所组成。本章的研究将以城市内部不同产业的集群划分结果为基础,对不同类型的产业间关联做出区分,从而在本地化效应和城市化效应之间找到中间的过渡状态,将对集聚效应的分析引向深入。

本章的第二节将构建城市-产业层面的就业增长模型,从就业增长层面实证估计产业集群效应。第三节是实证模型的拓展,我们将分析集群发展对其他产业发展层面指标的影响,重点讨论集群发展的数量效应和质量效应。第四节将探索处于不同产业链位置集群发展的异质性。最后一部分是本章的总结。

7.2 产业集群的就业增长效应估计

本节将首先构建城市-产业层面的就业增长模型,实证估计集群发展对产业就业增长的影响。我们所使用的数据包括第 6 章所得制造业产业集群划分结果,以及2004—2009年的全部国有及规模以上非国有工业企业数据。产业或集群层面的指标由企业数据加总得到。

理论上,城市-产业层面的就业增长会同时受到集聚效应和收敛效应的影响。一方面,本产业以及其他关联产业生产在城市的集中将通过集聚效应促进劳动生产率提高和就业扩张。另一方面,随着城市期初就业水平的提高,规模报酬递减所带来的收敛效应可能抑制产业就业增长(Barro和Salai-Martin,1992;Delgado等,2014)。因此,我们构建了城市-产业层面就业增长的条件收敛模型,具体如式(7.1)所示。

$$\Delta \ln Emp_{icr} = \beta_0 + \beta_1 \ln(Industry\_Str_{icr}) + \beta_2 \ln(Cluster\_Str_{(-i)cr}) + \alpha' Industry_i + \gamma' City_r + \varepsilon_{icr} \tag{7.1}$$

被解释变量为城市产业就业的自然对数在2009年和2004年间的差分,即 $\ln Emp_{icr,2009} - \ln Emp_{icr,2004}$。其中,$Emp$ 表示就业数,下标 i、c 和 r 分别代表产业、产业所属集群和城市。使用2004—2009年城市产业的总就业增长而非历年就业增长作为被解释变量,有利于排除年度就业异常波动的影响。此外,由于产业集群特征对就业增长的影响可能存在滞后性,因此,分析就业的长期增长相对更为合理①。

我们的核心解释变量为城市2004年的产业发展程度及其所在集群发展程度的自然对数。将核心解释变量设定在初始的2004年有利于减轻被解释变量和解释变量之间可能存在的逆向因果关系。产业发展程度指标的计算如式(7.2)所示,分子为城市产业就业 Emp_{icr} 占城市全部制造业就业 Emp_r 的比重,而分母为全国所有制造业就业中产业 i 的就业比重。因此,城市的产业发展程度指标 $Industry\_Str_{icr}$ 反映了相比于全国平均水平,产业 i 在城市 r 的期初相对集中程度或发展水平。类似地,对城市各产业,我们根据式(7.3)

---

① 作为稳健性检验,我们也会对城市历年制造业产业的就业增长进行面板数据的固定效应分析,主要结果不变。具体结果如表7-2的回归5所示。

构造了其所在集群的发展程度。为排除产业本身期初发展水平对后期就业增长的影响,我们在构建集群发展指标时排除了产业 i 的就业,集群内的其他所有产业用下标 $-i$ 表示。式(7.3)的分子为排除了产业 i 以后,城市产业所在集群就业 $Emp_{(-i)cr}$ 占全市所有制造业就业的比重;而分母为相应产业集群就业在全国制造业就业中的占比。此外,为避免其他产业特征和城市特征对估计系数可能造成的影响,我们在回归中控制了产业固定效应 $Industry_i$ 和城市固定效应 $City_r$。ε_{icr} 是城市产业层面的干扰项。

$$Industry\_Str_{icr} = \frac{Emp_{icr}}{Emp_r} / \frac{Emp_i}{Emp} \tag{7.2}$$

$$Cluster\_Str_{(-i)cr} = \frac{Emp_{(-i)cr}}{Emp_r} / \frac{Emp_{(-i)c}}{Emp} \tag{7.3}$$

我们主要关注城市期初产业和集群发展程度对后期产业就业增长的影响,即 β_1、β_2 的符号和显著性水平。随着期初产业发展水平的提高,本产业生产活动在城市的集中可能通过集聚效应促进本产业劳动生产率的提高和就业扩张,这即是新经济地理学文献中的本地化效应。但是,期初产业发展水平也可能通过收敛效应抑制产业就业增长。因此,期初产业强度对就业增长的影响在理论上并不确定,需要实证检验。若收敛效应强于集聚效应,那么 β_1 显著为负;否则,β_1 不显著或者显著为正。β_2 捕捉了本章所重点关注的产业集群效应。关联产业集群的发展将同时通过集聚效应和挤出效应影响产业就业。一方面,集聚效应对劳动生产率的促进作用将有利于就业的扩张。另一方面,集群发展不仅可能带来更激烈的产业间竞争以及更高的要素价格,也可能导致集群在价值链低端的锁定,从而不利于产业发展和就业扩张。β_2 的符号和显著性水平取决于集聚效应和挤出效应的强弱。值得注意的是,由于式(7.3)构造的集群发展程度指标排除了产业本身发展水平的影响,因此产业就业增长的收敛效应在集群层面不存在。

表 7-1 报告了城市产业就业增长模型的基本回归结果。回归 1 仅考察了城市期初产业发展水平对后期产业就业的影响。如前文所述,期初相对更高的

发展水平将同时通过集聚效应和收敛效应对就业产生一正一负的影响。回归结果显示,期初产业发展程度的估计系数显著为负,说明收敛效应在产业就业增长中起主导作用。我们在回归2中估计了城市产业所在集群期初发展程度对就业的影响,并发现了显著为正的产业集群效应。这说明,相比于挤出效应以及产业集群低端锁定风险对就业的抑制作用,集群发展所带来的集聚效应对产业就业的促进更为显著。回归3同时将城市期初产业和集群发展水平放入回归,主要结果不变。但是,城市、产业层面其他不可观测的特征可能同时影响城市产业就业和本章的核心解释变量,忽略这些因素可能导致我们的估计偏误。回归4在回归3的基础上进一步加入了城市和产业固定效应,以控制城市、产业层面不可观测特征的影响。我们发现,即使控制了城市和产业固定效应,产业所在集群期初发展水平的提高仍显著促进了未来的就业增长。根据回归系数,我们计算了集群强度经济效应的大小,平均来说,集群强度在均值基础上每单位标准差的增加,会带来未来产业就业年均增长率2.153个百分点的上升①。

表7-1 集群发展与城市产业就业增长:基本回归结果

解释变量	回归1 $\Delta \ln Emp$	回归2 $\Delta \ln Emp$	回归3 $\Delta \ln Emp$	回归4 $\Delta \ln Emp$
$\ln(Industry\_Str)$	-0.2421*** (0.0084)		-0.2646*** (0.0083)	-0.3232*** (0.0085)
$\ln(Cluster\_Str)$		0.0300*** (0.0063)	0.1151*** (0.0061)	0.1139*** (0.0064)
城市固定效应	否	否	否	是
产业固定效应	否	否	否	是
样本量	33 678	32 286	32 286	32 286
R^2	0.1166	0.0010	0.1300	0.2775

注:***、**、*分别表示在1%、5%、10%水平上显著。括号中报告的是经过地级市层面聚类调整的稳健标准误。

---

① 在本回归中,集群强度的样本均值为1.4269,标准差为2.2443,集群对就业年均增长率的影响可由$100 \times [\ln(1.4269+2.2443) - \ln(1.4269)] \times 0.1139/5$计算得到。

表 7-2 对城市产业的就业增长模型进行了一系列稳健性检验。表7-1的估计结果反映了 2004 年城市产业、集群强度对 2004—2009 年产业就业增长的影响,这些回归在本质上是横截面估计。作为稳健性检验,我们首先在表7-2的回归 5 中利用了数据的面板特征,对集群的就业促进效应进行了面板数据估计。在回归 5 中,我们以 2004—2009 年历年城市产业就业自然对数的一阶差分,即 $\ln Emp_{icr,t} - \ln Emp_{icr,t-1}$,作为被解释变量,而以滞后一期的城市产业就业强度和集群强度作为核心解释变量。固定效应模型的估计结果显示,城市产业就业强度显著抑制了下一年度的产业就业增长,而产业所在集群的就业强度则对就业增长产生了显著的促进作用。这说明,即使在短期,集群在产业层面的就业促进效应也存在。本章重点关注城市产业集群特征对劳动力市场的长期影响,因此,在后文的分析中,我们主要使用表 7-1 中回归 4 的形式。

表 7-2 集群发展与城市产业就业增长:稳健性检验

解释变量	回归 5 $\Delta\ln Emp$	回归 6 $\Delta\ln Emp$	回归 7 $\Delta\ln Emp$	回归 8 $\Delta\ln Emp$	回归 9 $\Delta\ln Emp$
$\ln(Industry\_Str)$	-0.6877*** (0.0070)	-0.0649*** (0.0017)	-0.3322*** (0.0095)	-0.3272*** (0.0085)	-0.3504*** (0.0083)
$\ln(Cluster\_Str)$	0.0227*** (0.0056)	0.0335*** (0.0036)	0.0896*** (0.0071)	0.0772*** (0.0081)	0.0900*** (0.0064)
$HighInd*\ln(Cluster\_Str)$		-0.0118*** (0.0036)			
$BigCity*\ln(Industry\_Str)$			0.0139 (0.0148)		
$BigCity*\ln(Cluster\_Str)$			0.0557*** (0.0119)		
$\ln(Industry2d\_Str)$				0.0599*** (0.0083)	
$\ln(RelatedInd\_Str)$					0.3557*** (0.0244)
固定效应模型	是	否	否	否	否

(续表)

解释变量	回归 5	回归 6	回归 7	回归 8	回归 9
	$\Delta \ln Emp$	$\Delta \ln Emp$	$\Delta \ln Emp$	$\Delta \ln Emp$	$\Delta \ln Emp$
城市固定效应		是	是	是	是
产业固定效应		是	是	是	是
样本量	186 437	32 286	32 286	31 828	31 807
R^2	0.342 0	0.277 8	0.278 4	0.279 6	0.289 2

注：同表 7-1。

回归 6 在回归 4 的基础上，加入了城市产业发展强度变量和集群强度之间的交互项，以考察集群的就业促进效应在不同初始发展水平产业间的差异。理论上，由于收敛效应存在，集群对高集中度产业的就业促进作用应小于低集中度产业。我们以虚拟变量 $HighInd$ 表示城市产业是否属于高集中度产业，若某城市产业的期初强度高于该产业在全国各地级市强度的中位水平，则 $HighInd$ 取值为 1，否则取值为 0。回归结果显示，交互项的引入并没有改变我们的主要结论，产业层面的收敛效应和集群层面的就业促进效应仍然显著存在。另外，相比于高强度的城市产业，其他产业的确从集群发展中的获益程度更大，两者间集群就业促进效应的差异大约为 0.059 个百分点。也就是说，随着城市产业集群的发展，集群内初始发展水平更低的产业就业将获得更快增长。

除产业层面的异质性外，我们进一步考察集群效应在不同规模城市间的差异。由于大城市具有更强的集聚效应(Glaeser 和 Resseger，2009；本书第 4 章和第 5 章)。产业集群在大城市的就业促进效应也可能更强。在回归 7，我们根据城市 2004 年制造业就业规模是否高于全国各地级市的中位水平，构造了城市是否属于大城市的 0-1 变量 $BigCity$，以考察城市规模和城市期初产业强度、集群强度的交互效应。我们发现，和理论预期一致，相比于中等规模以下的城市，集群的就业促进效应在大城市显著更高，说明了大城市更强的集聚效应。而期初产业强度对未来就业的影响在不同规模城市间没有显著差异。我们也尝试了将所有城市按其就业规模分成多组构造交互项，或直接使用城市制造业就业规模的连续变量构造交互项等不同的设定,主要结果类似。

最后,在回归8和回归9中,我们拓展了关联产业的定义,在集群强度的基础上,进一步引入产业所属二位码制造业产业强度和关联产业强度两个变量。一方面,具有相同二位行业代码的制造业产业可能由于具有相似的产品特征而集中到一起,因此可能捕捉到部分集群效应。基于式(7.4),我们构造了产业所属二位码制造业产业在该城市的强度指标 $Industry2d\_Str$,其中分子为除本产业 i 以外,城市具有相同二位行业代码的其他产业就业占全市所有制造业就业的比重,下标 d 代表二位码产业;分母为相应二位码产业就业(产业 i 除外)在全国制造业就业中的比重。另一方面,产业就业增长也可能会受到同一城市内所有产业发展的影响,而不仅仅局限在集群内。Delgado 等(2014)确认了城市内关联产业强度对产业就业增长的促进作用。因此,我们构造了更为广义的关联产业强度指标 $RelatedInd\_Str$。在式(7.5)中,产业 i 的关联产业就业数被表示为城市内其他所有制造业产业 j 的就业数的加权总和,权数 ω_{ij} 为产业 i 和 j 在各城市就业数的相关系数。对城市产业 i,高关联度产业将对其就业增长产生更大的影响,因此应被赋予更高权重;而不相关产业的溢出效应可能很小甚至为负,负相关性表示两产业间存在替代或者竞争关系。式(7.5)的分子是经过了加权的本市其他产业就业数占全市所有制造业产业就业数的比重,而分母是相应指标在全国层面的取值。回归8和回归9的结果显示,城市产业就业增长会受到期初相同二位码产业或其他关联产业发展程度的显著影响。但是,即使控制了其他关联产业间的溢出效应,集群的就业促进效应仍显著为正,说明集群效应没有完全被行业代码或产业就业的空间关系所涵盖。

$$Industry2d\_Str_{(-i)cr} = \frac{Emp_{(-i)dr}}{Emp_r} \Big/ \frac{Emp_{(-i)d}}{Emp} \quad (7.4)$$

$$RelatedInd\_Str_{ir} = \frac{\sum_{j \neq i}(\omega_{ij} \cdot Emp_{jr})}{Emp_r} \Big/ \frac{\sum_{j \neq i}(\omega_{ij} \cdot Emp_j)}{Emp} \quad (7.5)$$

综合以上结果我们发现,由于集聚效应存在,集群发展的确会对集群内产业就业产生显著的促进作用。产业集群的发展并没有因为挤出效应或价值链锁定效应而抑制产业就业增长。

7.3 产业集群与城市产业发展:数量效应 vs 质量效应

第二节的研究说明,由于集聚效应存在,集群发展的确会对产业就业产生显著的促进作用,并没有因为挤出效应或价值链低端锁定而抑制产业就业增长。进一步地,我们希望分析集群发展影响产业就业的途径。理论上,产业就业扩张主要来源于新企业的产生或现有企业就业规模的扩张。表7-3考察了集群发展对城市产业企业数和企业就业规模增长的影响。其中,回归10和回归11均以城市2004—2009年产业企业数的增长作为被解释变量①。和被解释变量相对应,我们在回归10和回归11中以城市产业层面的企业数计算期初产业和集群发展程度指标,而不再是产业就业数,但计算方法和式(7.2)、式(7.3)类似。我们发现,和产业就业增长模型相似,城市产业企业数的增长也存在明显的收敛效应,期初产业发展程度显著抑制了后期企业数的增加。而产业所在集群的发展程度则对未来产业企业数产生了显著的促进作用。平均来说,集群强度在均值基础上每上升1个单位标准差,会带产业企业数年均增长率2.165个百分点的提升。回归12和回归13进一步考察了集群发展对企业规模的影响。我们以城市产业中所有企业的平均雇佣劳动力数量作为产业企业规模的度量,并利用就业数据构造了城市产业强度和集群强度指

---

① 由于本章使用2004—2009年的全部国有及规模以上非国有工业企业数据库进行分析,因此,产业企业数的变化并不包含非国有小企业的产生或消失,仅说明国有或规模以上企业情况。

标。回归结果显示,期初产业集群发展程度的提高显著促进了未来产业企业规模的增长。另外,产业企业规模的增长也符合条件收敛模型。

表 7-3 产业集群与城市产业发展

解释变量	回归 10 $\Delta \ln Firm$	回归 11 $\Delta \ln Firm$	回归 12 $\Delta \ln Size$	回归 13 $\Delta \ln Size$
$\ln(Industry\_Str)$	-0.148 4*** (0.008 2)	-0.205 7*** (0.006 2)	-0.185 1*** (0.006 3)	-0.241 6*** (0.008 3)
$\ln(Cluster\_Str)$	0.108 7*** (0.005 7)	0.128 8*** (0.005 8)	0.059 3*** (0.004 6)	0.052 2*** (0.004 6)
城市固定效应	否	是	否	是
产业固定效应	否	是	否	是
样本量	32 314	32 314	32 286	32 286
R^2	0.054 5	0.276 7	0.105 8	0.221 2

注:同表 7-1。

除就业层面的指标外,城市-产业产出和销售额的增长也能作为产业发展总量层面的考量。因此,在表 7-4 的回归 14 和回归 15 中,我们构建了城市-产业层面的产出和销售额增长模型。模型的基本结构和式(7.1)类似,只是将被解释变量换成了城市-产业产出和销售额对数的一阶差分。基本结果显示,产业集群效应在产出和销售额增长层面仍然存在。综合以上分析可以看出,在数量意义上,产业集群的确对产业发展起到了显著、稳健的促进作用,集聚效应是其主要机制。

那么,集群在产业发展层面的数量效应是否会以产业发展质量的降低为代价呢?有关集群效应的理论分析和案例研究已经发现,产业集群的成功发展需要经历数量扩张期、质量提升期、研发与品牌创新期三个阶段,质量危机以及地区比较优势的变化是产业集群发展三阶段推进的主要原因。基于对濮院羊毛衫、温州灯具等产业集群的案例分析,阮建青等(2014)发现,由于企业之间的"竞次竞争"和政府对产品质量、集群品牌建设关注的不足,集群发展在我国不仅没有促进产业的质量型增长,甚至产生了负面作用。仅有数量型扩张而无质量提升,终将因为挤出效应和地区比较优势的变化抑制产业集群的进一步发展,甚至导致集群的消亡。因此,在表 7-4 中,我们以工资水平、劳均产出、劳均销售额等指标作为城市-产业发展质量层面的度量,考察了集群发展的影响。回归 16 考察了集群发展对劳动力工资的影响。城市产业的工资水平由该城市产业所有企业的应付工资总额除以员工总数得到。由于缺少 2008 年和 2009 年的应付工资总额数据,我们仅分析了集群发展对 2004—2007 年工资变化的影响。和产业发展的数量型模型不同,我们在回归中进一步引入相关质量指标在初期的取值,以捕捉产业发展在质量层面的收敛效应。在回归 16 中,收敛效应由城市产业期初的工资水平捕捉,表现为期初更高的工资水平对未来工资增长的抑制作用。而期初产业就业强度对工资的影响在文献中一般被作为本地化效应的度量。回归 16 的结果显示,随着期初产业工资水平的提高,未来工资趋于下降,说明工资层面收敛效应的存在。和既有文献一致,城市期初产业强度的提高显著促进了工资增长,从而为本地化效应提供了证据。然而,集群强度对产业工资的影响不显著。回归 17 和回归 18 分别考察了集群发展对劳均产出和劳均销售额的增长影响,集群效应显著为负或者不显著。这说明,相比于集群发展程度较弱的地区产业,保持其他因素不变,强集群产业的劳均产值和劳均销售额增长速度相对更低,集群发展的确对产业价值链地位的提升产生了不利影响。

表 7-4　产业集群与城市产业发展:质量效应与数量效应

解释变量	回归 14	回归 15	回归 16	回归 17	回归 18
	$\Delta \ln Output$	$\Delta \ln Sales$	$\Delta \ln Wage$	$\Delta \ln OutputPC$	$\Delta \ln SalesPC$
$\ln(Industry\_Str)$	-0.273 8*** (0.008 1)	-0.275 7*** (0.008 2)	0.018 8*** (0.002 8)	0.014 8*** (0.004 2)	0.013 0*** (0.004 3)
$\ln(Cluster\_Str)$	0.102 7*** (0.007 7)	0.100 5*** (0.007 8)	-0.002 7 (0.002 9)	-0.009 2* (0.005 0)	-0.011 2 (0.005 0)

(续表)

解释变量	回归 14 $\Delta \ln Output$	回归 15 $\Delta \ln Sales$	回归 16 $\Delta \ln Wage$	回归 17 $\Delta \ln OutputPC$	回归 18 $\Delta \ln SalesPC$
$Initial\_DepVar$			−0.011 9*** (0.003 7)	−0.000 8*** (0.000 1)	−0.000 8*** (0.000 1)
城市固定效应	是	是	是	是	是
产业固定效应	是	是	是	是	是
样本量	32 057	32 068	32 723	32 057	32 068
R^2	0.250 3	0.250 7	0.220 5	0.259 8	0.258 4

注：同表 7-1。

综合以上结果我们认为，和既有的案例研究一致，当前我国产业集群主要处于数量型增长阶段，产业企业缺乏通过品牌建设和效率提高实现质量型增长的动力。这不仅不利于我国制造业竞争力和产业价值链地位的提升，甚至在生产要素成本不断上升的背景下可能阻碍我国制造业产业的发展。

7.4 产业链位置与异质性产业集群效应

生产过程沿产业链的分工是本轮全球化的一个重要特征。不同地区、不同产业集群的生产处于全球价值链的不同位置，在产出附加值、受全球化和新经济地理因素影响程度等方面均存在差异。第 7.2 节的分析主要考察了集群发展对就业增长影响的平均效应。在这一节，我们将进一步探索集群发展溢出效应在不同产业链位置产业间的异质性。

理论上，由于产业间前、后向联系的差异，集群发展对不同产业链位置产业的影响存在差异。不同产业部门间的投入-产出联系可分为前向联系（forward linkage）和后向联系（backward linkage）。前向联系主要是指产业发展将得益于上游中间品提供者的集中，而后向联系则反映了下游需求方集中给产业发展带来的好处(Redding,2011)。在机制上,前向联系主要通过质量更高、成本更低的中间投入品的可得性而对厂商劳动生产率产生促进作用;后向联系则可通过直接的知识转移,对上游中间品提供者更高的产品质量要求,对中间投入品更高的消费需求等机制实现。

然而,前、后向联系是否存在,及其效应的大小,在实证上并没有定论。López 和 Südekum(2009)发现,产业间的溢出效应主要来自上游中间品提供商的集中,但他们并没有发现下游产业企业集中对上游企业劳动生产率的溢出效应。而与 López 和 Südekum(2009)不同,Javorcik(2004)发现 FDI 对国内企业劳动生产率产生促进作用,这主要是因为:一方面,本地企业可通过学习 FDI 企业技术,雇佣跨国企业员工的方式来提高自身的劳动生产率;另一方面,FDI 的进入也加大了产业竞争的激烈程度,迫使国内企业提高劳动生产率。此外,他们还发现,FDI 对国内企业劳动生产率的影响主要是通过后向溢出来实现,前向联系和同一产业内横向溢出的作用则很小,甚至显著为负。这主要是因为同一部门的本地企业和 FDI 在原材料、商品市场等方面均存在竞争,跨国公司有激励来减少技术泄露和溢出;但对于上游投入品部门,中间投入品供给厂商效率的提升将使下游跨国企业受益,因此 FDI 没有激励阻止技术的溢出。因此,集群发展可能对不同相对产业链位置产业的就业增长产生不同的影响。

我们已在第 6.4 节基于 Antràs 等(2012)的方法,构造了反映产业所处产业链位置的上游程度指数,并说明基于封闭经济模型和开放经济模型所构造的产业上游程度指数之间没有明显差异。因此,在本节的分析中,我们将主要采用开放模型条件下的产业上游程度指数。在计算得到集群上游程度指数以后,为反映不同产业相对于其所在集群的相对产业链位置,对每一产业,我们进一步计算了其产业上游指数和所处集群其他产业平均上游指数的差值,以此作为集群内产业相对上游程度的度量。相对上游程度取值越高,说明产业相比于所属集群,处于更为上游的位置。产业集群对相对下游产业劳动力市场表现的显著影响将为前向联系的存在提供证据;反之,对相对上游产业劳动力市场表现的显著影响则印证了后向联系效应。

为说明集群效应对不同相对产业链位置产业就业增长影响的异质性,我们首先将所有产业根据其在集群中的相对上游指数,从低到高分为三组进行分组回归。表 7-5 报告了在控制其他因素的情况下,集群强度对不同相对产业链位置产业就业数增长的影响。其中,回归 19 主要分析了在产业集群中处于相对下游产业链位置的产业所受的集群效应。回归结果显示,期初集群强度增长显著促进了下游产业的就业增长,平均来说,期初集群强度每增加 1%,会带来下游产业就业 0.122% 的增长。产业集群也对相对上游产业就业产生了显著的促进作用,集群强度每 1% 增长的就业促进效应大约为 0.124%。此外,回归结果显示,尽管集群发展对相对中游产业就业也产生了显著的促进作用,但就业促进效应相对较小,中游产业就业对期初产业集群强度的弹性约为 0.087。这可能是因为相近产业链位置的产业间投入-产出联系较弱,从而削弱其前、后向联系,抑制集群效应的发挥。此外,处于相近产业链位置的产业间可能在产品市场和投入品市场存在竞争,而期初产业集群强度的增加可能会通过更激烈的产业间竞争挤出其他产业的就业。Javorcik(2004)即发现,尽管 FDI 通过后向联系对国内企业劳动生产率产生了显著的促进作用,但是由于同一部门企业和 FDI 在原材料、商品市场等方面存在竞争,FDI 在同一产业内横向溢出效应很小。此外,我们同样将产业就业增长分解为企业数增长和企业就业规模增长两部分,并在表 7-6 和表 7-7 中报告了不同相对上游程度产业所受集群效应的大小,估计结果和就业增长模型相类似。随着产业相对位置从下游到上游,期初集群发展程度对后期产业企业数增长和企业规模增长的影响也呈先下降后上升的 U 型变化。

表 7-5 产业集群与就业增长

解释变量	回归 19	回归 20	回归 21
	相对下游	相对中游	相对上游
$\ln(Ind\ Strength)$	-0.318 9*** (0.010 7)	-0.327 8*** (0.014 1)	-0.325 7*** (0.010 4)

(续表)

解释变量	回归19 相对下游	回归20 相对中游	回归21 相对上游
ln(Cluster Strength)	0.122 3*** (0.010 2)	0.086 7*** (0.011 7)	0.123 8*** (0.010 2)
样本量	12 033	7 279	12 974
R^2	0.300 5	0.290 5	0.284 6
产业固定效应	是	是	是
城市固定效应	是	是	是

注：同表7-1。

表7-6 产业集群与企业数增长

解释变量	回归22 相对下游	回归23 相对中游	回归24 相对上游
ln(Ind Strength)	−0.203 0*** (0.008 6)	−0.206 6*** (0.011 0)	−0.212 3*** (0.007 7)
ln(Cluster Strength)	0.125 7*** (0.009 0)	0.107 1*** (0.011 5)	0.144 7*** (0.008 9)
样本量	12 041	7 289	12 984
R^2	0.296 7	0.261 6	0.297 6
产业固定效应	是	是	是
城市固定效应	是	是	是

注：同表7-1。

表7-7 产业集群与企业规模增长

解释变量	回归25 相对下游	回归26 相对中游	回归27 相对上游
ln(Ind Strength)	−0.235 1*** (0.009 9)	−0.255 6*** (0.012 1)	−0.239 6*** (0.009 9)
ln(Cluster Strength)	0.061 3*** (0.007 9)	0.036 6*** (0.009 2)	0.054 8*** (0.007 9)

(续表)

解释变量	回归 25	回归 26	回归 27
	相对下游	相对中游	相对上游
样本量	12 033	7 279	12 974
R^2	0.238 9	0.259 8	0.219 2
产业固定效应	是	是	是
城市固定效应	是	是	是

注：同表 7-1。

为进一步分析集群效应在不同相对产业链位置产业间的差异是否显著，我们将集群强度和反映产业相对位置变量的交互项引入回归，相关结果报告在表 7-8 中。以产业相对上游指数处于中间 1/3 的样本作为基准，我们构造了产业相对上游指数是否处于最低 1/3 的 0-1 变量 *Downstream*，以及是否处于最高 1/3 的 0-1 变量 *Upstream*，并将其和集群强度做交互。回归 28 的被解释变量为城市产业就业增长。回归结果显示，交互项的系数均显著为正，这说明相比于产业链位置相近的产业，集群发展对相对上游和下游产业的就业增长产生了更强的就业促进效应。类似地，回归 29 和回归 30 分别考察了产业集群对不同产业链位置产业企业数和企业规模增长的异质性影响。结果显示，集群发展对下游产业更强的就业促进效应同时来自其对下游产业企业数和企业规模增长更强的促进作用。但是，相比于相近产业链位置产业，期初集群强度对相对上游产业企业数增长的促进效应并没有显著差异，就业促进效应的异质性主要来自产业集群对相对上游产业企业规模更强的促进效应。

表 7-8 异质性的产业集群效应：交互项回归结果

解释变量	回归 28	回归 29	回归 30
	$\Delta \ln Emp$	$\Delta \ln Firm$	$\Delta \ln Size$
$\ln(Industry\_Str)$	−0.323 5*** (0.008 5)	−0.205 8*** (0.006 2)	−0.241 7*** (0.008 3)

(续表)

解释变量	回归 28 $\Delta \ln Emp$	回归 29 $\Delta \ln Firm$	回归 30 $\Delta \ln Size$
$\ln(Cluster\_Str)$	0.092 5*** (0.010 4)	0.118 0*** (0.010 4)	0.036 3*** (0.008 0)
$\ln(Cluster\_Str) * Downstream$	0.031 0** (0.013 5)	0.021 5* (0.012 6)	0.020 1* (0.011 0)
$\ln(Cluster\_Str) * Upstream$	0.028 6** (0.013 1)	0.007 7 (0.011 9)	0.024 5** (0.011 0)
城市固定效应	是	是	是
产业固定效应	是	是	是
样本量	32 286	32 314	32 286
R^2	0.277 7	0.276 8	0.221 4

注：同表 7-1。

7.5　本章总结

　　本章构建了地级市层面的集群强度指标，从数量和质量层面考察了集群对产业发展的影响，并探索了集群效应对处于不同产业链位置产业就业扩张的异质性影响。我们发现，城市的产业就业增长存在显著的收敛效应，随着期初产业集中度的上升，未来就业增长显著下降。而城市关联产业集群的发展将通过集聚效应对就业增长产生显著的促进作用。期初集群发展程度在均值基础上每单位标准差的上升意味着产业就业年均增长率 2.153 个百分点的提高。集群发展的就业扩张效应主要来自新企业的产生和现有企业就业规模的增长。此外，我们还发现，无论以城市产业总产值还是总销售额作为度量，集群发展均显著促进了产业生产规模的扩张。但是，由于企业之间的"竞次竞争"和政府对产品质量、集群品牌建设关注的不足，在质量层面，集群发展对城市-产业质量型指标增长的影响不显著甚至显著为负。

此外，本章还探索了产业集群效应对不同产业链位置产业增长的异质性。通过构造相对产业链位置和产业集群发展的交互效应我们发现，尽管就业促进效应对不同产业链位置的产业均存在，但是相比于相对上游或下游的产业，产业链位置和集群内其他产业相似的行业，由于相对更弱的前、后向联系和更强的竞争效应，从集群发展中的获益程度相对最少。

本章结果说明，当前中国的产业集群仍处于数量型扩张的阶段，集群发展并没有带来产业质量的提升。而随着竞争的加剧和地区比较优势的逆转，简单数量型的增长难以持续，可能出现的质量危机不仅无法带来集群发展阶段的跨越，甚至可能导致集群消亡，其负面影响不可轻视。因此，基于本章的分析结果我们认为，为保持制造业产业长期可持续发展，提升产业价值链地位，地方政府产业和区域发展政策的优化应同时着眼于促进集聚效应发挥和推动产业集群质量型增长两大目标，具体措施可包括以下三个方面。

第一，地方政府产业发展政策的制定应以本地产业结构和比较优势为基础，以强化产业间互补效应为目标，推动具有强溢出效应的关键产业发展。有关地方性发展政策选择，目前的一个争论是地方政府在发展过程中应该优先发展高技术、高附加值的产业，还是基于本地的产业结构和比较优势，发展与本地经济关联性强的产业。我们的研究为后者提供了支持。我们认为，相比于各地"一刀切"式地引进和发展高技术产业，更有效的产业政策应以本地的产业集群构成为依据，优先引进和发展在本地具有更强外部性的产业，并通过产业间多种形式的联系实现关联产业"大推动"式的共同发展。

第二，通过公共品提供和品牌建设促进产业集群由数量型增长向质量型增长转型，维持和提升产业竞争力。产业集群的低门槛效应可能导致集群内企业的恶性竞争，由此引发的质量危机可能危及集群生存。本章的实证结果正说明，在当前，中国的产业集群发展仍处于数量型增长阶段，并没有实现质量的提升。阮建青等(2014)有关中国不同地区集群发展的案例研究说明，地方政府在让市场发挥基础性作用的基础上，通过改善公共服务、促进集群品牌的整体宣传等方式推动集群发展,是集群获得竞争优势的关键。此外,政府还可通过技术培训,辅之以必要的奖惩措施,鼓励和引导企业提升产品质量,促进产业集群的整体转型升级。

第三,以区域政策配套地方性产业发展政策,优化资源区域间配置,加强集聚效应。集聚效应是集群带动本地产业发展的主要动力,其强弱在很大程度上取决于城市本地的经济或人口规模。表7-2的实证结果显示,得益于大城市更强的集聚效应,相比于中等规模及以下城市,集群效应在大城市显著更高。而当前严格限制大城市人口扩张的区域和劳动力市场政策严重影响了集聚效应的发挥。未来应通过区域政策的配套调整,主要是通过深化户籍制度改革、缩小地区间公共服务差距等方式,促进人口和资源的区域间流动,提高资源配置效率。

第8章

城市化、城市发展与城市结构转型

第7章的分析主要从产业集群角度考察了中国制造业产业的发展。我们发现，产业集群的发展将通过集聚效应促进制造业产业数量型的扩张，因此有利于就业创造。但是，集群发展在产业质量型增长层面的作用有限，需要在未来的发展过程中调整和关注。那么，集聚效应在服务业产业发展层面的作用如何呢？本书第4章和第5章的研究从微观个体层面，说明经济集聚效应不仅有利于提高劳动者的就业概率，也有利于促进劳动者个人名义收入和实际收入水平的上升，使得劳动者广泛受益。特别是，对低技能劳动者来说，经济集聚效应对其就业层面的好处更强，而生活性服务业在集聚地区更高的发展水平是其主要机制。要完整考察经济集聚效应，我们需要分析其对行业就业结构的影响。本章将基于城市就业数据，以城市制造业就业创造服务业就业的能力为切入点，从城市整体层面分析经济集聚影响下的行业结构转型。

本章以服务业就业扩张为重点考察对象。服务经济是现代经济的典型特点，其发展在现代经济增长中具有重要作用。改革开放以来，得益于低廉的劳动力成本以及由此带来的产品在国际市场的竞争力，中国采取出口导向型的经济增长模式。但是，这种非平衡的增长模式带来了内外"双重失衡"的问题，对增长的可持续性造成不利影响(Lu 和 Gao，2011)。其中，内部失衡主要表现为国内收入差距的不断上升以及由此带来的GDP中消费占比的不断下降，投资和出口继而成为经济增长的主要驱动力。外部失衡表现为出口的不断扩张以及由此带来的外汇储备的积累和中美贸易不平衡。一方面，由于边际消费倾向递减，高收入者往往储蓄率更高；另一方面，低收入者也由于更高的收入风险而更多储蓄，导致中国家庭储蓄率高于其他同等发展水平的国家。Ravallion(1998)发现，财富不平等对家庭消费增长和国家平均消费增长率具有显著负向影响，Yang 和 Zhu(2007)也提供了收入差距不断扩大抑制消费的证据。收入差距的扩大以及家庭消费的持续下降带来内需不足的问题,尽管投资在短期内能起到扩大内需的作用,但是在中长期,投资的扩张会导致产能过剩。在内需不振的背景下,过剩产能需要外需加以吸收,中国的外贸依存度因此不断上升,外部失衡可以说是经济体内部失衡的一个自然结果。

以投资和出口为主导的经济增长模式并不可持续。长期来看,经济增长主要由资本积累、劳动力供给和TFP增长所决定。得益于中国的高储蓄率,资本积累在改革开放四十年中对经济增长的贡献率高达85.4%。但是,中国的储蓄率已经超过最优的黄金律水平,宏观经济的动态无效率抑制储蓄率进一步提高,降低未来资本积累速度。人口年龄结构的转变将降低储蓄率,对资本形成速度产生负面影响,抑制投资。而政府主导的投资由于缺乏效率并且难以长期持续,也难以成为经济增长的持续动力(袁志刚和余宇新,2012)。特别是在地方债务风险不断积累和宏观去杠杆的背景下,政府投资趋于下降。在劳动力层面,随着人口结构的变化和劳动力市场改革效应的弱化,未来劳动力成本趋于上升。人口红利的逐步消退提高了中国的劳动力成本,中国制造业的成本优势不再,进一步造成了出口的疲弱(万广华和蔡昉,2012)。而对内生经济增长至关重要的TFP,在2000年以后也表现不佳。董敏杰和梁泳梅(2013)发现,1978—1991年,由于中国农村土地制度改革和社会主义市场经济建立所带来的制度红利,TFP对经济增长的贡献率高达28.9%。得益于中国劳动力市场、外汇市场、金融体系、财政体制和房地产市场等一系列重大改革,TFP的贡献率在1991—2001年进一步上升到30.5%。但是,2001年以后,TFP对经济增长的贡献率显著下降,平均贡献率仅为1.9%。比较2001—2010年不同年份TFP的贡献率可以发现,TFP仅在中国加入WTO初期对经济增长率的贡献显著为正,其后的贡献趋近于0,甚至在2008年后转而为负。

资本、劳动、TFP等一系列基本面结构性因素的变化导致长期经济增长中枢下移。尽管宏观经济面临长期的结构性问题,但经济增长新动能缺位、结构性调整困难以及短期较大的增长和就业压力,使得短期的刺激性经济政

第8章 城市化、城市发展与城市结构转型

策成为政府的必然选择。中国的经济增长越来越依靠资本要素的投入而非市场化、全球化的力量,在宏观上表现为资产负债的迅速扩张。特别是2008年金融危机以后,在外需不足、内需疲软内外交困的局面下,政府更是出台了四万亿计划提振经济,中国资产负债扩张的局面就此改变。统计数据显示,2000年后,基础设施和房地产投资成为经济增长的重要动力,基础设施、房地产投资总额及其占GDP的比重持续攀升。2003年,基础设施投资、房地产和建筑业固定资产投资占GDP的比重分别为6.06%和10.24%,到2015年,两者分别达到11.96%和20.21%(图8-1)。建筑业增加值占GDP的比重在2013年达到6.9%,吸收了16%的城市就业。Glaeser等(2017)发现,中国人均住房存量2000—2010年的增速和期初收入水平存在显著负相关关系,相关系数达到-0.45,而这一相关系数在美国同时期仅为-0.29。期初发展水平低的地区住房增长越快的现象说明,地方政府越来越多地使用债务融资类投资作为对冲经济周期的工具,推动经济增长。中国正处于经济增长动力转换的十字路口,我们亟须从投资、出口拉动的经济增长模式转为内需拉动。而要启动内需,服务业的发展是关键所在。

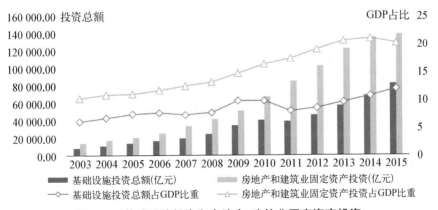

图8-1 基础设施投资和房地产、建筑业固定资产投资

数据来源:历年《中国统计年鉴》。

中国经济增长前沿课题组(2012)的研究判断,中国经济增长的第一阶段,即依靠投资和出口拉动的经济增长阶段,已经进入末期。中国正步入依

靠效率提高，以促进经济结构进一步优化为途径的经济增长的第二阶段，而城市化的不断推进和服务业的发展是第二阶段增长的重要动力。服务型经济是后工业化时代经济的典型特点，对后工业化国家的经济增长和就业均发挥着至关重要的作用。Schettkat 和 Yocarini(2003)发现，世界上的发达国家无一例外地都已经进入服务型经济，其新增就业绝大多数来自服务业的不断发展。随着中国经济增长方式的转变和制造业吸收就业能力的不断下降，发展服务业是中国未来经济增长和创造就业的希望所在。但是，和其他国家相比，中国的服务业发展明显滞后。程大中(2004)发现，和其他同等发展水平的国家相比，中国的服务业发展存在着增加值比重低、就业比重低和劳均增加值低的"三低"现象。如何促进服务业的进一步发展，是中国亟须思考的重大理论和政策问题。

但是，鼓励服务业的发展并不代表我们要放弃发展制造业。事实上，在发展早期，服务业的成长并不能脱离制造业。制造业的发展将直接产生对生产性服务业的需求，带动发展。而随着制造业的发展和城市收入水平的提高，对生活性服务业的需求也会不断上升，这一点在高技能劳动力集中的地区尤为明显。研究已经发现，高技能劳动者对低技能服务业的需求相对更高，由此带来的"消费溢出"，会带来低技能服务业的就业机会(Mazzolari 和 Ragusa,2013)。我们在第 4 章的分析也说明了经济集聚会带来生活性服务业就业的扩张。那么，怎样在发展制造业的同时最大限度地促进服务业发展呢？本章即希望利用来自地级市层面的数据，从服务业就业的角度，为这一问题的思考提供借鉴。具体来说，我们将实证考察城市制造业就业的变化将如何影响服务业就业。

8.1 地方性经济发展政策和制造业就业乘数效应

理论上，制造业就业的扩张会通过多种机制影响服务业就业。Moretti

(2010)以及 Moretti 和 Thulin(2013)分析了制造业就业可能影响服务业就业的理论机制。他们认为,如果城市中的可贸易品部门由于某种外生的原因而增加了就业,那么整个城市的工资和就业水平就会提高,进而带来城市更高的总收入水平。而总收入的上升会带来不可贸易品部门需求的扩张,增加不可贸易品部门在均衡处的工资或就业。制造业就业增加对服务业就业的促进作用,被称作制造业就业的"乘数效应"。此外,制造业的发展还将直接增加城市对本地生产性服务业的需求。但是,制造业就业对服务业就业的乘数效应并不必然为正。制造业因外生冲击所带来就业增加会提高城市的总体工资水平,而更高的工资水平会挤出其他行业的就业。这种挤出效应在本地劳动力供给缺乏弹性的情况下尤其严重。此外,市场和要素配置的扭曲可能会抵消地方性经济发展政策在不同行业间的溢出效应,而政策扭曲所带来的问题在中国尤其严重。因此,考察制造业就业的变化究竟会促进还是抑制服务业就业的扩张,依赖于实证检验。

除了现实政策的重要性以外,分析制造业就业如何影响服务业就业,还将发展有关地方性经济发展政策的文献。第2.3.1节对地方性经济发展政策效果文献后的总结说明,地方政府通过施行各种优惠性政策(如税收政策、土地政策等)来吸引制造业企业进入的行为,并不会必然带来当地经济的发展,其效果取决于集聚效应的强弱。Kline(2010)的理论模型认为,只有当经济集聚效应足够强的时候,地方性的经济发展政策才能促进地方经济的起飞,使得地方经济由低就业和低工资的低水平均衡转变到工资水平和就业规模相对更高的高水平均衡。此外,地方政府通过政策优惠来吸引企业进入某地,增加就业的措施,往往会扭曲市场机制和要素配置,从而导致地方生产的无效率和居民福利的无谓损失(Wilson,1999;Glaeser,2001)。实证上有关地方性经济发展政策效果的结论也不一致。然而,地方性经济发展政策却是各国地方政府促进本地经济发展的常用手段。地方政府通过优惠的土地、税收政策来吸引投资,发展地方经济,更是中国地方政府1994年分税制改革后"为增长而竞争"的主要模式。因此,我们需要为如何最大化地方性经济发展政策的效果提供更多的实证证据。

我们认为,已有研究之所以会对地方性经济发展政策的效果得到截然不同的结论,是因为这些研究只考察了政策的平均效果,而忽略了政策效果在不同地区间或不同经济结构下的异质性。不仅集聚效应的大小会对地方性经济发展政策的效果产生巨大影响,市场和要素配置的扭曲也可能会抵消地方性经济发展政策在不同行业间的溢出效应,而政策扭曲所带来的问题在中国尤其严重。在中国,一个重要的制度扭曲就是户籍制度,中国的城市化和经济集聚进程因此而受到阻碍。Au 和 Henderson(2006)发现,由于户籍制度阻碍劳动力在城乡间、城市间的流动,中国有 76% 的城市存在集聚不足的问题,这种资源错配给中国城市带来了巨大的效率损失。如果没有充分发挥经济集聚效应,那么地方经济就会一直处于低工资、低就业的低水平均衡,带来较大的资源浪费。因此,要最大化地方性经济发展政策的效果,必须充分减少政策扭曲,发挥经济集聚效应。结合本书主题,本章在考察制造业就业平均乘数效应的基础上,进一步考察了其在不同城市化水平、不同人口规模地区间的异质性,从而有助于更为完整地分析就业乘数效应的作用机制,为经济体从制造业主导向服务业主导的转型提供借鉴。

本章利用中国地级城市 2003—2009 年的就业数据,研究了制造业就业对城市本地劳动力市场服务业就业的乘数效应,并考察了乘数效应在不同城市化水平和城市规模的地区之间的异质性。本章对固定效应模型的工具变量估计结果显示,城市制造业就业的上升会促进本地服务业就业的增加。平均来说,城市制造业就业每增长 1%,平均会带来服务业就业大约 0.397% 的上升,其中生活性服务业的受益程度最大。此外,我们还发现,城市化水平的提高和城市规模的扩大会对制造业就业的乘数效应产生促进作用。而在城市化水平较低和城市规模不足的地区,制造业就业非但没有促进服务业就业的扩张,反而挤出了当地的服务业就业,抑制了服务业发展。

本章第 8.2 节介绍使用的数据与模型;第 8.3 节实证考察了城市制造业就业对服务业部门就业的影响;第 8.4 节将模型进行拓展,研究城市化水平和城市规模变化对制造业就业乘数效应的影响;最后是本章的结论与政策含义。

8.2 数据和模型

为考察制造业就业对本地服务业就业的乘数效应,本章利用2004—2010年的《中国城市统计年鉴》,构造了中国286个地级城市2003—2009年的就业面板数据。之所以使用2003年以后的数据是因为中国从2003年起开始施行新的国民经济行业分类标准,使用2003年以后的数据是为了保证服务业各部门就业指标构造的一致性。另外,北京、天津、上海、重庆四个直辖市由于其特殊性,没有进入我们的回归。服务业部门主要包括交通运输、仓储及邮政业,信息传输、计算机服务和软件业,批发和零售业,住宿、餐饮业,金融业,房地产业,租赁和商业服务业,科学研究、技术服务和地质勘查业,水利、环境和公共设施管理业,教育,卫生、社会保障和社会福利业,文化、体育和娱乐业,居民服务和其他服务业,以及公共管理和社会组织部门。这些部门主要服务于城市本地的需求,因而由当地的经济活动状况决定。需要指出的是,在一些研究城市体系的文献中,作为中间投入的服务业常被归为可贸易品(Krugman,1991b),因此并不完全由城市本地的需求决定。在中国,这类可贸易的服务业主要集中于生产性服务业(陆铭和向宽虎,2012)。但由于中国生产性服务业的发展水平相对滞后,仍主要服务于城市本地需求,因此其劳动力需求也主要由当地的制造业发展状况决定。我们的核心解释变量是城市的制造业就业。

我们实证检验的第一部分将主要考察城市制造业就业变化是否会对城市本地的服务业就业产生影响,从而为地方性经济发展政策的有效性提供来自中国的经验证据。根据前文的分析,城市中制造业部门就业的增加会提高城市的就业和工资水平,从而增加城市的总收入,提高城市居民对本地服务品的需求。同时,制造业的发展也会增加城市对本地生产性服务业的需求,生产性服务业的就业也可能因此而增加。但如果城市劳动力供给缺乏弹性，并且制造业的发展没有充分分享经济集聚带来的好处，那么制造业就业可能会挤出服务业部门的就业，从而抵消乘数效应。此外，制造业就业的乘数效应也可能因政策扭曲所导致的效率损失而被削弱。基于城市一级的数据，我们主要利用面板数据的方法估计模型(8.1)：

$$\ln EMP_{sct} = \beta_0 + \beta_1 \ln EMP_{mct} + \delta_t + (\eta_c + \varepsilon_{ct}) \qquad (8.1)$$

其中，被解释变量是服务业就业的自然对数，下标 s 表示服务业部门，c 代表城市，t 代表年份。在方程的右边，$\ln EMP_{mct}$ 是城市制造业就业的自然对数，下标 m 表示制造业部门。我们主要关注 β_1 的符号和显著性水平。若制造业就业的增加能带来本地服务业就业的扩张，那么 β_1 显著为正；否则，β_1 不显著或者显著为负。另外，在所有的回归中，我们都控制了年份虚拟变量 δ_t，以控制全国层面服务业就业的冲击。我们同时假设服务业就业也会受到无法观测的城市固定效应 η_c 和干扰项 ε_{ct} 的影响。

8.3 本地劳动力市场的就业乘数效应：实证结果

我们在表 8-1 中报告了制造业就业增加对本地服务业就业影响的基本回归结果。其中回归 1 是普通最小二乘法的估计结果。我们发现，制造业就业的扩张会对本地服务业部门的就业产生显著的促进作用，平均来说，制造业就业每上升 1%，会带来服务业就业 0.445% 的增长。回归 2 和回归 3 分别是面板数据随机效应和固定效应的估计结果。由于城市固定效应可能和本地的制造业就业相关，因此从理论上来说，随机效应模型的估计结果可能是有偏的。Hausman 检验的结果也拒绝了随机效应模型的估计，Hausman 检验统计量的值为 90.92。此外，为了减少因为制造业就业和服务业就业的逆向因果关系所导致的估计偏误，我们在回归 4 至回归 6 中将制造业就业滞后一期,并重复了普通最小二乘法、随机效应模型和固定效应模型的估计。我们发现,制造业就业仍显著促进了本地劳动力市场服务业就业的增加。Hausman 检验的结果也说明,在我们的研究中,固定效应模型的估计更为可取。由于固定效应在城市就业决定中的重要作用,在后面所有的回归中,我们都将采用固定效应的方法对模型进行估计。

表 8-1 制造业就业对服务业就业的影响:基本回归结果

解释变量	(1) 回归1 OLS	(2) 回归2 RE	(3) 回归3 FE	(4) 回归4 OLS	(5) 回归5 RE	(6) 回归6 FE
制造业就业	0.445*** (0.009 74)	0.218*** (0.009 42)	0.183*** (0.009 87)			
滞后一期制造业就业				0.454*** (0.010 7)	0.155*** (0.010 6)	0.101*** (0.011 0)
年份虚拟变量	已控制	已控制	已控制	已控制	已控制	已控制
样本量	1 974	1 974	1 974	1 690	1 690	1 690

注:***、**、*分别表示在1%、5%、10%水平上显著。括号中报告的是标准误。

尽管使用了固定效应模型,表 8-1 的结果仍可能是有偏的。这主要是因为在考察本地制造业就业乘数效应的过程中,不仅制造业就业会促进本地服务业部门就业的扩张,服务业的发展也可能促进制造业部门劳动生产率的提高,从而带来制造业就业的增加。江静等(2007)发现,在中国,生产性服务业的发展促进了制造业生产率的提高。生产性服务业的劳动投入每上升 1 个百分点,会带来制造业劳动生产率平均 0.927 个百分点的上升。此外,还可能存在其他城市层面随时间改变的因素会同时影响城市的制造业就业和服务业就业,造成估计的遗漏变量偏误。因此,我们进一步采取工具变量的方法对模型进行估计。我们所使用的工具变量是城市在特定年份所受到的出口冲击,它和城市在初始年份的制造业发展水平、城市的地理位置以及考察年份全国的出口状况有关。城市制造业就业的工具变量的构造如下式所示：

$$\text{出口冲击}_{ct} = \text{全国出口总额}_t \times \frac{2003\text{年制造业就业占全国制造业就业的比重}}{\text{到上海、香港两个最近港口的直线距离}} \quad (8.2)$$

其中，下标 c 表示城市，下标 t 表示年份。具体来说，由于中国制造业的发展状况在很大程度上依赖于外部需求的变化，因此，城市的制造业就业会受到当年出口的影响。全国层面出口的扩张会带来全国制造业就业增加；反之，出口的萎缩会减少制造业就业。但是，不同城市的制造业就业，在全国出口总额发生变化的情况下，所受冲击的大小并不相同。出口变化对某一城市制造业的影响，会受到以下两方面因素的影响。一方面，如果某一城市的制造业发展在全国制造业中占据相对更为重要的地位，则其所受的出口冲击相对更大。很多研究已经确认城市期初的产业发展状况对城市未来劳动力需求的解释力（Bartik, 1991；Blanchard 和 Katz, 1992）。因此，在本章中，我们以城市在初始年份（2003）制造业就业在全国制造业就业中所占的比重作为城市制造业发展相对地位的度量。另一方面，由于沿海地区具有低运输成本的地理优势和工业集聚优势（金煜等，2006），因此全国出口总额的变化对距离港口城市近的地区影响会更大。出口的增加会带来制造业产出和就业的扩张，这主要通过现有企业扩大生产和新企业设立两种方式得以实现。沿海地区制造业企业的集聚会降低企业的生产成本，提高劳动生产率。出于利润最大化的考虑，现有企业会倾向于在沿海地区扩大生产，而新企业也倾向于在沿海地区落址。因此，随着出口的增加，沿海地区的制造业就业会有更大幅度的上升。金煜等（2006）发现，中国的工业集聚主要围绕着长三角和珠三角两大港口区域展开。在这里，我们以城市到上海、香港两个大港口的最近直线距离作为城市地理优势的度量。综合以上分析，我们根据公式（8.2）构造了作为城市制造业就业工具变量的出口冲击，它和当年全国的出口总额、城市初始年份制造业就业占全国制造业就业的比重正相关，而和城市到最近大港口的直线距离负相关。

表 8-2 是固定效应模型的工具变量回归结果。其中第(1)列和第(3)列是第一阶段的回归结果,第(2)列和第(4)列是固定效应模型的工具变量回归结果。在回归 7 中,我们直接考察了当年制造业就业对服务业就业的乘数效应。在回归 8 中,我们将制造业就业及其工具变量均滞后了一期,以部分减少逆向因果所带来的估计偏误。第一阶段的回归结果显示,城市在特定年份所受到的出口冲击的确会对城市当年的制造业就业产生显著的促进作用。另外,在第一阶段考察出口冲击对城市制造业就业的影响时,工具变量显著性 F 检验的值在回归 7 和回归 8 中分别为 56.88 和 52.35。由此,我们认为,弱工具变量的问题在我们的回归中并不明显。

表 8-2 制造业就业对服务业就业的乘数效应估计:工具变量回归结果

解释变量	回归 7		回归 8	
	(1)	(2)	(3)	(4)
	第一阶段回归	工具变量结果	第一阶段回归	工具变量结果
出口冲击	0.241*** (0.031 9)			
滞后一期出口冲击			0.224*** (0.030 9)	
制造业就业		0.494*** (0.069 3)		
滞后一期制造业就业				0.397*** (0.071 8)
年份虚拟变量	已控制	已控制	已控制	已控制
样本量	1 952	1 952	1 673	1 673

注:同表 8-1。

表 8-2 的工具变量回归结果说明,城市制造业就业的扩张的确促进了本地服务业部门就业的增加。这主要是因为随着城市制造业部门就业的增加,不仅生产性服务业从制造业的发展中直接得益,并且由于整个城市更高的就

业和收入水平,城市居民对本地服务品的需求也上升,从而增加了服务业就业。同时,由于从全国层面来看,近年来中国的城市化水平不断提高,劳动力由农业向其他部门的转移为城市提供了充足的劳动力,因此制造业就业增加对服务业就业的挤出效应相对较小。回归 8 的结果显示,城市制造业就业每增加 1%,会带来服务业就业大约 0.397% 的增长。

在表 8-3,我们进行了一系列的稳健性检验。一方面,为避免就业数据可能存在的非平稳性,我们将被解释变量和核心解释变量均取其一阶差分,基于一阶差分变量进行工具变量估计,回归结果如表 8-3 回归 9 所示。相应地,我们使用全国出口总额的变化除以城市到上海、香港两个最近港口的直线距离,作为城市制造业就业变化的工具变量。结果显示,使用一阶差分方法和面板数据固定效应方法所得的回归结果类似。

表 8-3 制造业就业对服务业就业的乘数效应估计:稳健性检验

解释变量	回归 9 (1) 解释变量当期	回归 10 (2) 解释变量当期	回归 11 (3) 解释变量滞后一期	回归 12 (4) 解释变量滞后一期
第一阶段结果 #				
出口冲击变化	0.002 35*** (0.000 508)	0.002 25*** (0.000 522)	0.002 47*** (0.000 520)	0.002 34*** (0.000 534)
工具变量回归结果				
制造业就业变化	0.476*** (0.148)	0.513*** (0.162)	0.367*** (0.105)	0.435*** (0.126)
财政支出/GDP		0.063 2 (0.042 8)		0.059 7 (0.037 8)
固定资产投资/GDP		-40.19 (161.2)		163.5 (176.5)
年份虚拟变量	已控制	已控制	已控制	已控制
样本量	2 529	2 494	2 247	2 212

注:# 第一阶段结果是内生变量(城市制造业就业变化)对工具变量的回归,其他变量均已控制。

第8章　城市化、城市发展与城市结构转型

进一步地,我们在回归中控制了城市政府预算内支出占GDP比重、固定资产投资占GDP比重这两个城市特征变量。我们使用政府预算内支出占GDP比重作为政府干预的代理变量。理论上,政府干预一方面会通过乘数效应而对地方经济产生正向的促进作用,而城市收入水平的上升会提高城市的服务业需求,从而带来服务业就业的扩张。但在另一方面,政府干预可能会挤出私人投资,降低经济的市场化程度,从而对就业,尤其是服务业就业产生不利影响。陆铭和欧海军(2011)认为,在中国,出于税收最大化的目的,地方政府往往给予资本密集型产业的发展以更多激励。由此导致的后果是,随着政府干预程度的提高,城市经济增长创造就业的弹性下降。类似地,投资水平的上升可能为城市带来更多的制造业就业机会。但是,相比于经济增长更依赖于消费的城市,投资占GDP比重更高的城市对服务业的需求可能更低,进而阻碍服务业就业的增长。结果如表8-3回归10所示,我们的主要结论不变。并且,回归结果显示,政府财政支出和城市的固定资产投资均没有对服务业就业的变化产生显著影响。

在回归11和回归12,我们分别将制造业就业变化和其他城市特征均滞后了一期进行回归分析。总的来说,滞后期制造业就业的增加同样会对服务业就业产生显著的促进作用,但影响小于当期制造业就业的变化。滞后期政府财政支出或固定资产投资对城市服务业就业变化的影响仍不显著。

前文的分析确认了制造业就业对本地服务业就业的促进作用,说明在中国,地方政府可能施行地方性的经济发展政策,通过制造业的发展来促进本地服务业就业的增长。那么,不同类型的服务业从地区制造业就业扩张中的受益程度是否存在差异呢？Moretti(2010;2011)认为,制造业就业乘数效应的大小会受到不可贸易品部门劳动密集程度的影响。相比于低劳动密集程度部门,劳动密集程度更高的不可贸易品部门从可贸易品部门就业扩张中获得的溢出效应更大。这主要是因为城市同样幅度的需求扩张在高劳动密集程度的部门需要更多的劳动力投入来满足。此外,制造业对不同

服务业部门的溢出效应,还会受到该部门市场化程度和劳动力流动性的影响。市场化程度越高和劳动力流动性越强的部门,其劳动供给弹性越大,因此面对需求变化时就业数量的调整相对更为容易。在表 8-4 和表 8-5 中,我们将服务业就业分成了生产性服务业、生活性服务业和公共服务业三类,分别考察了制造业就业扩张对不同类型服务业部门就业的影响。其中,生产性服务业主要包括交通运输、仓储及邮政业,信息传输、计算机服务和软件业,金融业,租赁和商业服务业,以及科学研究、技术服务和地质勘查业;生活性服务业包括批发和零售业,住宿、餐饮业,房地产业,居民服务和其他服务业;而水利、环境和公共设施管理业,教育,卫生、社会保障和社会福利业,文化、体育和娱乐业,以及公共管理和社会组织部门则被归为公共服务业。

表 8-4 和表 8-5 分别报告了制造业就业对不同种类服务业就业乘数效应的固定效应模型回归结果和工具变量回归结果。其中,表 8-5 第一阶段的回归和表 8-2 中回归 8 相同,均为城市制造业就业对出口冲击的回归。为节省空间,我们只报告了第二阶段回归结果。回归结果显示,制造业就业的增加对所有类型的服务业就业均产生了显著的促进作用,并且滞后一期制造业就业变化对服务业就业产生的影响总体上要小于当期制造业就业变化的影响。相对来说,制造业就业对生活性服务业就业的乘数效应最大,而对公共服务业的乘数效应最小。生活性服务业从制造业就业扩张中获益最大主要得益于其相对更高的劳动密集程度,同样幅度的城市服务业需求扩张在生活性服务业部门影响更大。第 4 章基于城市家庭收入调查数据的分析结果显示,生活性服务业集中了大量低技能劳动力的就业。生活性服务业劳动者的受教育水平相对最低,平均为 11.15 年,低于生产性服务业和公共服务业分别 12.58 年和 13.53 年的平均受教育年限。因此,低技能劳动者从城市制造业发展中受益最多。而对于公共服务业,相比于其他类型服务业,其市场化程度相对更低,劳动力流动性更差,因此就业的扩张更为不易。公共服务部门就业扩张的受制抑制了公共服务品供给的增加,由此带来的一个后果是,随着

城市制造业的发展和需求的扩张,公共服务品供给的短缺程度和价格不断上升。

表8-4 制造业就业对不同类型服务业部门就业
影响的异质性(固定效应估计结果)

解释变量	(1) 回归13 生产性服务业就业	(2) 回归14 生活性服务业就业	(3) 回归15 公共服务业就业	(4) 回归16 生产性服务业就业	(5) 回归17 生活性服务业就业	(6) 回归18 公共服务业就业
制造业就业	0.239*** (0.018 3)	0.548*** (0.027 1)	0.035 9*** (0.006 09)			
滞后一期制造业就业				0.137*** (0.020 1)	0.344*** (0.031 5)	0.025 9*** (0.006 46)
年份固定效应	已控制	已控制	已控制	已控制	已控制	已控制
样本量	1 974	1 974	1 974	1 690	1 690	1 690

注:表中结果为工具变量回归结果。***、**、*分别表示在1%、5%、10%水平上显著。括号中报告的是标准误。

表8-5 制造业就业对不同类型服务业部门就业
影响的异质性(工具变量估计结果)

解释变量	(1) 回归19 生产性服务业就业	(2) 回归20 生活性服务业就业	(3) 回归21 公共服务业就业	(4) 回归22 生产性服务业就业	(5) 回归23 生活性服务业就业	(6) 回归24 公共服务业就业
制造业就业	0.566*** (0.110)	0.891*** (0.157)	0.313*** (0.050 7)			
滞后一期制造业就业				0.418*** (0.113)	0.716*** (0.176)	0.254*** (0.047 1)
年份固定效应	已控制	已控制	已控制	已控制	已控制	已控制
样本量	1 952	1 952	1 952	1 673	1 673	1 673

注:同表8-4。

8.4 模型的拓展：城市化、经济集聚与就业乘数效应的异质性

在之前的回归中，我们主要考察了制造业就业变化对服务业部门就业影响的平均效应。由于集聚效应、劳动力供给弹性等因素均会影响到地方性经济发展政策的效果，因此我们需要进一步考察城市结构性特征所带来的异质性。我们认为，在中国，城市化水平和城市规模可能是影响制造业就业乘数效应的重要因素。

理论上，城市化水平和城市规模将通过以下四个机制影响制造业就业的乘数效应。首先，城市化水平的提高和城市规模的扩大会提高经济的集聚程度，而经济集聚有助于提高劳动生产率。正如我们在第2章所指出的，经济集聚会通过更广泛的投入品分享、更好的生产要素匹配以及更多的学习机会提高城市的劳动生产率和工资水平。因此，同样幅度的制造业就业增加，在经济集聚效应强的地区会带来工资和收入水平更大幅度的提升，进而带来当地更高的收入水平和对服务业更高的需求。此外，经济集聚也使得制造业发展可以直接通过更强的溢出效应对其他行业的就业产生促进作用。故从理论上来说，制造业就业的乘数效应可能在经济集聚效应强的地区更大。其次，城市化水平和城市规模也部分反映了城市间劳动供给弹性的差异。城市化水平低或城市规模不足可能导致城市劳动力供给的相对缺乏。而在城市劳动力供给缺乏弹性的情况下，制造业就业的增加所带来的城市劳动力需求扩张，会更大幅度地提高城市的工资水平，部分挤出其他行业就业，抵消制造业就业对服务业就业的乘数效应。当挤出效应足够强的时候，制造业就业的增加甚至可能不利于服务业就业。已有的关于工业区、国防产业就业的研究，都说明某个特定行业就业增加对其他行业就业的挤出效应的确可能存在(Bondonio 和 Engberg, 2000; Hooker 和 Knetter, 1999)。因此，在城

市化水平较低和城市规模较小的地区,服务业的发展更可能受到劳动力供给不足的限制。再次,由于服务业的发展更依赖于本地的消费需求,并且其发展需要满足最低的消费门槛,因此,在城市化水平低或规模不足的城市,服务业由需求向供给转化的能力可能受到限制。这一点在政府更注重制造业发展而忽略服务业发展的地区尤其明显。最后,由于城市居民、流动人口和农村居民之间的消费习惯存在差异,因此城市化水平的提高也会对服务业需求的收入弹性产生影响,进而影响到制造业就业的乘数效应。程大中(2009)的数据显示,相比于农村居民,中国城市居民服务业支出占总收入的比重相对更高。

在表8-6的第一组结果中,我们根据2000年中华人民共和国第五次全国人口普查数据,将所有城市按照其城市化水平分成了高、中、低三组,分别考察了制造业就业在不同城市化水平地区对服务业就业的乘数效应。我们用城镇常住人口数量占总人口数量的比重作为城市化水平的度量。为节省空间,我们只报告了滞后一期制造业就业变化的估计系数和标准误。表8-6中每一个结果都是一个单独的回归,表示在特定城市化水平下,制造业就业对相应的服务业就业的乘数效应。回归结果显示,只有在城市化水平最高的分组中,制造业就业才对服务业就业的变化产生了显著的促进作用。在城市化水平最高的地区,制造业就业每增加1%,会带来服务业就业平均0.345%的上升。而在城市化水平中等的地区,制造业就业对服务业就业的影响并不显著。在城市化水平最低的地区,制造业就业的扩张非但没有促进本地服务业就业的增长,反而对服务业就业产生了显著的负向影响,并且这种负向影响主要是由公共服务业就业的减少带来的。这主要是因为,在城市化水平较低的地区,经济不仅无法享受集聚效应所带来的好处,而且劳动力向城市的流入相对较少。在劳动力供给受到限制的情况下,制造业就业的扩张会挤出服务业就业。

另外,我们又分别报告了城市制造业就业变化对不同类型服务业就业变化的影响,具体包括生产性服务业就业、生活性服务业就业和公共服务业就

表 8-6 城市化、经济集聚与异质性制造业就业乘数效应

第一组	被解释变量	低城市化水平	中等城市化水平	高城市化水平
	服务业就业	−0.497** (0.251)	0.114 (0.098 9)	0.345*** (0.085 2)
	生产性服务业就业	−0.443 (0.363)	0.194 (0.169)	0.456*** (0.130)
	生活性服务业就业	−0.515 (0.507)	0.251 (0.301)	0.496*** (0.183)
	公共服务业就业	−0.316* (0.170)	0.042 4 (0.046 4)	0.216*** (0.057 0)
第二组	被解释变量	常住人口数量最少	常住人口数量中等	常住人口数量最多
	服务业就业	−0.529** (0.218)	0.475*** (0.131)	0.488*** (0.099 4)
	生产性服务业就业	−0.384 (0.276)	0.554*** (0.201)	0.474*** (0.153)
	生活性服务业就业	−0.951* (0.518)	0.783*** (0.296)	0.652*** (0.215)
	公共服务业就业	−0.077 5 (0.077 9)	0.351*** (0.090 8)	0.349*** (0.073 5)
第三组	被解释变量	移民数量最少	移民数量中等	移民数量最多
	服务业就业	−0.803*** (0.302)	−0.007 21 (0.114)	0.642*** (0.137)
	生产性服务业就业	−0.698* (0.364)	−0.397* (0.239)	0.570*** (0.179)
	生活性服务业就业	−1.384** (0.642)	0.023 8 (0.340)	0.827*** (0.265)
	公共服务业就业	−0.226** (0.103)	0.089 3 (0.060 7)	0.492*** (0.109)

注:每一格是一个单独的工具变量回归结果,为相应分组城市中制造业就业变化对相应类型的服务业就业变化的影响,其中可能影响服务业就业变化的城市特征和年份虚拟变量已控制。***、**、*分别表示在1%、5%、10%水平上显著。

业。我们发现,在城市化水平最高的地区,制造业就业对所有类型的服务业就业都有显著的促进作用。相对来说,生活性服务业就业变化相对于制造业就业变化的弹性最大,这主要是因为生活性服务业的劳动密集程度更大,并且劳动力就业的门槛最低。平均来说,制造业就业每增加1%,会带来生活性服务业就业0.496%的扩张。而制造业就业增长对公共服务业就业的影响相对最小。这主要是因为公共服务部门的就业更多受地方政府政策和当地财政收入的影响,市场化程度相对较低,因此面对需求的增加,其供给增长更为缓慢。

在中等城市化水平的地区,制造业就业对不同类型服务业就业的影响均不显著。而在城市化水平最低的地区,制造业就业对服务业就业的乘数效应显著为负。平均来说,制造业就业每增加1%,城市化水平最低地区公共服务业就业可能下降0.316%。

那么,城市规模会对制造业就业乘数效应产生什么样的影响呢?在表8-6的第二组和第三组回归中,我们将所有城市分别按照城市常住人口数量和移民数量进行分组,分别考察在不同规模的城市中,制造业就业扩张对本地服务业就业变化的影响。我们发现,只有在城市常住人口数量最多的地区,制造业就业的扩张才显著促进了本地服务业就业的增加。平均来说,制造业就业每增加1%,会带来这些地区服务业就业大约0.488%的上升。而在城市常住人口最少的地区,制造业就业对本地的服务业就业产生了显著的不利影响。制造业就业数量每1%的上升平均会挤出0.529%的服务业就业。这说明,城市规模的扩张的确是制造业就业对服务业就业产生促进作用的前提条件。在城市人口规模没有明显上升的情况下,由于经济集聚效应以及劳动力供给的缺乏,制造业就业的扩张非但不会促进本地服务业就业的增加,反而可能挤出服务业就业机会,抑制其发展。当比较不同规模城市乘数效应的大小时,我们发现,在城市常住人口数量中等的地区,其乘数效应和常住人口数量最多的地区相当。

类似地,我们分别考察了制造业就业对不同类型服务业就业在不同常住人口规模城市中的异质性影响。我们发现,在中等人口规模和大城市中,制造业就业的增加显著促进了服务业就业的上升。但是,相对来说,中等规模城市中制造业就业对各类型服务业的乘数效应最大。这可能是因为在规模更大的城市中,户籍和流动人口管理制度相对更为严格,因此劳动力的流入受到了更多阻碍。在中国,由于大城市更严格的户籍限制,城市中出生于农村的人口比重显著低于中小城市(陆铭,2011)。此外,大城市更高的房价和生活成本也阻碍了劳动力流入。因此,大城市的劳动力供给弹性相对更低,更大的挤出效应抵消了大城市经济集聚效应更强可能带来的好处,使得大城市的制造业就业乘数效应和中等规模城市相当。相对而言,城市的移民数量可能更好地反映了城市的劳动力供给弹性和经济集聚程度。

因此,在表8-6的第三组回归中,我们将所有城市按其移民数量进行分组,重复表8-2回归8的分析。我们发现,制造业就业对服务业就业的乘数效应的确在移民规模最大的城市是最大的。在移民数量中等的城市中,制造业就业对服务业就业的影响并不显著。而在移民数量最少的城市,制造业就业对本地的服务业就业产生了显著的不利影响。当考察拥有不同移民数量的城市中制造业就业对不同类型服务业就业的异质性影响时我们发现,将所有城市按照其移民数量分组,制造业就业的扩张在最大规模城市中显著促进了所有类型服务业就业的增加。而在移民数量中等的城市中,制造业就业对生活性服务业和公共服务业的影响均不显著,并且在边际上挤出了生产性服务业的就业。在移民数量最少的城市中,制造业就业挤出了所有类型的服务业就业。

8.5 本章总结

本章使用2004—2010年的《中国城市统计年鉴》以及2000年中华人民共和国第五次全国人口普查的数据,考察了城市制造业就业对本地服务业就业的影响,以及制造业就业乘数效应在不同城市化水平和城市规模地区之间的异质性。利用工具变量方法对固定效应模型的估计结果显示,城市制造业就业的上升会促进本地服务业就业的增加。平均来说,城市制造业就业每增加1%,会带来服务业就业0.397%的上升,其中生活性服务部门的获益程度最大,这主要是因为生活性服务业部门拥有相对更高的劳动密集程度。此外,我们还发现,由于经济集聚效应、劳动力供给弹性、服务业发展的最低门槛要求以及城乡居民消费习惯差异等方面的原因,城市化水平和城市规模会对制造业就业的乘数效应大小产生影响。只有在城市化以及城市规模达到一定水平的地区,制造业就业才会促进本地服务业就业的增长;否则,制造业就业的增加反而会挤出服务业就业。

当前,中国经济正经历增长从依靠投资、出口推动向依靠内需推动的结构性转变,而服务业的发展是内需增长的关键。本章的研究说明,在中国,尽管地方政府可以通过发展制造业来推动本地服务业的发展,但是,地方性发展政策的效果在很大程度上取决于政府的城市化和城市发展政策。地方性经济发展政策是否有效的关键在于城市经济是否能充分利用经济集聚所带来的好处,鼓励制造业发展的政策必须得到其他政策的配合才能使地方经济最大程度地受益。但是,在户籍制度的制约下,中国的城市化进程一直大大落后于工业化,不仅带来公共服务不均等问题,损害包容性经济增长,也抑制了集聚效应的发挥,限制了地方性经济发展政策的效果,不利于经济增长效率改进。

本章的研究说明,城市化水平的滞后以及城市集聚不足,抑制了制造业就业对服务业就业的溢出效应,阻碍了服务业发展。中国经济在未来要实现转型,必须在鼓励制造业发展的同时,调整城市发展战略,降低劳动力向城市尤其是大中型城市流入的限制。继续促进城市化水平的提高、鼓励经济和人口向大城市的集聚是当前政策调整的关键。如此,中国服务业的发展才能从制造业的发展中最大程度地受益,进而最大限度扩大内需,使得内需增长成为长期经济增长的持续动力。

第9章

总　　结

9.1 本书的主要结论

本书系统考察了经济集聚效应对城市劳动力市场和产业发展的影响。在系统梳理新经济地理学、产业集群和劳动力市场相关文献的基础上，我们不仅厘清了我国制造业产业空间分布的特征及其影响因素，还探索了经济集聚效应可能影响城市劳动力市场表现和产业发展的理论机制。我们认为，由于经济集聚会通过分享、匹配和学习机制促进劳动生产率的提高，集聚地区不仅会有更高的劳动者就业概率和收入水平，制造业和服务业的发展也将提速。但是，我们并没有找到经济集聚提升产业发展质量的证据，值得未来产业和区域发展政策重视。基于理论分析和实证检验，本书的主要发现可概括为以下六个方面。

第一，从空间分布上来看，经济地理、新经济地理和经济政策因素共同塑造了中国制造业产业的空间分布。本书分别从总体层面和产业集群层面，描绘了中国制造业产业的分布地图。从总体上看，中国制造业产业高度集中于东部沿海地区，但是内迁的趋势近年来开始呈现。全球化和沿海地区靠近国际市场的地理优势带来了制造业生产活动在东部地区最初的集中，而经济活动的空间集中将通过集聚效应促进劳动生产率的提高，制造业的集中趋势在新经济地理因素的作用下不断加强。但是，随着挤出效应的加强和平衡地区间发展政策，近年来制造业开始呈现内迁趋势。内迁趋势在不同技能水平产业间存在差异。低技能行业由于对土地、劳动等要素投入成本相对更为敏感，并且从知识溢出中获益较少，因此内迁趋势明显；相反，由于知识溢出效应的重要性不断提升，高技能行业向东部集中的趋势加强了。从地区产业集群的结构分析,我们发现,相比于东部沿海地区,内陆地区产业集群强度相对更大。而东部地区的产业门类相对更为齐全,产业多样化程度更高。基于2004年经济普查数据和2002年投入-产出数据,我们将全国480个四位码制造业产业划分为41个产业集群,并分别以地区最大集群就业数占比、地区产业集群就业的赫芬达尔指数、地区强集群数等指标作为地区制造业产业集群多样化程度的度量,结果均显示,东部地区具有相对更为多样化的产业集群特征。此外,通过分析不同地区产业集群的上游程度我们发现,中、西部地区产业集群的上游程度相对更高,当地的强集群主要集中于资源密集型的上游产业。

第二,在微观个人层面,本书为城市规模扩大有利于改善劳动力市场表现提供了证据。随着城市规模的扩张,劳动力供给的增加固然会加大劳动力市场的竞争压力。但是,城市发展带来的经济集聚效应同时会提高企业的劳动力需求。在经济集聚效应足够强的时候,需求因素对劳动者就业概率的提升作用将大于供给因素的不利影响,提高劳动者的就业概率和收入水平。本书使用城市在1953—1982年人口增长作为当前城市规模的工具变量,估计了劳动者个人层面的就业和工资决定模型。工具变量的回归结果显示,城市规模每上升1%,会带来个人就业概率平均0.017~0.023个百分点的上升,以及劳动者名义年收入和名义小时收入分别0.190%和0.189%的上升。此外,我们还发现,城市规模对劳动者收入的促进作用不会因为大城市相对更高的物价水平而被完全抵消。使用不同物价水平平减名义收入的估计结果显示,城市规模每1%的上升,对劳动者实际年收入和实际小时收入的促进作用分别是0.084%~0.143%和0.083%~0.142%。这说明,在当前中国,劳动者仍然可以通过在不同人口规模的城市间流动以获得实际收入水平的提高,中国城市间尚未达到空间一般均衡的状态。

第三,在确认了经济集聚对劳动者就业和收入会产生促进作用的基础上,我们进一步考察了集聚效应对不同收入或技能水平劳动者影响的异质性。基于分组回归方法的实证结果显示,城市规模扩张普遍促进了不同技能

第9章 总 结

水平劳动者就业概率的提高。由于不同技能劳动者就职于不同行业,其所受城市规模扩张的影响存在差异。总的来说,最低技能劳动者的受益程度最大,而最高技能劳动者的受益程度相对最小。这主要是因为最低受教育程度劳动者的就业往往集中于低技能的生活性服务业,而生活性服务业就业规模的扩张是城市规模扩张过程中的一个显著特征。此外,我们使用分位数回归的方法考察了城市规模对处于不同收入分位点的劳动力影响的差异。和就业类似,我们也发现了城市规模扩张对不同技能劳动者收入的普遍提升作用。但是,相比于中、高收入水平的劳动者来说,最低收入水平劳动者收入上升幅度显著更小。低收入水平劳动者大量就职的生活性服务业行业是抑制其收入迅速增长的主要原因,生活性服务业不仅劳动生产率提升相对较缓,而且由于其相对更低的知识密集程度,很难得益于大城市的人力资本外部性。综合经济集聚效应对劳动者就业和收入异质性影响的实证结果我们发现,所有劳动者均从经济集聚效应中获益了,城市规模扩张为低技能、低收入水平劳动者带来的最大收益主要表现为更多的就业机会,而高技能、高收入水平的劳动者在大城市将获得更高水平的收入提升。

第四,制造业产业的扩张显著获益于地区集群发展,但是质量提升有限。本书提供了480个四位码层面制造业产业的集群划分方法,所得产业集群具有地区间可比、综合反映产业间多种形式联系、集群内产业关联性强、集群间产业区分度大的点。基于产业集群划分结果,本书构造了城市产业层面的就业增长模型,估计了期初城市产业发展程度和所在产业集群强度对后期就业增长的影响。我们发现,集群效应显著促进了产业就业增长,这种就业扩张效应同时来自新企业的产生和现有企业就业规模的增长。但是,由于企业间的"竞次竞争"以及政府对产品质量、集群品牌建设关注的不足,在质量层面,我们发现,集群对城市-产业质量型指标增长的影响不显著甚至显著为负。

第五,在确认了产业集群发展对制造业产业就业增长促进效应的基础上,我们进一步探索了产业集群效应异质性的来源。在不同的回归中,我们分别构造了集群强度与城市规模、产业上游程度的交互效应。研究结果显示,得益于大城市更强的集聚效应,集群的就业促进效应在大城市显著高于中等规模以下城市;而期初产业强度对未来就业增长的影响在不同规模城市间没有显著差异。在产业链位置层面,我们发现,期初集群发展显著促进了不同产业链位置所有产业的就业增长。但是,相比于相对位置处于集群上游或下游的产业,产业链位置和集群内其他行业相似的产业,从集群发展中的获益程度显著更少。这主要是因为相近产业链位置的产业间的前、后向联系相对较弱,并且在产品和投入品市场的竞争更为激烈。

在本书的最后,我们从结构转型的角度,探索了城市制造业发展对服务业产业就业扩张的影响以及集聚效应在其中的作用。由于制造业就业的扩张会带来本地收入水平的上升,收入上升有利于城市服务业需求的扩张和就业机会的创造。研究结果显示,城市制造业就业的上升会显著促进本地服务业就业的增加。平均来说,城市制造业就业每增长1%,会带来服务业就业0.397%的上升。通过比较不同种类服务业就业的乘数效应我们发现,相比于生产性服务业和公共服务业,拥有相对更高劳动密集程度的生活性服务部门的获益程度最大。此外,我们重点分析了经济集聚在制造业就业乘数效应中的作用。研究结果显示,制造业发展对服务业就业的带动作用会显著受到城市的城市化水平和人口规模的影响。只有在城市化以及城市规模达到一定水平的地区,制造业就业才会促进本地服务业就业的增长;否则,制造业就业的增加反而会挤出服务业就业。

9.2 包容性增长与区域间协调发展

优化经济资源配置,促进集聚效应的发挥,将成为中国经济持续增长的动力。如何在经济增长的过程中实现大众对经济繁荣成果的广泛分享,提升经济增长的包容性,是当前中国社会经济面临的重大战略问题,而劳动力市场运行的改善是其重要机制。只有当一国的经济增长切实通过改善个人劳动力市场

第9章 总 结

表现而提高了其福利水平,经济增长才是具有"包容性"并且是有意义的。

本书从劳动力市场和产业发展的角度为有关城市化和区域经济发展的政策提供了借鉴。由于人口年龄结构转变和资本积累速度下降等一系列结构性因素的影响,当前中国经济正面临长期潜在增长率下降的压力,需要寻找新的增长动力。从短期来看,出口下滑、地方政府主导下投资的无效率以及由此带来的地方债等系统性风险的发酵,都促使中国的经济增长模式必须从主要依靠投资和出口拉动转变为主要基于内需扩张和全要素生产率的提高。城市化成为中国启动内需的重要力量。然而,粗放式的城市建设和扩张土地面积的城市发展模式效率较低,仅仅以"圈地"为基础,而无劳动力流入和产业带动的城市化模式无法促进经济结构的转型升级。大规模超标低效的新城建设不仅造成了巨大的资源浪费,还加重了地方政府的债务负担,带来系统性风险(常晨和陆铭,2017)。有效率的城市化应来自劳动力和产业的集中,生产活动在城市的集中将通过集聚效应极大提高劳动生产率,从而为中国的经济增长提供持续动力。此外,由于全要素生产率对经济增长的贡献率在东部地区高于中西部地区(刘瑞翔,2013),生产要素在区域间的结构性再配置,也是重启 TFP 增长的可行方式(Perkins 和 Rawski,2008)。

关于城市和区域发展,目前普遍存在的一个认识误区是将"区域间协调发展"简单地等同于"区域间同步发展",并进一步将"经济集聚"与"区域间协调发展"相对立。在政策上表现为试图缩小不同地区、不同规模城市间的发展差距,以期达到平衡不同地区、城市间居民福利水平的目标。本书通过考察经济集聚对个人劳动力市场表现和城市产业发展的影响,为提高经济集聚程度、鼓励大城市发展的城市化模式提供了支持。我们认为,以促进集聚效应发挥为目标的城市化模式不仅有助于提高劳动生产率,为经济增长提供持续动力,而且能使得劳动者从城市化的过程中切实获得好处。劳动者在集聚地区相对更高的就业率和收入水平说明他们分享了经济集聚的好处,而这正是实现"包容性经济增长"的关键所在。此外,我们的研究也为经济集聚效应在中国的存在提供了证据,说明中国可以通过鼓励人口和经济活动的进一步向大城市的集中,实现生产要素在区域间的再配置,以充分获得经济集聚效应带来的好处,再次释放 TFP 增长的红利。

此外,本书也从产业发展的角度为有关中国区域经济发展和地方性发展政策的制定提供了借鉴。制造业部门的发展对我国维持经济增长、促进就业扩张至关重要。从短期来看,制造业部门是吸收就业最重要的力量,过早的去工业化不仅可能导致经济增长率的下降以及就业机会的丧失,也可能因为损害中等技能劳动力的就业机会而导致社会收入差距的拉大。即使从服务业部门发展和就业扩张的角度看,制造业就业的扩张也有利于促进服务业就业增长。在长期,由于一国商业部门的研究和开发主要来自制造业,制造业部门的衰落将导致研究与开发(R&D)投资的下降,进而削弱劳动生产率和国家创新能力(Veugelers,2013;Rodrik,2016;等)。随着全要素生产率对经济增长贡献率的下降,通过促进制造业产业的发展和 R&D 投资提高全要素生产率,是长期经济增长的动力所在。因此,如何通过优化经济活动的空间配置,充分发挥集聚效应,推动制造业迅速、高质量的发展,是我国当前社会经济发展所需要解决的重大战略问题。本书通过考察产业集群在制造业产业发展过程中的作用,说明了以产业集群为基础、鼓励与本地具有更强关联性的产业发展、强化产业间互补效应发挥的政策的有效性。研究说明,产业空间分布的优化和地方性发展政策的施行应以促进经济集聚效应的充分发挥为目标,这是地方性经济发展政策有效的前提条件。在具体的政策操作上,本书通过确认产业集群对制造业产业就业增长的促进作用。我们认为,区域和地方性经济发展政策的制定应以对城市本地产业构成和产业间关联的理解为基础,这同时也有利于解决我国区域间产业同构严重及其带来的产能过剩、地方保护主义等问题。

从服务业发展的角度考量,加强制造业就业对服务业就业的带动作用,也需要适当的城市化和区域发展政策相配合,相关政策的核心在于加强经济和人口的集聚。当前中国正处于从工业化社会向后工业化社会逐渐转变的关键时期,而后工业化社会的经济将由服务业主导。人口老龄化趋势下的人口红利逐渐消退以及人力成本的上升将削弱制造业的竞争力,服务业在未来增长和就业中的重要性不断加强。近年来,欧美等发达国家的一个普遍趋势是就业向服务业的集中,不仅金融、律师、医疗等高技能水平的服务业就业得到扩张,低技能的生活性服务业,如安保、家政等部门的就业,也极大程度地增加。本书的研究从经济集聚的角度,为如何促进经济体结构转型、增加服务业就业提供了借鉴。制造业发展对服务业就业的拉动作用只有在经济集聚效应较强的情况下才会出现,并且劳动力供给弹性越强、市场化程度越高的服务业行业,从制造业就业扩张中获益越多。因此,区域发展政策应致力于降低地区间、行业间劳动力流动的壁垒,提高劳动力供给弹性,加强人口的集聚。

城市化道路的选择是各国在经济发展过程中普遍面临的一个难题。关于中国城市化道路的选择,即究竟应该优先发展大城市还是中小城镇,学界和政策界仍存在争论。由于对经济集聚效应认识不足,政府和城市居民往往倾向于支持限制大城市人口扩张的政策,由此带来人口集中程度不足的后果,造成效率损失。本书从劳动力市场和产业发展的角度,强调了提高经济集聚程度的重要性。阻碍经济集聚的措施不仅不利于效率的提高,也将由于其对劳动者收入和就业的不利影响而损害劳动者的福利,并且抑制产业发展。事实上,大城市的发展和中小城镇的发展并不矛盾,小城镇在发展过程中可以充分享受大城市经济辐射效应带来的好处(许政等,2010)。经济集聚也并不必然导致地区间收入差距的扩大,通过鼓励生产要素跨地区的自由流动,中国完全可以实现"在集聚中走向平衡"(陆铭和陈钊,2007),实现区域间协调发展。

9.3 未来研究展望

本书的研究将新经济地理学和劳动经济学的文献相结合,在理论和实证上明确了经济集聚效应可能影响城市劳动力市场和产业发展的作用机制,丰富了既有文献，并为城市和区域发展政策的优化提供了参考。此外，本书尚存在一些未解决的问题，留待未来研究补充完善。

第一，本书主要从劳动力市场和产业发展的角度分析了经济集聚效应可能带来的好处，但限于数据的可得性以及本书主题，我们的分析没有考虑经济集聚在交通拥堵、环境污染、犯罪率等方面的影响，而这些领域的表现也直接关系到劳动者的福利水平。未来研究可考虑通过构建劳动者福利函数，将集聚效应和挤出效应对劳动者福利水平的可能影响综合纳入分析。

第二，本书仅考察了集群发展对产业数量型和质量型发展的影响，没有分析城市产业集群现状与发展演变的决定因素。城市的第一自然优势、产业间的投入-产出联系、对劳动力市场的共享和知识溢出效应等，均会导致相关产业在空间上的集中，形成产业集群。但这些因素在中国产业集群的形成和发展过程中所发挥的作用，在实证上并不清楚。探索产业集群发展的决定因素应是未来兼具理论和政策重要性的研究方向。

第三，本书的研究仅考察了经济集聚对城市本地劳动力市场的影响，而没有分析不同城市间的溢出效应。随着城市化水平的不断提高，城市群发展和城市体系优化将成为中国经济增长的新动力。如何协调城市发展、打造高效且具有国际竞争力的城市群，将在很大程度上决定中国未来的增长潜力。事实上，城市之间的溢出效应是城市群大量存在的重要原因。长江三角洲、珠江三角洲和京津冀三大都市圈在中国城市和区域发展中的作用与日俱增。我们在研究中强调了通过鼓励大城市发展而充分发挥经济集聚好处的观点，但我们同时指出大城市的发展和中小城镇的发展并不矛盾，两者互为依托。但是，我们的研究并没有具体涉及城市群内部不同城市的产业功能应如何定位，不同城市间产业应如何协调发展等问题，需要在未来的研究中拓展。

参考文献

[1] Acemoglu, D., 1996, A Microfoundation for Social Increasing Returns in Human Capital Accumulation, *Quarterly Journal of Economics*, Vol. 111, No. 3: 779-804.

[2] Acemoglu, D., 1998, Why Do New Technologies Complement Skills? Directed Technical Change and Wage Inequality, *Quarterly Journal of Economics*, Vol. 113, No. 4: 1055-1089.

[3] Acemoglu, D. and D. Autor, 2010, Skills, Tasks and Technologies: Implications for Employments and Earnings, in *Handbook of Labor Economics* (O. Ashenfelter and D. E. Card eds.), Amsterdam-Elsevier, 4.

[4] Ades, A. and E. Glaeser, 1995, Trade and Circuses: Explaining Urban Giants, *Quarterly Journal of Economics*, Vol. 110, No. 1: 195-227.

[5] Alfaro, L., P. Antràs, D. Chor, and P. Conconi, 2015, Internalizing Global Value Chains: A Firm Level Analysis, Working Paper.

[6] Ali, M., J. Peerlings, and X. Zhang, 2014, Clustering as an Organizational Response to Capital Market Inefficiency: Evidence from Microenterprises in Ethiopia, *Small Business Economics*, Vol. 43, No. 3: 697-709.

[7] Antràs, P., D. Chor, T. Fally, and R. Hillberry, 2012a, Measuring

the Upstreamness of Production and Trade Flows, *American Economic Review: Papers and Proceedings*, Vol. 102, No. 3: 412-416.

[8] Antràs, P., D. Chor, T. Fally, and R. Hillberry, 2012b, Measuring the Upstreamness of Production and Trade Flows, NBER Working Paper No. 17819.

[9] Au, C. and V. Henderson, 2006, Are Chinese Cities Too Small? *Review of Economic Studies*, Vol. 73, No. 3: 549-576.

[10] Audretsch, D. and M. Feldman, 2004, Knowledge Spillovers and the Geography of Innovation, in *Handbook of Regional and Urban Economics* (J. Henderson and J. Thisse eds.), North Holland, 4.

[11] Autor, D., H. Levy, and R. Murnane, 2003, The Skill Content of Recent Technological Change: An Empirical Exploration, *Quarterly Journal of Economics*, Vol. 118, No. 4: 1279-1333.

[12] Barbieri, E., M. Tommaso, and S. Bonnini, 2012, Industrial Development Policies and Performances in Southern China: Beyond the Specialised Industrial Cluster Program, *China Economic Review*, Vol. 23, No. 3: 613-625.

[13] Barro, R. and X. Sala-i-Martin, 1991, Convergence across States and Regions, *Brookings Papers on Economic Activity*, Vol. 22, No. 1: 107-182.

[14] Bartik, T. J., 1991, Who Benefits from State and Local Economic Development Policies? MI: W. E. Upjohn Institute for Employment Research.

[15] Becker, G., 1965, A Theory of the Allocation of Time, *The Economic Journal*, Vol. 75, No. 299: 493-517.

[16] Bianchi, G., 1998, Requiem for the Third Italy? Rise and Fall of a Too

Successful Concept, *Entrepreneurship and Regional Development*, Vol. 10, No. 2: 93-116.

[17] Blanchard, O. and L. Katz, 1992, Regional Evolutions, *Brookings Papers on Economic Activity*, Vol. 23, No. 1: 1-75.

[18] Bleakly, H. and J. Lin, 2012, Thick-Market Effects and Churning in the Labor Market: Evidence from U. S. Cities, *Journal of Urban Economics*, Vol. 72, No. 2-3: 87-103.

[19] Bondonio, D. and J. Engberg, 2000, Enterprise Zones and Local Employment: Evidence from the States' Programs, *Regional Science and Urban Economics*, Vol. 30, No. 5: 519-549.

[20] Brandt, L. and C. A. Holz, 2006, Spatial Price Differences in China: Estimates and Implications, *Economic Development and Cultural Change*, Vol. 55, No. 1: 43-86.

[21] Buchanan, J. M., 1965, An Economic Theory of Clubs, *Economica*, Vol. 32, No. 125: 1-14.

[22] Chamberlin, E. H., 1933, *The Theory of Monopolistic Competition*, Cambridge: Harvard University Press.

[23] Charles, K., E. Hurst and M. Notowidigdo, 2013, Manufacturing Decline, Housing Booms, and Non-Employment, NBER Working Paper No. 18949.

[24] Ciccone, A. and R. Hall, 1996, Productivity and the Density of Economic Activity, *American Economic Review*, Vol. 86, No. 1: 54-70.

[25] Clark, C., 1957, *The Conditions of Economic Progress*, Macmillan & Co.

[26] Coles, M., 1994, Understanding the Matching Function: The Role of Newspapers and Job Agencies, Center for Economic Policy Research

Discussion Paper No. 939.

[27] Coles, M. and E. Smith, 1998, Marketplaces and Matching, *International Economic Review*, Vol. 39, No. 1: 239-255.

[28] Combes, P., 2004, The Spatial Distribution of Economic Activities in the European Union, in *Handbook of Regional and Urban Economics* (J. V. Henderson and J. F. Thisse eds.), North Holland-Elsevier, 4.

[29] Combes, P. and L. Gobillon, 2015, The Empirics of Agglomeration Economics, in *Handbook of Regional and Urban Economics* (G. Duranton, V. Henderson and W. Strange eds.), North Holland-Elsevier, 5.

[30] Davis, D. and D. Weinstein, 1996, Does Economic Geography Matter for International Specialization? NBER Working Papers 5706.

[31] Davis, D. and D. Weinstein, 1999, Economic Geography and Regional Production Structure: An Empirical Investigation, *European Economic Review*, Vol. 43, No. 2: 379-407.

[32] Delgado, M., M. Porter and S. Stern, 2014, Defining Clusters of Related Industries, NBER Working Paper No. 20375.

[33] Delgado, M., M. Porter, and S. Stern, 2016, Defining Clusters of Related Industries, *Journal of Economic Geography*, Vol. 16, No. 1: 1-38.

[34] Desmet, K. and J. Henderson, 2014, The Geography of Development within Countries, in *Handbook of Regional and Urban Economics* (G. Duranton, V. Henderson and W. Strange eds.), North Holland-Elsevier, 5.

[35] Desmet, K. and E. Rossi-Hansberg, 2014, Spatial Development, *American Economic Review*, Vol. 104, No. 4: 1211-1243.

[36] Diamond, R., 2016, The Determinants and Welfare Implications of US

Workers' Diverging Location Choices by Skill: 1980-2000, *American Economic Review*, Vol. 106, No. 3: 479-524.

[37] Dixit, A. and J. Stiglitz, 1977, Monopolistic Competition and Optimum Product Diversity, *American Economic Review*, Vol. 67, No. 3: 297-308.

[38] Duranton, G. and D. Puga, 2004, Micro-Foundations of Urban Agglomeration Economies, in *Handbook of Regional and Urban Economics* (J. V. Henderson and J.-F. Thisse eds.), North Holland, 4.

[39] Ellison, G. and E. Glaeser, 1997, Geographic Concentration in U.S. Manufacturing Industries: A Dartboard Approach, *Journal of Political Economy*, Vol. 105, No. 5: 889-927.

[40] Ellison, G., E. Glaeser and W. Kerr, 2010, What Causes Industry Agglomeration? Evidence from Coagglomeration Patterns, *American Economic Review*, Vol. 100, No. 3: 1195-1213.

[41] Ethier, W., 1982, National and International Returns to Scale in the Modern Theory of International Trade, *American Economic Review*, Vol. 72, No. 3: 389-405.

[42] Feldman, M., and D. Audretsch, 1999, Innovation in Cities: Science-Based Diversity, Specialization and Localized Competition, *European Economic Review*, Vol. 43, No. 2: 409-429.

[43] Feser, E., and E. Bergman, 2000, National Industry Cluster Templates: A Framework for Applied Regional Cluster Analysis, *Regional Studies*, Vol. 34, No. 1: 1-19.

[44] Fuchs, V., 1968, *The Service Economy*, New York and London: Columbia University Press.

[45] Fujita, M., P. Krugman and A. Venables. 2001, *The Spatial Economy: Cities, Regions, and International Trade*, Cambridge:

MIT Press.

[46] Fujita, M. and T. Mori, 1996, The Role of Ports in the Making of Major Cities: Self-Agglomeration and Hub-Effect, *Journal of Development Economics*, Vol. 49, No. 1: 93-120.

[47] Fujita, M. and T. Mori, 1997, Structural Stability and Evolution of Urban Systems, *Regional Science and Urban Economics*, Vol. 27, No. 4-5: 399-442.

[48] Fujita, M., T. Mori, V. Henderson, and Y. Kanemoto, 2004, Spatial Distribution of Economic Activities in Japan and China, in *Handbook of Regional and Urban Economics* (J. V. Henderson and J. F. Thisse eds.), North Holland-Elsevier, 4.

[49] Garnsey, E., 1998, A Theory of the Early Growth of the Firm, *Industrial and Corporate Change*, Vol. 7, No. 3: 523-556.

[50] Gill, I. and H. Kharas, 2007, *An East Asian Renaissance: Ideas for Economic Growth*, the World Bank.

[51] Glaeser, E., 1999, Learning in Cities, *Journal of Urban Economics*, Vol. 46, No. 2: 254-277.

[52] Glaeser, E., 2001, The Economics of Location-Based Tax Incentives, Harvard Institute of Economic Research Discussion Paper No. 1932.

[53] Glaeser, E., 2007a, Entrepreneurship and the City, NBER Working Paper No. 13551.

[54] Glaeser, E., 2007b, The Economics Approach to Cities, NBER Working Paper No. 13696.

[55] Glaeser E., W. Huang, Y. Ma, and A. Shleifer, 2017, A Real Estate Boom with Chinese Characteristics, *Journal of Economic Perspectives*, Vol. 31, No. 1: 93-116.

[56] Glaeser, E. and W. Kerr, 2009, Local Industrial Conditions and

Entrepreneurship: How Much of the Spatial Distribution Can We Explain? *Journal of Economics & Management Strategy*, Vol. 18, No. 3: 623–663.

[57] Glaeser, E. and M. Lu, 2018, Human-Capital Externalities in China, NBER Working Paper No. 24925.

[58] Glaeser, E. and M. Resseger, 2009, The Complementarity between Cities and Skills, NBER Working Papers No. 15103.

[59] Glaeser, E., J. Scheinkman and A. Shleifer, 1995, Economic Growth in a Cross-Section of Cities, *Journal of Monetary Economics*, Vol. 36, No. 1: 117–143.

[60] Goos, M. and A. Manning, 2007, Lousy and Lovely Jobs: The Rising Polarization of Work in Britain, *Review of Economics and Statistics*, Vol. 89, No. 1: 118–133.

[61] Grabher, G., 1993, *The Embedded Firm: On the Socioeconomics of Industrial Networks*, Routledge.

[62] Granovetter, M., 1973, The Strength of Weak Ties, *American Journal of Sociology*, Vol. 78, No. 6: 1360–1380.

[63] Greenstone, M., R. Hornbeck and E. Moretti, 2010, Identifying Agglomeration Spillovers: Evidence from Winners and Losers of Large Plant Openings, *Journal of Political Economy*, Vol. 118, No. 3: 536–598.

[64] Hanson, G., 2005, Market Potential, Increasing Returns and Geographic Concentration, *Journal of International Economics*, Vol. 67, No. 1: 1–24.

[65] Hart, O., 1995, *Firms, Contracts, and Financial Structure*, Oxford: Oxford University Press.

[66] Hausmann, R. and B. Klinger, 2006, Structural Transformation and

Patterns of Comparative Advantage in the Product Space, Harvard University CID Working Paper No. 128.

[67] He, C. and J. Wang, 2012, Regional and Sectoral Differences in the Spatial Restructuring of Chinese Manufacturing Industries during the Post-WTO Period, *Geo Journal*, Vol. 77, No. 3: 361-381.

[68] Helsley, R. and W. Strange, 2014, Coagglomeration, Clusters, and the Scale and Composition of Cities, *Journal of Political Economy*, Vol. 122, No. 5: 1064-1093.

[69] Henderson, V., 2007, Urbanization in China: Policy Issues and Options, China Economic Research and Advisory Programme Working Paper.

[70] Holmes, T. and J. Stevens, 2004, Spatial Distribution of Economic Activities in North America, in *Handbook of Regional and Urban Economics* (J. V. Henderson and J. F. Thisse eds.), North Holland-Elsevier, 4.

[71] Hooker, M. and M. Knetter, 1999, Measuring the Economic Effects of Military Base Closures, NBER Working Paper No. 6941.

[72] Hoover, E. and R. Vernon, 1962, *Anatomy of a Metropolis: The Changing Distribution of People and Jobs within the New York Metropolitan Region*, New York: Anchor/Doubleday.

[73] Huang, Z., X. Zhang, and Y. Zhu, 2008, The Role of Clustering in Rural Indusatrialization: A Case Study of Wenzhou's Footwear Industry, *China Economic Review*, Vol. 19, No. 3: 409-420.

[74] Humphrey, J. and H. Schmitz, 1996, The Triple C Approach to Local Industrial Policy, *World Development*, Vol. 24, No. 12: 1859-1877.

[75] Jaffe, A., M. Trajtenberg, and R. Henderson, 1993, Geographic Localization of Knowledge Spillovers as Evidenced by Patent Citations,

Quarterly Journal of Economics, Vol. 108, No. 3: 577-598.

[76] Javonovic, B., 1997, Learning and Growth, in *Advances in Economics and Econometrics: Theory and Applications*, 2 (D. M. Keps and K. F. Wallis eds.), Cambridge: Cambridge University Press.

[77] Javonovic, B. and R. Rob, 1989, The Growth and Diffusion of Knowledge, *Review of Economic Studies*, Vol. 56, No. 4: 569-582.

[78] Javorcik, B., 2004, Does Foreign Direct Investment Increase the Productivity of Domestic Firms? In Search of Spillovers Through Backward Linkages, *American Economic Review*, Vol. 94, No. 3: 605-627.

[79] Kerr, W., and S. Kominers, 2015, Agglomerative Forces and Cluster Shapes, *Review of Economics and Statistics*, Vol. 97, No.4: 877-899.

[80] Kline, P., 2010, Place Based Policies, Heterogeneity, and Agglomeration, *American Economic Review: Papers and Proceedings*, Vol. 100, No. 2: 383-387.

[81] Koenker, R. and G. Bassett, 1978, Regression Quantiles, *Econometrica*, Vol. 46, No. 1: 33-50.

[82] Koenker, R. and K. Hallock, 2001, Quantile Regressions, *Journal of Economic Perspectives*, Vol. 15, No. 4: 143-156.

[83] Kravis, I. and R. Lipsey, 1988, National Price Levels and the Prices of Tradables and Nontradables, *American Economic Review*, Vol. 78, No. 2: 474-478.

[84] Krugman, P., 1980, Scale Economies, Product Differentiation, and the Pattern of Trade, *American Economic Review*, Vol. 70, No. 5: 950-959.

[85] Krugman, P., 1991a, Increasing Returns and Economic Geography, *Journal of Political Economy*, Vol. 99, No. 3: 483-499.

[86] Krugman, P., 1991b, *Geography and Trade*, Cambridge: MIT Press.

[87] Krugman, P. and A. Venables, 1995, The Seamless World: A Spatial Model of International Specialization, CEPR Discussion Papers 1230.

[88] Lemieux, T., 2006, The "Mincer Equation" Thirty Years after Schooling, Experience and Earnings, in *Jacob Mincer: A Pioneer of Modern Labor Economics* (S. Grossbard eds.), Springer: 127-145.

[89] Li H, L. Li, B. Wu, and Y. Xiong, 2012, The End of Cheap Chinese Labor, *Journal of Economic Perspectives*, Vol. 26, No. 4: 57-74.

[90] Li, H., P. Liu and J. Zhang, 2012, Estimating Returns to Education Using Twons in Urban China, *Journal of Development Economics*, Vol. 97, No. 2: 494-504.

[91] Li, H., P. Liu, J. Zhang and N. Ma., 2007, Economic Returns to Communist Party Membership: Evidence from Urban Chinese Twons, *The Economic Journal*, Vol. 117, No. 523: 1504-1520.

[92] Liu, Z., 2007, The External Returns to Education: Evidence from Chinese Cites, *Journal of Urban Economics*, Vol. 61, No. 3: 542-564.

[93] López, R. and J. Südekum, 2009, Vertical Industry Relations, Spillovers, and Productivity: Evidence from Chilean Plants, *Journal of Regional Science*, Vol. 49, No. 4: 721-747.

[94] Lu, M., H. Gao, 2011, Labor Market Transition, Income Inequality and Economic Growth in China, *International Labour Review*, Vol. 150, No. 1-2: 101-126.

[95] Lucas, R., 1988, On the Mechanics of Economic Development, *Journal of Monetary Economics*, Vol. 22, No. 1.

[96] Manning, A., 2004, We Can Work It Out: The Impact of Technological Change on the Demand for Low-Skill Workers, *Scottish*

Journal of Political Economy, Vol. 51, No. 5: 581-608.

[97] Marshall, A., 1890, *Principles of Economics*, Macmillan, London.

[98] Mazzolari, F. and G. Ragusa, 2013, Spillovers from High-Skill Consumption to Low-Skill Labor Markets, *The Review of Economics and Statistics*, Vol. 95, No. 1: 74-86.

[99] Mincer, J., 1974, *Schooling, Experience, and Earnings*, New York: Columbia University Press.

[100] Montgomery, J., 1991, Social Networks and Labor-Market Outcomes: Toward an Economic Analysis, *American Economic Review*, Vol. 81, No. 5: 1408-1418.

[101] Moretti, E., 2004a, Human Capital Externalities in Cities, in *Handbook of Regional and Urban Economics* (J. V. Henderson and J. F. Thisse eds.), North Holland-Elsevier, 4.

[102] Moretti, E., 2004b, Workers' Education, Spillovers, and Productivity: Evidence from Plant-Level Production Functions, *American Economic Review*, Vol. 94, No. 3: 656-690.

[103] Moretti, E., 2004c, Estimating the Social Return to Higher Education: Evidence from Longitudinal and Repeated Cross-Sectional Data, *Journal of Econometrics*, Vol. 121, No. 1-2: 175-212.

[104] Moretti, E., 2010, Local Multipliers, *American Economic Review: Papers and Proceedings*, Vol. 100, No. 2: 373-377.

[105] Moretti, E., 2011, Local Labor Markets, in *Handbook of Labor Economics* (D. Card and O. Ashenfelter eds.), North Holland, 4.

[106] Moretti, E., 2013, Real Wage Inequality, *American Economic Journal: Applied Economics*, Vol. 5, No. 1: 65-103.

[107] Moretti, E. and P. Thulin, 2013, Local Multipliers and Human Capital in the United States and Sweden, *Industrial and Corporate*

Change, Vol. 22, No. 1: 339-362.

[108] Oort, F. and E. Stam, 2006, Agglomeration Economies and Entrepreneurship in the ICT Industry, ERIM Report Series No. ERS-2006-016-ORG.

[109] Perkins, D. and T. Rawski, 2008, Forecasting China's Economic Growth to 2025, in *China's Great Economic Transformation* (D. Perkins and T. Rawski eds.), Cambridge: Cambridge University Press.

[110] Porter, M., 1990, *The Competitive Advantage of Nations*, Free Press.

[111] Porter, M., 2003, The Economic Performance of Regions, *Regional Studies*, Vol. 37, No. 6-7: 549-578.

[112] Rauch, J., 1993, Productivity Gains from Geographic Concentration of Human Capital: Evidence from the Cities, *Journal of Urban Economics*, Vol. 34, No. 3: 380-400.

[113] Ravallion, M. and S. Chen, 2007, China's (Uneven) Progress against Poverty, *Journal of Development Economics*, Vol. 82, No. 1: 1-42.

[114] Redding, S., 2009, The Empirics of New Economic Geography, Working Paper.

[115] Redding, S., 2011, Economic Geography: A Review of the Theoretical and Empirical Literature, Working Paper.

[116] Rivers, D. and Q. Vuong, 1988, Limited Information Estimators and Exogeneity Tests for Simultaneous Probit Models, *Journal of Econometrics*, Vol. 39, No. 3: 347-366.

[117] Roback, J., 1982, Wages, Rents, and the Quality of Life, *Journal of Political Economy*, Vol. 90, No. 6: 1257-1278.

[118] Rosenthal, S. and W. Strange, 2004, Evidence on the Nature and

Sources of Agglomeration Economies, in *Handbook of Regional and Urban Economics* (V. Henderson and J. Thisse eds.), North-Holland, 4.

[119] Saxenian, A., 1994, *Regional Advantage: Culture and Competition in Silicon Valley and Route 128*, Harvard University Press.

[120] Schettkat, R. and L. Yocarini, 2003, The Shift to Services: A Review of the Literature, IZA Working Paper No. 964.

[121] Sonobe, T., D. Hu, and K. Otsuka, 2002, Process of Cluster Formation in China: A Case Study of a Garment Town, *Journal of Development Studies*, Vol. 39, No. 1: 118-139.

[122] Sonobe, T. and K. Otsuka, 2006, *Cluster-Based Industrial Development: An East Asia Model*, Palgrave MacMillan.

[123] Spence, M., 1973, Job Market Signaling, *The Quarterly Journal of Economics*, Vol. 87, No. 3: 355-374.

[124] Sveikauskas, L., 1975, The Productivity of Cities, *Quarterly Journal of Economics*, Vol. 89, No. 3: 393-413.

[125] United Nations, Department of Economic and Social Affairs, Population Division, 2015, *World Urbanization Prospects: The 2014 Revision*, (ST/ESA/SER.A/366).

[126] United Nations, Department of Economic and Social Affairs, Population Division, 2018, *World Urbanization Prospects: The 2018 Revision*.

[127] Veugelers, R., 2013, *Manufacturing Europe's Future*, Brussels: Bruegel.

[128] Wei, S. and X. Zhang, 2011, The Competitive Saving Motive: Evidence from Rising Sex Ratios and Savings Rates in China, *Journal of Political Economy*, Vol. 119, No. 3: 511-564.

[129] Wen, Y. and J. Wu, 2014, Withstanding Great Recession like China, Federal Reserve Bank of St. Louis Working Paper Series No. 2014-007A.

[130] Williamson, O., 1985, *The Economic Institutions of Capitalism: Firms, Markets, Relational Contracting*, New York: Free Press.

[131] Wilson, J., 1999, Theories of Tax Competition, *National Tax Journal*, Vol. 52, No. 2: 269-304.

[132] World Bank, 2006, *World Development Report 2006: Equity and Development*.

[133] World Bank, 2008, *World Development Report 2009: Reshaping Economic Geography*.

[134] Young, A., 2000, The Razor's Edge: Distortions and Incremental Reform in the People's Republic of China, *Quarterly Journal of Economics*, Vol. 115, No. 4: 1091-1135.

[135] 蔡翼飞和张车伟,《地区差距的新视角:人口与产业分布不匹配研究》,《中国工业经济》,2012年第5期。

[136] 常晨和陆铭,《新城之殇——密度、距离与债务》,《经济学(季刊)》,2017年第4期。

[137] 陈佳贵和王钦,《中国产业集群可持续发展与公共政策选择》,《中国工业经济》,2005年第9期。

[138] 陈建军、陈国亮和黄洁,《新经济地理学视角下的生产性服务业集聚及其影响因素研究——来自中国222个城市的经验证据》,《管理世界》,2009年第4期,第83—95页。

[139] 陈钊和陆铭,《在集聚中走向平衡:中国城乡与区域协调发展的实证研究》,北京大学出版社,2009年。

[140] 程大中,《中国服务业增长的特点、原因及影响——鲍莫尔-富克斯假说及其经验研究》,《中国社会科学》,2004年第2期。

[141] 董敏杰和梁泳梅,《1978—2010年的中国经济增长来源:一个非参数分解框架》,《经济研究》,2013年第5期。

[142] 范剑勇,《产业集聚与地区间劳动生产率差异》,《经济研究》,2006年第11期。

[143] 范剑勇和杨丙见,《美国早期制造业集中的转变及其对中国西部开发的启示》,《经济研究》,2002年第8期。

[144] 傅十和和洪俊杰,《企业规模、城市规模与集聚经济——对中国制造业企业普查数据的实证分析》,《经济研究》,2008年第11期。

[145] 高虹,《城市人口规模与劳动力收入》,《世界经济》,2014年第10期。

[146] 葛剑雄和安介生,《20世纪中国移民史的阶段性特征》,《探索与争鸣》,2010年第2期。

[147] 顾乃华、毕斗斗和任旺兵,《中国转型期生产性服务业发展与制造业竞争力关系研究——基于面板数据的实证分析》,《中国工业经济》,2006年第9期。

[148] 国家统计局,《中国区域经济统计年鉴》,中国统计出版社,2003年、2008年。

[149] 国家统计局,《中国城市统计年鉴》,中国统计出版社,2004—2010年。

[150] 国家统计局,《中国经济普查年鉴(2004)》,中国统计出版社,2005年。

[151] 国家统计局,《中国2002年投入产出表》,中国统计出版社,2006年。

[152] 江静、刘志彪和于明超,《生产者服务业发展与制造业效率提升:基于地区和行业面板数据的经验分析》,《世界经济》,2007年第8期。

[153] 金煜、陈钊和陆铭,《中国的地区工业集聚:经济地理、新经济地理和经济政策》,《经济研究》,2006年第4期。

[154] Knight, J. and L. Yueh,《社会资本在中国劳动力市场的作用》,见《经济转型的代价——中国城市失业、贫困、收入差距的经验分析》(李实和佐藤宏),中国财政经济出版社,2004年。

[155] 李国平和范红忠,《生产集中、人口分布与地区经济差异》,《经济研究》,

2003 年第 11 期。

[156] 李爽、陆铭和佐藤宏,《权势的价值:党员身份与社会网络的回报在不同所有制企业是否不同?》,《世界经济文汇》,2008 年第 6 期。

[157] 李桢,《区域产业结构趋同的制度性诱因与策略选择》,《经济学动态》,2012 年第 11 期。

[158] 刘瑞翔,《探寻中国经济增长源泉:要素投入、生产率与环境消耗》,《世界经济》,2013 年第 10 期。

[159] 刘学军和赵耀辉,《劳动力流动对城市劳动力市场的影响》,《经济学(季刊)》,2009 年第 2 期。

[160] 刘月兰,《新疆生产建设兵团人口迁移研究》,《西北人口》,2007 年第 2 期。

[161] 龙小宁、张晶和张晓波,《产业集群对企业履约和融资环境的影响》,《经济学(季刊)》,2015 年第 4 期。

[162] 路江涌和陶志刚,《中国制造业区域聚集及国际比较》,《经济研究》,2006 年第 3 期。

[163] 陆铭,《重构城市体系——论中国区域和城市可持续发展战略》,《南京大学学报(哲学·人文科学·社会科学版)》,2010 年第 5 期。

[164] 陆铭和陈钊,《在集聚中走向平衡:城乡和区域协调发展的"第三条道路"》,《世界经济》,2007 年第 8 期。

[165] 陆铭和欧海军,《高增长与低就业:政府干预与就业弹性的实证研究》,《世界经济》,2011 年第 12 期。

[166] 陆铭和向宽虎,《地理与服务业——内需是否会使城市体系分散化?》,《经济学(季刊)》,2012 年第 3 期。

[167] 马国霞、石敏俊和李娜,《中国制造业产业间集聚度及产业间集聚机制》,《管理世界》,2007 年第 8 期。

[168] 孟可强和陆铭,《中国的三大都市圈:辐射范围和差异》,《南方经济》,2011 年第 2 期。

[169] 聂辉华、江艇和杨汝岱,《中国工业企业数据库的使用现状和潜在问题》,《世界经济》,2012 年第 5 期。

[170] 钱爱民、张晨宇和步丹璐,《宏观经济冲击、产业政策与地方政府补助》,《产业经济研究》,2015 年第 5 期。

[171] 秦待见,《走中国特色城市化道路要充分发挥小城镇的作用》,《中国特色社会主义研究》,2008 年第 3 期。

[172] 阮建青、石琦和张晓波,《产业集群动态演化规律与地方政府政策》,《管理世界》,2014 年第 12 期。

[173] 阮建青、张晓波和卫龙宝,《危机与制造业产业集群的质量升级——基于浙江产业集群的研究》,《管理世界》,2010 年第 2 期。

[174] 沈开艳和陈建华,《中国区域经济均衡发展趋势的可持续性分析》,《学术月刊》,2014 年第 46 卷,第 8 期。

[175] 万广华和蔡昉,《中国经济面临的挑战和城市化》,《中国的城市化道路与发展战略:理论探讨和实证分析》(万广华,蔡昉等编),经济科学出版社,2012 年。

[176] 王小鲁,《中国城市化路径与城市规模的经济学分析》,《经济研究》,2010 年第 10 期。

[177] 吴结兵和郭斌,《企业适应性行为、网络化与产业集群的共同演化——绍兴县纺织业集群发展的纵向案例研究》,《管理世界》,2010 年第 2 期。

[178] 许政、陈钊和陆铭,《中国城市体系的"中心—外围"模式》,《世界经济》,2010 年第 7 期。

[179] 杨汝岱和朱诗娥,《公平与效率不可兼得吗?——基于居民边际消费倾向的研究》,《经济研究》,2007 年第 12 期。

[180] 姚战琪和夏杰长,《资本深化、技术进步对中国就业效应的经验分析》,《世界经济》,2005 年第 1 期。

[181] 袁富华和李义学,《中国制造业资本深化和就业调整——基于利润最大

化的分析》,《经济学(季刊)》,2008年第1期。

[182] 袁志刚和余宇新,《中国经济的长期增长和短期波动》,《学术月刊》,2012年第7期。

[183] 张晓波和阮建青,《中国产业集群的演化与发展》,浙江大学出版社,2011年。

[184] 赵伟和张萃,《FDI与中国制造业区域集聚:基于20个行业的实证分析》,《经济研究》,2007年第11期。

[185] 赵忠,《中国的城乡移民——我们知道什么,我们还应该知道什么?》,《经济学(季刊)》,2004年第3期。

[186] 中国经济增长前沿课题组,《中国经济长期增长路径、效率与潜在增长水平》,《经济研究》,2012年第11期。

[187] 钟宁桦,《农村工业化还能走多远?》,《经济研究》,2011年第1期。

[188] 朱选功,《城市化与小城镇建设的利弊分析》,《理论导刊》,2000年第4期。

图书在版编目(CIP)数据

经济集聚与中国城市发展/高虹著.—上海:复旦大学出版社,2019.5(2020.3 重印)
(纪念改革开放四十周年丛书)
ISBN 978-7-309-14068-2

Ⅰ.①经… Ⅱ.①高… Ⅲ.①城市经济-经济发展-研究-中国 Ⅳ.①F299.21

中国版本图书馆 CIP 数据核字(2018)第 278759 号

经济集聚与中国城市发展
高　虹　著
责任编辑/谢同君

复旦大学出版社有限公司出版发行
上海市国权路 579 号　邮编:200433
网址:fupnet@fudanpress.com　http://www.fudanpress.com
门市零售:86-21-65642857　团体订购:86-21-65118853
外埠邮购:86-21-65109143
江阴金马印刷有限公司

开本 787×1092　1/16　印张 17.5　字数 229 千
2020 年 3 月第 1 版第 2 次印刷

ISBN 978-7-309-14068-2/F·2531
定价:78.00 元

如有印装质量问题,请向复旦大学出版社有限公司出版部调换。
版权所有　侵权必究